本书系国家社科基金项目

"中国古代道教写经"（项目号：15BZJ036）研究成果

中国道教写本经藏

刘志 著

社会科学文献出版社
SOCIAL SCIENCES ACADEMIC PRESS (CHINA)

自　序

　　2010 年，我在导师王卡（1956～2017）先生的指导下，开始从事敦煌道教文献研究的一些基础工作。当时我是在站博士后，只是专心做好王老师安排给我的资料收集、整理和研究工作，以及部分道经的录文工作，还没有形成道教写经研究的想法。

　　虽然在此之前，我未曾专门从事敦煌文献、古籍文献的专题研究，但是我对古籍文献怀有特殊的感情和兴趣。在我不断的学习和研究工作中，以史料文献作论证、以历史研究为主线的研究特点逐步形成，这使我也希望有机会能专门从事古籍研究工作，以更好地掌握研究资料和研究方法。

　　王卡先生是敦煌道教文献和道藏研究的著名专家，为他做科研助手，使我有了难得的学习机会。在博士后研究工作的两年时间里，王老师安排我补充收集了有关敦煌道教文献的图版。比如，当时《敦煌秘笈》正在陆续出版，只要有新册出版，我都按照王老师所给的编号去采集道经图版。我在做补充收集工作的同时，熟悉了敦煌道教文献的编号和图版，并且根据当时公布的情况。向王老师提出采集更新一定数量的图版。更新图版的主要来源是国际敦煌项目（International DunHuang Project），特别是法藏敦煌文献的公布情况，这让王老师非常高兴，因为敦煌道教文献的法藏部分，国际敦煌项目已经全都公布了，而且是彩色图版，清晰美观。在采集图版的同时，王老师安排我做了部分道教文献的录文工作。录文是一项基础工作，我只是一个正在学习的新手，所

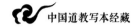

以录文完成之后，是王老师做的精校和定稿。

我在基本完成王老师安排的科研工作的时候，产生了一个具体研究道教写经的想法。经过近两年时间采集、整理敦煌道教文献的有关图版和长时间对文献图版的观察、研究，使我对敦煌道教写经形成了独特的文本印象：黄麻纸，小楷书，乌丝栏，卷子装。看着图版，仿佛原写卷就在眼前。而且我做录文工作有一个习惯，就是把原写本相关要查的字或者写得精美的字在纸上用毛笔再写几遍，这源于我有喜欢书法的业余爱好。在不知不觉中，我也对唐人的书写特点有了一定的了解。当我把中国古代道教写经作为选题，对道教文献做进一步研究时，王老师给予了肯定和鼓励。我把业余时间抄写、制作的敦煌写卷拿给王老师看时，王老师也会饶有兴趣地看一下，甚至指出是在模仿谁的字体。这对我来说也是一种鼓励。

中国古代道教写经的研究因为较多涉及道教经藏体系的形成和写本道藏的制作，后被表述为中国道教写本经藏，这是道教文献研究的一个新领域，在研究资料和研究方法上都需要探索和尝试。我的研究工作以敦煌道教文献作为基本的文献群，对先秦至清代的写本文献进行了初步的考察，并于 2014 年发表了论文《中国古代道教写经》。此后，我在这一研究领域不断探索，虽然进度缓慢，但也总有点滴收获。现在将有关研究做一汇总，以请专家、读者指正，提出宝贵建议。是为序。

刘　志

2020 年 12 月 26 日

目录

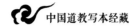

绪　论

一　道教写本经藏的研究对象和研究内容

中国古代道教写本经藏的研究对象是中国古代道教经书的写本和道藏的写本。古代道教经书按制作方式主要是写本和刻本，我们的研究对象是写本，即人工手写的本子。道家道教写经自先秦至清代一直都是道教经书一种重要的制作形式。人工手写在北宋刻本经书未广泛出现之前，曾一度是道教经书的主要制作形式。本研究把东汉道教建立之前，先秦、两汉道家经书的写本也包括在内。道教把道家经书也奉为重要经书，并收集入藏，因此这里的道教写经是指能为道教所尊奉的经书，或者说是道家、道教经书的写本。关于道教写经研究的目录范围，这里以明代《正统道藏》所收"三洞四辅"经书目录体系为基础，并做一定的补充。

主要研究内容包括道教写本经藏的历史发展、写经人物、写本规格、写经功用等。

中国古代道教写本经藏的研究起于先秦，止于清末。本书把写经目录与写本特点相结合，以划分道教写经的发展阶段，并对每阶段的写经发展情况进行分析。就写经目录而言，道经的产生、演变、集结成藏有着自身的发展过程，与写本的载体并无直接的关联。这里，我们主要是从写本载体发展变化的角度，来划分道教写经的发展阶段，并在特定时

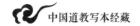

期内探讨道教写经目录的发展。

道教写经人物主要包括道士、官方书手、经生、书法家等。对于道士写经，特别是早期道教的道士写经研究，可以从源头上了解道教写经的传统和早期写本的特点。官方道教写经人物，是从古代国家制作书籍的角度，考察以楷书手为代表的历代官方写书人员，他们多是在涉及经籍、图书的官署中的文职人员，在国家经籍制作中担负缮写、校对的职差。这一职差来自国家的图书治理工程和官署的职事，书写道家道教经籍是其职事的一个组成部分。经生是指民间从事道教写经的人员，他们多是在道教宫观中从事写经活动。对有代表性的书法家进行研究，可以对书法家从事写经的原因和道教写经的书法艺术有着更为深入的了解。

道教写经，以至写本道藏，具有一定规格标准。这是在道教经书的书名、作者、成书年代、内容要旨的基础上，回答道教写经的形态样貌是什么，以及是如何具体制作道教写经的。以往研究多集中于道教文献的考证和文本的校勘，这里我们尝试在对以往道教经书研究的基础上，给出道教写本经书以至写本道藏的基本制作规格和制作方法。主要包括对写本载体和写经字体的研究，并涉及写经的形制、行款、色彩等问题。

写经功用包括文本的使用，道教文化的功用和社会文化的治理。道教写经作为中国古籍写本的组成部分，其基本功用是文献的制作、收藏和传承。由于对写经的重视，道教界不仅将其看作一般文本，而且赋予了道教文化的特定含义。古代官方对于道教写经则是从社会文化治理的角度，来组织缮写和编纂。随着历史条件的变化，官方对道教写经的重视程度也不尽相同。

二　研究现状

道教写本经藏研究以写本为研究对象，是道教文献学的一个研究领域。道教文献研究在几代学人的共同努力下，形成了以目录学、校勘学为基本内容的研究体系，取得了丰硕的成果，为道教文献的继续研究奠定了坚实的基础。

在道教写本经藏的研究中，写本目录的考证是需要解决的基础问题。前代学人已经对道教文献目录做了系统研究，写本目录研究是对目录学的进一步推进。对于道教经书的目录体系而言，陈国符先生著《道藏源流考》，对道藏"三洞四辅"经书体系的起源和发展进行了考证，是道教写经目录研究的基础。因为"三洞四辅"经书体系的形成过程处于写本时期，从版本学的角度看，这也是写本目录体系的形成过程。从对每一种道教经书目录学的考证而言，任继愈先生主编的《道藏提要》对明代《正统道藏》所收的 1400 多种经书进行了全面的考证，为研究明代及以前产生的道教经书奠定了基础，其中《黄庭经》《阴符经》等道经考证也涉及写本研究。

写经人物研究，首先涉及的是早期道教中的写经道士，卿希泰先生主编的《中国道教史》、任继愈先生主编的《中国道教史》论述了道教教派建立、发展的脉络和所处的历史社会背景。日本学者小林正美先生的《六朝道教史》对早期道教上清派、灵宝派进行了翔实的考证。这些是道教写经人物研究的重要基础。官方的缮写人员因是职官较低的文职人员，并没有受到学术研究的重视，但是从官方经籍制作来说，正是由于他们的辛勤劳动、默默无闻的付出，才得以制作出官方经籍写本。他们的贡献是值得充分肯定的。

关于写本资料的问题，在现存道教写经中，写本资料最为集中、研究价值最大的文献群是敦煌道教写经。日本学者大渊忍尔先生所著《敦煌道经图录篇》[①] 收录道教经书 496 件。王卡先生所著《敦煌道教文献研究》[②] 将英国、法国、俄国、中国、日本等有关国家收藏单位的敦煌道教经书已经基本收录完成，对敦煌道教写经进行了更为全面的著录和

①　〔日〕大渊忍尔：《敦煌道经图录篇》，东京：福武书店，1979。
②　王卡：《敦煌道教文献研究》，中国社会科学出版社，2004。

考定，共著录道教写经 800 多件，比大渊目录多出 300 多件。道教写经的著录体例科学合理，经名考订准确，提要简明扼要，文本缀合细密，可以说《敦煌道教文献研究》是目前著录敦煌道教文献最完备可靠且方便实用的工具书。日本学者池田温编辑《中国古代写本识语集录》①收集古代经书写本中的题记部分，其中收录道经写本 50 余种。其他道教写经的写本资料收录则分布于考古、古籍、法书、法帖等相关研究领域。道教写经是中国古籍写本的一个组成部分。古籍写本的研究属于古籍版本学的一个研究领域。曹之先生所著《古籍版本学》中，对古籍写本的源流和古籍版本的纸张、字体、行款、装帧等问题进行了翔实的论述，是进一步研究古籍写本的理论基础。

写经载体是写本研究的一个重点内容，特别是用纸的研究。潘吉星著《中国造纸史》、王菊花著《中国古代造纸工程技术史》对纸张原料、产地、造纸工艺、时代背景进行了深入系统的研究，对研究道教写经载体的来源和造纸技术发展有重要参考价值。值得注意的是，著名道教学者王明先生在早年的学术研究中，也涉及文献载体的研究，如论文《简和帛》《蔡伦与中国造纸术的发明》《隋唐时代的造纸》等，对简、帛、纸及隋唐以前造纸术有详细的考证，而这些正是研究道教写经载体的基础。

道教写经有着较高的书法艺术水准，对写经字体的深入研究则属于中国书法研究的领域。例如东晋书法家王羲之、郗愔不仅书写道经，而且对道教写经书法影响深远。中国书法家和字体的著录、评价，自唐代张彦远《法书要录》即有较为系统的著录和研究，是研究唐代及以前书法的重要参考文献。当代书法研究成果很多，江苏教育出版社出版的《中国书法史》对中国历代书家和书法字体有着系统的研究，且史料丰富，对进一步探讨道教写经的书法多有裨益。

道教写经因其书法艺术价值，而被制作成法帖。帖本虽然不是写

---

① 〔日〕池田温编《中国古代写本识语集录》，东京：东京大学东洋文化研究所，1990。

本，但是与写本的研究有着密切的关系。例如，宋代《黄庭经》帖、《阴符经》帖等，均是道教写经研究的重要资料。张伯英先生《法帖提要》、容庚先生《丛帖目》等，是这方面的重要参考文献。

中国道教写本经藏的研究，是道教文献研究在目录学、校勘学之后，在版本学中继续开拓研究的一个新领域。道教文献、道教历史、古籍版本、中国书法等基础学科以及相关领域的研究，已经为这项研究工作建立了重要的基础。

三　创新之处

道教写本经藏研究，是在道教文献研究的新领域中，探讨以下四个问题。

1. 道教写本经藏的历史分期

以往研究认为，道教经藏体系是于南北朝形成"三洞四辅"经书分类体系，唐前期集结成《一切道经》，即唐代道藏。为了进一步了解道教经书的发展演变，我们从写本的视角，把中国古代道教经典的写本发展演变过程划分为三个历史阶段：先秦两汉——道家、道教写经的产生和早期发展阶段；魏晋至唐末五代——道教写经逐步发展以至集结成藏阶段；宋元明清——道教写本经藏的演变及延续阶段。写本的分期可以从一个新的视角发现，唐前期是道教写经发展的鼎盛阶段，也正是道经集结成藏的时期。

2. 道教写经的种类和规格

道教写经的载体主要有简、帛、纸三种。纸本写经是研究的重点。作为中国古代四大发明之一的造纸术，在推广应用之后，对写经的影响是巨大的，不仅为写经提供了优质的载体材料，而且使写经载体的制作有了较为统一稳定的规格。道教写经字体主要有篆书、隶书、楷书、道符四种，前三种字体是中国古代通用的正体字，也是书写道教经书时的基本字体。楷书在六朝以后成为写经的基本字体，并出现了著名书法家

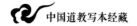

开创的书体，如王羲之王体、褚遂良褚体等。在一定历史条件下，楷书在写经中又被称为写经体或馆阁体。道教写经除了使用常规正体字体以外，道教教内的写经有着自己独特的字体，即道符，由道士写经时使用。一般情况下，道符的字形大于经书中的通用正体字。在写经的载体和字体遵循一定标准的基础上，就形成了写经规格，主要有竹简写经、帛书写经、纸卷写经、册页写经等。

3. 道教写经人物

在道教史的研究中很少有从写经的角度研究早期道派和道教人物，本书试从写经身份和道教身份两个基本方面研究写经人物，并且涉及写经人物的社会和文化背景，注重结合写经、道教史和社会背景，分析道士在写经时的身份和条件，使对写经人物的研究既能深入于书写活动之中，又能置于道教史和中国历史发展当中来考察。官方经籍的书写人员在以往研究中较少受到重视，他们虽然职务很低，甚至只是事务人员，但正是他们默默无闻的写经活动，为官署中从事校书的职官以至主官提供了校勘的写本，他们为包括道教经书在内的古代经籍的传承付出了辛勤的劳动，做出了重要的贡献。在道教宫观从事写经的经生情况也是大致如此，他们为道教宫观制作经书写本做出了重要贡献。道士、官方书写人员、经生是古代道教写经的主要社会群体。此外，对于书法家的道教写经研究，可以从一个新的视角，发现其艺术创作有着道教文化背景。

4. 写经功用

在道教中，道教写经的功用不止于文字载体、文献书籍这一基本功用。尤其是早期道教写经，具有丰富的道教文化义涵。道教写经是教派建立和传承的信物，是不能轻易看到的秘籍，即使道教师徒之间也不轻易传授经书。在早期道教科仪中，道教写经是重要的法具，用于诵经和讲经的科仪。道教写经的社会文化功用在唐代达到鼎盛。在李唐皇室的推崇下，以《道德经》为代表的道教经书，地位甚至一度高于儒家经典，成为古代文化治理的重要依据。宋代以后，道教经书参与国家文化治理的作用逐渐降低，其主要功能转变为一般的文献功能，用于传承道教文化。

四　研究道教写本经藏的价值和意义

1. 为道教研究发现新史料

道教写经研究收集到一定数量未被关注的道教经书写本，这不仅对于文献研究，而且对于道教研究来说也是第一手研究史料。能够有一定数量新史料的发现，是因为写经的研究不仅是在古籍文献中收集资料，还涉及考古、收藏、法书、碑帖等多个领域。从这些领域收集史料，会多有收获。

从写本学、文献学的研究来说，道教经典写本是在特定历史时期由写经人手工抄写完成的。写本不同于刻本之处在于，除了每个字是手工抄写之外，写本往往只有一个，具有唯一性，而相同的刻本可能有多个。古代写本多为珍贵的文物、古籍，具有重要的学术价值、历史价值和收藏价值。

2. 进一步完善中国古籍写本的形象体系，提高制作古籍写本的理论和技术水平

中国是世界上古籍最多的国家。中国古籍作为中国文明的标志之一，不仅承载了中国古代的思想文化，并且也展现了中国文化的一种形象特征。我们不仅要研究古籍的思想文化体系，也应当研究古代典籍的形象体系、制作写本古籍的理论和技术，以更好地传承和弘扬中华优秀传统文化。

道家道教写经是中华古籍写本中一个非常有特色的重要组成部分。道教写经的产生和发展可谓源远流长，肇始于先秦简帛，兴起于六朝符书，集藏于唐初写卷，自成"三洞四辅"经藏体系。这一形象体系使古典书籍、造纸术、书法等中国古代文明融为一体，是展示中华优秀传统文化的一种重要形式。

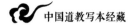

再者，自汉代至清代的历代官方写本丛书编撰中，道家道教写经一般作为子部道家类列入国家典籍之中，经历了中国古籍写本各阶段的发展变化，因此道家道教写本经书的研究是中国古籍写本研究的一个重要内容。本书研究成果不仅是对道教文献研究的继承和发展，也将推动制作和恢复中国古籍写本的理论和技术达到较高的水平。

3. 弘扬中华优秀传统文化，展现中华民族的文化自信

道教是中国本土宗教，与中华民族的发展一脉相承。道教写经从一个重要的视角展现了中华民族的历史和思想文化，具有重要的历史文献价值。

一是展现中华民族延绵不断的发展历史和丰富的典籍。先秦是中华民族社会发展、文化繁荣的一个重要时期。源自先秦、不断积累发展至今的道家道教文献，既是道家道教文化传承的一个重要脉络，也是中华民族延绵不断的历史的重要见证。中国学人有着"六经皆史"的治学传统，作为包含中国古代丰富典籍的道家道教经藏体系，也同时是一部独特的中华民族发展史。

二是展现中华民族热爱自然、珍爱生命、崇尚和谐的生命智慧。中华民族在历史长河中，以辛勤的劳动创造了灿烂辉煌的中国古代文明，形成了博大精深、独具特色的中国古代思想文化。道家道教文化是中国古代思想文化的重要组成部分，道家道教文献所记载的是中华民族对生命认知的不断探索，是一种生生不息、与时俱进的中国智慧。

道教经藏写本，以至中国古籍写本体系的完善，是中华民族发展历史的重要见证，是中国古代思想文化的重要载体，也是对中华民族文化自信的强有力支撑。

第一章
道教写本经藏的历史发展阶段

中国古代道教写经是中国古籍写本的一个重要组成部分，与中国古籍写本的产生和发展一脉相承。道教写经目录主要涉及道藏、官修综合丛书、正史艺文志中的道家道教经书目录。我们根据道教经书的写本载体及装帧形式，并参照中国古籍写本的历史发展特点，把道教写经大致分为三个历史阶段。

一 先秦两汉
——道家、道教写经的产生和早期发展阶段

先秦两汉时期，道家经书写本产生并有一定发展。作为道教经书前身的神仙类、养生类等书籍也已出现。东汉末年，早期道教经书写本伴随着道教的创立而出现。这一时期道家、道教经书的载体主要是竹简、帛书。

先秦写本道家写经存世较少，现存最早的写本是战国时期竹简写本《老子》①，出土于湖北荆门郭店楚墓。

《老子》是道家主要经典，成书于春秋末年。作者李耳，字老聃，是道家学派创始人，尊称老子。在历代道家类经书目录著录中，基本上

---

① 图版见荆门市博物馆编《郭店楚墓竹简》，文物出版社，1998，第1页。

都以《老子》作为道家主要经典，具有各自时代特点的《老子注》是
道家类经书的重要组成部分。

郭店竹简战国写本是《老子》的早期抄本。《老子》祖本样貌已难
以考证，但是郭店竹简写本系战国写本，距老子生活的年代较近，为我
们研究早期《老子》写本以及写本的发展提供了重要的实物依据。郭店
竹简《老子》已处于竹简普遍使用的战国时期，这一写本也是中国古
籍写本发展史中最早的竹简写本之一，因而具有重要的史料价值。

汉代道教写经发展的基本情况。元代马端临《文献通考》引《宋
三朝国史志》"班志艺文，道家之外，复列神仙，在方技中。东汉后道
教始著，而真仙经诰别出焉"①，这是对汉代道家道教经书的总结概括。
其中所讲班固撰《汉书·艺文志》，诸子略著录有道家类，方技略著录
有神仙家类。史志目录《汉书·艺文志》主要以刘向父子撰《别录》
《七略》为基础，反映的是西汉官方收藏经籍的主要书目。这一分类对
后世官方史志目录分类中的道家道教经书产生了深远的影响。道家类、
神仙家类等经书是道教经书的前身。至东汉末，太平道、五斗米道创
立，与此同时道教经书作为专门的书目开始出现。

汉代道家、神仙家经书写本目录。汉初崇尚黄老之学，老子书、托
名黄帝之书在官方经籍中占有重要地位。其中，刘歆《七略》之诸子
略著录道家类"凡三十七家，八百一篇"。② 详细目录如下。

《伊尹》五十一篇。汤相。

《太公》二百三十七篇。吕望为周师尚父，本有道者。或有近世又以为
太公术者所增加也。《谋》八十一篇，《言》七十一篇，《兵》八十五
篇。又曰：太公《金版》《玉匮》虽近世之文，然多善者。

《辛甲》二十九篇。纣臣，七十五谏而去，周封之。

---

① （元）马端临：《文献通考》卷二百二十四，浙江古籍出版社，2000，第1802页。
② （汉）刘向、刘歆撰，（清）姚振宗辑录，邓骏捷校补《七略别录佚文·七略佚文》，
上海古籍出版社，2008，第139页。

《鬻子》二十二篇。名熊，为周师，自文王以下问焉。周封，为楚祖。

《筦子》八十六篇。名夷吾，相齐桓公，九合诸侯，不以兵车也，有列传。

《老子邻氏经传》四篇。姓李，名耳，邻氏传其学。

《老子傅氏经说》三十七篇。述老子学。

《老子徐氏经说》六篇。字少季，临淮人，传《老子》。

臣向《说老子》四篇。

《文子》九篇。老子弟子，与孔子并时而称，周平王问，似依托者也。

《蜎子》十三篇。名渊，楚人，老子弟子。

《关尹子》九篇。名喜，为关吏，老子过关，喜去吏而从之。

《庄子》五十二篇。名周，宋人。

《列子》八篇。名圄寇，先庄子，庄子称之。

《老成子》十八篇。

《长卢子》九篇。楚人。

《王狄子》一篇。

《公子牟》四篇。魏之公子也，先庄子，庄子称之。

《田子》二十五篇。名骈，齐人，游稷下，号天口骈。

《老莱子》十六篇。楚人，与孔子同时。

《黔娄子》四篇。齐隐士，守道不诎，威王下之。

《宫孙子》二篇。

《鹖冠子》一篇。楚人，居深山，以鹖为冠。

《周训》十四篇。

《黄帝四经》四篇。

《黄帝铭》六篇。

《黄帝君臣》十篇。起六国时，与《老子》相似也。

《杂黄帝》五十八篇。六国时贤者所作。

《力牧》二十二篇。六国时所作，托之力牧。力牧，黄帝相。

《孙子》十六篇。六国时。

《捷子》二篇。齐人，武帝时说。

《曹羽》二篇。楚人，武帝时说于齐王。

《郎中婴齐》十二篇。武帝时。

《臣君子》二篇。蜀人。

《郑长者》一篇。六国时。先韩子，韩子称之。

《楚子》三篇。

《道家言》二篇。近世，不知作者。

其中老子经传类四种，首录《老子邻氏经传》四篇。注曰："姓李，名耳，邻氏传其学。"西汉《老子》已被尊为经。《老子邻氏经传》当是西汉及以前官方书籍中《老子》的主要传本之一。值得注意的是刘向《说老子》四篇，作为撰写《别录》、奠基《七略》的刘向是黄老之学的代表人物。又，老子弟子书有《文子》等三种。托名黄帝的道家典籍有四种，首列《黄帝四经》四篇，撰人不详。《老子》经传之书及弟子之书、托名黄帝之书，共有十一种，是三十七种道家类经籍中的主要部分，说明汉初黄老之学是道家学说的主流。这是西汉国家图书中道家类藏书的写本目录。东汉班固《汉书·艺文志》[1] 是在《别录》《七略》基础上对官藏目录的整理，也是写本目录，其中著录的道家类书目与《七略》基本相同。

在汉末道教创立之前，与道教文化密切相关、作为道教经书前驱的神仙家类书籍也已在流传。刘歆《七略》之方技略记载"神仙十家，二百一卷"[2]，具体如下。

《宓戏（伏羲）杂子道》二十篇。

---

[1] （汉）班固撰，（唐）颜师古注《汉书》卷三十《艺文志》，中华书局，1975，第1729~1731页。

[2] （汉）刘向、刘歆撰，（清）姚振宗辑录，邓骏捷校补《七略别录佚文·七略佚文》，第187页。

《上圣杂子道》二十六卷。

《道要杂子》十八卷。

《黄帝杂子步引》十二卷。

《黄帝岐伯按摩》十卷。

《黄帝杂子芝菌》十八卷。

《黄帝杂子十九家方》二十一卷。

《泰壹杂子十五家方》二十二卷。

《神农杂子技道》二十三卷。

《泰壹杂子黄冶》三十一卷。

右神仙十家，二百一卷。

其中托名"黄帝"之书最多，有四种。首列《黄帝杂子步引》十二卷，撰人不详。西汉神仙家文献大体以炼养和服饵为主旨，为后世道教养生方术的前驱。《七略》之方技略，有房中家，"房中八家，一百九十一卷"[1]，为后世道教房中术的前驱。《七略》之数术略，有杂占家，其中部分文献为后世道教祈福祛灾方术的前驱。

写本情况。《别录》《七略》中著录的文献是由汉代官方抄写、宫廷收藏的经籍。就写本载体来说，主要是竹简写本、帛书写本。据东汉应劭《风俗通义》：

> 刘向为孝成皇帝典校书籍，二十余年，皆先竹书，为易刊定，可缮写者，以上素也……今东观书，竹素也。[2]

竹素即竹简和帛书，这是汉代文献的主要载体。这些书籍刘向等人先是抄写在竹简上，经过校定后，抄写在素帛上，似是说竹简用来校勘，帛

---

① （汉）刘向、刘歆撰，（清）姚振宗辑录，邓骏捷校补《七略别录佚文·七略佚文》，第 186 页。

② （汉）应劭撰，王利器校注《风俗通义校注》，中华书局，1981，第 494 页。

书用来抄写定本。但是从文献记载的保存情况来看，是竹简、素帛都有，而素帛是比竹简更为正式标准的本子。但是实际上，校定的书籍多是缮写在竹简上。如《筦子》八十六篇，"杀青而书，可缮写也"①，《列子》八卷，"已定，皆以杀青书，可缮写"②，"杀青"即指竹简。总之，汉代宫廷书籍是竹简、素帛本。据王明先生考证，班固《汉书·艺文志》所著录的各家书籍里，其代表简书的"篇"数多于代表帛书的"卷"数，可以证明西汉简书多于帛书。③

综上所述，西汉初期，道家经书多是黄老之学的著作，而神仙家文献多托名黄帝之说。其写本是简帛并行，以简为主。

汉代道家类写本文献的考古发现。竹简写本有：北京大学藏《老子》④写本，西汉竹简；湖北江陵张家山汉墓出土《庄子·盗跖》⑤写本，西汉竹简；安徽阜阳双古堆汉墓出土《庄子·杂篇》⑥写本，西汉早期竹简；河北定县八角廊村汉墓《文子》⑦写本，西汉竹简。帛书写本有：长沙马王堆汉墓出土《老子》⑧，西汉写本，是已知最早的帛书《老子》写本；马王堆汉墓《黄帝四经》，包括《经法》《十六经》《称》《道原》四篇⑨，西汉帛书。以上从实物资料上说明，西汉道家经书写本主要是竹简、帛书。

汉代有关养生的写本文献与之后出现的道教经书也有密切关系。竹

---

① （汉）刘向、刘歆撰，（清）姚振宗辑录，邓骏捷校补《七略别录佚文·七略佚文》，第50页。
② （汉）刘向、刘歆撰，（清）姚振宗辑录，邓骏捷校补《七略别录佚文·七略佚文》，第54页。
③ 王明：《简和帛》，《考古通讯》1955年第2期，第56页。
④ 北京大学出土文献研究所编《北京大学藏西汉竹书（贰）》（《老子》卷），上海古籍出版社，2012。
⑤ 中国法书全集编委会编《中国法书全集》第一卷，文物出版社，2009，图版56。湖北省荆州博物馆收藏。
⑥ 中国法书全集编委会编《中国法书全集》第一卷，图版58。安徽阜阳市博物馆收藏。
⑦ 中国法书全集编委会编《中国法书全集》第一卷，图版75。河北省文物研究所收藏。
⑧ 图版见国家文物局古文献研究室编《马王堆汉墓帛书》第1册，文物出版社，1980，第1页。
⑨ 国家文物局古文献研究室编《马王堆汉墓帛书》第1册，第2页。

简写本有：安徽阜阳双古堆汉墓出土《行气》①，西汉竹简；湖北江陵张家山汉墓出土《却谷食气》②，西汉早期竹简。考古发现的帛书写本有：长沙马王堆汉墓出土西汉帛书《却谷食气》，以及《养生方》《杂疗方》③等。以上从实物资料上也说明，西汉养生类文献主要是竹简、帛书。

　　一般认为，道教创始于东汉末年的太平道和五斗米道。约与此同时，早期道教经书以写本形式相继传出。有确切文献记载，最早的道教教内写经是产生于东汉后期的《太平清领书》，源自"太平本文"，是民间古道书的汇集。《太平清领书》大约东晋以后称《太平经》。东晋道士葛洪撰《抱朴子》已著录《太平经》。这是后世道藏太平部的主要经书。《太平经》共一百七十卷，分为十部，以天干甲至癸为部名。关于早期写本的传世，《后汉书·襄楷传》记载：

　　　　初，顺帝时，琅琊宫崇诣阙，上其师干吉于曲阳泉水上所得神书百七十卷，皆缥白素、朱介、青首、朱目，号《太平清领书》。④

写本载体是"缥白素"。注曰："缥，青白也，素，缣也。"按《说文》："缥，帛青白色也。"所谓缥，是一种青白色的帛。这与帛的颜色通常是白色、黄色有所不同。关于"素"，按注"素即缣"。按《说文》："缣，并丝缯也"，素是由双丝沿经纬方向织成的缣帛。写本"缥白素"是一种青白色的、由双丝织成的帛。汉末帛书本《太平经》也正是处于简帛盛行的时代。

---

①　中国国家图书馆、中国国家古籍保护中心编《第二批国家珍贵古籍名录图录》，国家图书馆出版社，2010，编号02400。安徽阜阳市博物馆收藏。
②　中国法书全集编委会编《中国法书全集》第一卷，图版56。湖北省荆州博物馆收藏。
③　马王堆汉墓帛书整理小组编《马王堆汉墓帛书》第4册，第43～45页。
④　（南朝宋）范晔撰，（唐）李贤等注《后汉书》卷三十，中华书局，1965，第1084页。

东汉末年，张陵在西蜀鹤鸣山创立五斗米道，造作道书。[①] 具体经书尚不可考，可知五斗米道、后世天师道经书渊源于此。约出于南北朝的《正一经》，多称张陵所传。

其后五斗米道首领张修，教人习《老子》。又有张鲁编定《老子道德经五千文》（系师定本）。《老子》作为道教的经典，为五斗米道所尊奉，是后世道藏太玄部的首要经典。张鲁等撰《老子想尔注》是道教注解《老子》的第一部经书，写本不详。

总之，东汉末年，早期道教《太平经》等道书已经以写本形式传出，道家经典《老子》也已被早期道教所尊奉。

二　魏晋至唐末五代
——道教写经逐步发展以至集结成藏阶段

（一）魏晋南北朝时期的道教写经

魏晋南北朝时期，随着新道经《上清经》《灵宝经》《三皇经》的产生和传播，道教经书逐步形成了"三洞四辅"的经书体系。东汉蔡伦发明以渔网为主要原料的造纸术，至魏晋时期纸张作为文献载体逐步被推广使用，在南北朝成为通行的主要文献载体。在纸张逐步推广使用的过程中，道教写经体现出写本的多样性，即简、帛、纸等写经载体的同时使用。

1. 三皇经目录及写本特点

三皇经是以《三皇文》为首要经典的一组道经，约出于魏晋之际，由帛和传出。东晋道书《抱朴子》记载：

> 余闻郑君言，道书之重者，莫过于《三皇内文》《五岳真形图》也。古者仙官至人，尊秘此道，非有仙名者，不可授也。受之

---

① （西晋）陈寿撰，（宋）裴松之注《三国志》卷八《张鲁传》，中华书局，1959，第263页。

四十年一传，传之歃血而盟，委质为约。诸名山五岳，皆有此书，但藏之于石室幽隐之地，应得道者，入山精诚思之，则山神自开山，令人见之。如帛仲理者，于山中得之，自立坛委绢，常画一本而去也。①

魏晋之际道士帛和所传三皇经为符书绢本。《三皇经》已佚，现存《正统道藏》本《洞神八帝妙精经》，为六朝《洞神三皇经》十四卷之一。从中可以看出，三皇文是92枚篆文符箓，传说是"三皇以前鸟迹之始大章者也"②，即鸟虫篆一类的符文。在《三皇文》的基础上，东晋南朝道士不断改编而成三皇系经典，发展为三洞经书的洞神部。

西晋道士鲍靓所传《三皇文》被称为《大有三皇文》，已佚。关于经文出处，据说受之于嵩山刘君石室。③ 刘君即刘根，东汉术士，颍川（今河南禹州）人，隐居嵩山。④ 道经《太上洞神三皇仪》著录"大有箓图天皇内文""大有箓图地皇内文""大有箓图人皇内文"，共三卷。比帛和稍晚出的《大有三皇文》是大字符文，包括天皇文、地皇文、人皇文。⑤《大有三皇文》与上述《小有三皇文》符文字体当是一致，但字形较大，亦是道藏洞神部三皇经的早期经典。

关于其写本情况，《道教义枢》卷二"三洞义"：

晋时鲍靓学道于嵩高，以惠帝永康年中，于刘君石室清斋思道，忽有三皇文刊（石）成字，仍依经，以四百尺绢告玄而受。⑥

---

① 王明：《抱朴子内篇校释》卷十九，中华书局，1985，第336页。
② 任继愈主编《中国道教史》，中国社会科学出版社，2001，第132页。
③ （唐）孟安排集《道教义枢》卷二"三洞义"，《中华道藏》第5册（全49册），华夏出版社，2004，第553页。
④ （南朝宋）范晔撰，（唐）李贤等注《后汉书》卷八十二《刘根传》，第2746页。
⑤ （北周）宇文邕纂《无上秘要》卷二十五，三皇要用品引《洞神经》，《中华道藏》第28册，第76~78页。
⑥ （唐）孟安排集《道教义枢》卷二"三洞义"，《中华道藏》第5册，第553页。

其中虽多有传说的内容，可以看出，西晋道士鲍靓从嵩山刘君石室得受的三皇文是绢本书写，这与帛和用绢书写三皇文相同，也符合西晋时道经书写的情况。虽然未说鲍靓写经之事，但由石经所出，必然要书写才能获得。而四百尺绢，实为写经材质。

2. 郑隐藏书写本目录

郑隐藏书是已知最早的道经汇集目录。所收藏的道教写经，按其重要性，首先是金丹之经，其次是《三皇内文》，再次是其他道经、符书。葛洪撰《抱朴子·遐览》记载郑隐缮写或收藏主要道经：

> 然弟子五十余人，唯余见受金丹之经及《三皇内文》《枕中五行记》，其余人乃有不得一观此书之首题者矣。①

（1）金丹经。郑隐缮写、珍藏的金丹之经主要有"《太清丹经》三卷及《九鼎丹经》一卷、《金液丹经》一卷"。其中的《九鼎丹经》，即《抱朴子·金丹》中所说的"《黄帝九鼎神丹经》"②，共三种，五卷，据说由三国左元放传授葛玄，再传郑隐。葛洪认为这是最重要的道经。据葛洪《神仙传》，《太清丹经》传说由汉末马鸣生得受，又传阴长生。因《抱朴子》已著录此两种经，故至晚东晋已经传出，都是金丹经的早期主要经典，后发展为道藏太清部经书。郑隐所缮写并传授葛洪的金丹诸经属于西晋写本，即金丹经的早期写本。

（2）《三皇内文》，三卷。按《抱朴子》，《三皇内文》由汉末帛和得受并以绢本写出，是有文献记载的最早的写本。郑隐收藏，系西晋甚至更早的写本，也是早期写本之一。葛洪在讲论符书时，认为《三皇内文》及《五岳真形图》是最重要的符书，"余闻郑君言，道书之重者，莫过于《三皇内文》《五岳真形图》也"③。

---

① 王明：《抱朴子内篇校释》卷十九，第333页。
② 王明：《抱朴子内篇校释》卷四，第74页。
③ 王明：《抱朴子内篇校释》卷十九，第336页。

（3）其他道经，包括"服饵、炼养、符图、算律"① 等经书。主要在《抱朴子·遐览》著录，具体经目是：

　　道经有《三皇内文天地人》三卷、《元文》上中下三卷、《混成经》二卷、《玄录》二卷、《九生经》、《二十四生经》、《九仙经》、《灵卜仙经》、《十二化经》、《九变经》、《老君玉历真经》、《墨子枕中五行记》五卷、《温宝经》、《息民经》、《自然经》、《阴阳经》、《养生书》一百五卷、《太平经》五十卷、《九敬经》、《甲乙经》一百七十卷、《青龙经》、《中黄经》、《太清经》、《通明经》、《按摩经》、《道引经》十卷、《元阳子经》、《玄女经》、《素女经》、《彭祖经》、《陈赦经》、《子都经》、《张虚经》、《天门子经》、《容成经》、《入山经》、《内宝经》、《四规经》、《明镜经》、《日月临镜经》、《五言经》、《柱中经》、《灵宝皇子心经》、《龙蹻经》、《正机经》、《平衡经》、《飞龟振经》、《鹿卢蹻经》、《蹈形记》、《守形图》、《坐亡图》、《观卧引图》、《含景图》、《观天图》、《木芝图》、《菌芝图》、《肉芝图》、《石芝图》、《大魄杂芝图》、《五岳经》五卷、《隐守记》、《东井图》、《虚元经》、《牵牛中经》、《王弥记》、《腊成记》、《六安记》、《鹤鸣记》、《平都记》、《定心记》、《龟文经》、《山阳记》、《玉策记》、《八史图》、《入室经》、《左右契》、《玉历经》、《升天仪》、《九奇经》、《更生经》、《四袸经》十卷、《食日月精经》、《食六气经》、《丹一经》、《胎息经》、《行气治病经》、《胜中经》十卷、《百守摄提经》、《丹壶经》、《岷山经》、《魏伯阳内经》、《日月厨食经》、《步三罡六纪经》、《入军经》、《六阴玉女经》、《四君要用经》、《金雁经》、《三十六水经》、《白虎七变经》、《道家地行仙经》、《黄白要经》、《八公黄白经》、《天师神器经》、《枕中黄白经》五卷、《白子变化经》、《移灾经》、

---

① 陈国符：《道藏源流考》，中华书局，第103页。

《厌祸经》、《中黄经》、《文人经》、《涓子天地人经》、《崔文子肘后经》、《神光占方来经》、《水仙经》、《尸解经》、《中遁经》、《李君包天经》、《包元经》、《黄庭经》、《渊体经》、《太素经》、《华盖经》、《行厨经》、《微言》三卷、《内视经》、《文始先生经》、《历藏延年经》、《南阈记》、《协龙子记》七卷、《九宫》五卷、《三五中经》、《宣常经》、《节解经》、《邹阳子经》、《玄洞经》十卷、《玄示经》十卷、《箕山经》十卷、《鹿台经》、《小童经》、《河洛内记》七卷、《举形道成经》五卷、《道机经》五卷、《见鬼记》、《无极经》、《宫氏经》、《真人玉胎经》、《道根经》、《候命图》、《反胎胞经》、《枕中清记》、《幻化经》、《询化经》、《金华山经》、《凤纲经》、《召命经》、《保神记》、《鬼谷经》、《凌霄子安神记》、《去丘子黄山公记》、《王子五行要真经》、《小饵经》、《鸿宝经》、《邹生延命经》、《安魂记》、《皇道经》、《九阴经》、《杂集书录》、《银函玉匮记金板经》、《黄老仙录》、《原都经》、《玄元经》、《日精经》、《浑成经》、《三尸集》、《呼身神治百病经》、《收山鬼老魅治邪精经》三卷、《入五毒中记》、《休粮经》三卷、《采神药治作秘法》三卷、《登名山渡江海敕地神法》三卷、《赵太白囊中要》五卷、《入温气疫病大禁》七卷、《收治百鬼召五岳丞太山主者记》三卷、《兴利宫宅官舍法》五卷、《断虎狼禁山林记》、《召百里虫蛇记》、《万毕高丘先生法》三卷、《王乔养性治身经》三卷、《服食禁忌经》、《立功益算经》、《道士夺算律》三卷、《移门子记》、《鬼兵法》、《立亡术》、《练形记》五卷、《郗公道要》、《角里先生长生集》、《少君道意》十卷、《樊英石壁文》三卷、《思灵经》三卷、《龙首经》、《荆山记》、《孔安仙渊赤斧子大览》七卷、《董君地仙郗老要记》、《李先生口诀肘后》二卷。凡有不言卷数者，皆一卷也。①

---

① 王明：《抱朴子内篇校释》卷十九，第333~335页。

在此之后又著录道符。二者共计有 257 种，一千一百七十九卷。[①]
其中除《太平经》《黄庭经》等少数几种经书，大多已经佚失。这是郑
隐藏书目录较为集中的著录，但并不是全部。因为在这里没有著录郑隐
传授葛洪的金丹经目录，也没有著录《五岳真形图》。按郑隐是西晋道
士，这一经书目录是魏晋之际道教写经目录的一次较为集中的著录，还
没有进行系统的书目分类。

郑隐写经用的是缣素，为葛洪所见。

> 又许渐得短书缣素所写者，积年之中，合集所见，当出二百许
> 卷，终不可得也。他弟子皆亲仆使之役，采薪耕田，唯余厄羸，不
> 堪他劳，然无以自效，常亲扫除，拂拭床几，磨墨执烛，及与郑君
> 缮写故书而已。[②]

这说明在西晋时期，道士写经还是大量使用缣素抄写道经，即帛书写
经。而且每种写经卷数较少，多为一卷，篇幅较短。

3. 上清经写本目录

上清经是以《上清大洞真经三十九章》为首要经典的一组道经，
共三十一卷。由东晋道士杨羲、许谧传出。[③] 关于上清经的目录，《洞
玄灵宝三洞奉道科戒营始》著录上清大洞真经目如下。

> 《上清大洞真经三十九章》一卷、《上清太上隐书金真玉光》
> 一卷、《上清八素真经服日月皇华》一卷、《上清飞步天刚蹑行七
> 元》一卷、《上清九真中经黄老秘言》一卷、《上清上经变化七十
> 四方》一卷、《上清除六天文三天正法》一卷、《上清黄气阳精三
> 道顺行》一卷、《上清外国放品青童内文》二卷、《上清金阙上记

---

① 任继愈主编《中国道教史》，第 129 页。
② 王明：《抱朴子内篇校释》卷十九，第 332 页。
③ （梁）陶弘景编撰《真诰》卷十九，《中华道藏》第 2 册，第 237 页。

灵书紫文》一卷、《上清紫度炎光神玄变经》一卷、《上清青要紫书金根上经》一卷、《上清玉精真诀三九素语》一卷、《上清三元玉检三元布经》一卷、《上清石精金光藏景录形》一卷、《上清丹景道精隐地八术》上下二卷、《上清神州七转七变舞天经》一卷、《上清大有八素大丹隐书》一卷、《上清天关三图七星移度》一卷、《上清九丹上化胎精中记》一卷、《上清太上六甲九赤班符》一卷、《上清神虎上符消魔智慧》一卷、《上清曲素诀词五行秘符》一卷、《上清白羽黑翮飞行羽经》一卷、《上清素奏丹符灵飞六甲》一卷、《上清玉佩金珰太极金书》一卷、《上清九灵太妙龟山元录》三卷、《上清七圣玄纪徊天九霄》一卷、《上清太上黄素四十四方》一卷、《上清太霄琅书琼文帝章》一卷。此三十四卷玉清、紫清、太清大洞经限，是王君授南真。①

据陈国符先生研究，此三十四卷"为杨许真经，抑或王灵期伪造，已不可考"。虽然如此，约出于南北朝的道书《洞玄灵宝三洞奉道科戒营始》所记载的经目，仍是东晋南朝时期上清经目录的基本情况，只是比杨羲、许谧写经时间稍晚一些。之后上清经增益为道藏洞真部经书。

早期上清经写本用纸，《真诰·叙录》云："三君多书荆州白笺。"关于装帧，《真诰·叙录》云："三君书有全卷者，唯道授二许写，《酆都宫记》是杨及掾书，并有首尾完具，事亦相类。"因此，《上清经》在初期造经的写本是荆州所产的白纸，卷子装。东晋时期书写用白纸已比较普遍。杨羲写经用纸，反映了当时书写用纸的基本特点。

4. 灵宝经写本目录

灵宝经是一组道经，出于东晋道士葛巢甫。具体经目、写本不详。后经南朝宋陆修静整理为《灵宝经目》。南朝梁道士宋文明撰《灵宝经义疏》，又名《通门论》（敦煌写经 P. 2861.2 + P. 2256，P. 3001），著

---

① 《洞玄灵宝三洞奉道科戒营始》卷五，《中华道藏》第 42 册，第 21 页。

录了南朝梁时所见灵宝经书目录，① 据说其来自陆修静。这是以《太上洞玄灵宝五篇真文赤书》为首要经典的一组道经。之后增益为道藏洞玄部。具体经目是：

（前缺）。〔真文赤书二卷，已出。上卷目云《太上洞玄灵宝五篇真文赤书上》，下卷目云《太上洞玄灵宝五篇真文赤书下》。

赤书玉诀一卷，已出。今分为二卷，上卷目云《太上洞玄灵宝赤书玉诀妙经上》，下卷目云《太上洞玄灵宝赤书玉诀妙经下》。

右一部三卷，第一篇目，皆金简书文。宋法师云：合三〕卷，明应化之源本也。

〔大小劫二卷，未出〕。

天地运度一卷，未出。

右一部三卷，第二篇目，皆金简书文。宋法师云：合三卷，明运会始终也。

空洞灵章一卷，已出。卷目云《太上洞玄灵宝空洞灵章》。

升玄步虚章一卷，已出。卷目云《太上说太上玄都〔玉〕京山〔步虚〕经》。

九天生神章一卷，已出。卷目云《太上洞玄灵宝自然至真九天生神立早》。

右一部三卷，第三篇目，皆金简书文。宋法师云：合三卷，明天功之广被。

自然五称文一卷，已出。卷目云《太上洞玄灵宝大道无极自然真一五称符上经》。

诸天内音玉字一卷，已出。今分为二卷，上卷目云《太上洞玄灵宝诸天内音自然玉字上》，下卷目云《太上洞玄灵宝诸天内音自然玉字下》。

八威召龙经一卷，未出。

右一部三卷，第四篇目，皆金简书文。宋法师云：合三卷，明圣德之威风。

智慧上品大戒。三卷，二卷已出。卷目云《太上洞玄灵宝智慧罪根上品》二卷，未出一卷。

① 王卡：《敦煌道教文献研究》，第115页。

篇目云《太上洞玄灵宝智慧上品大戒》。

威仪自然二卷，已出。一卷目云《太上洞玄灵宝金钱简文三元威仪自然真经》，一卷目云《太上〔洞玄〕灵宝长夜九幽府玉匮明真科》。

右一部六卷，第五篇目，皆金简书文。宋法师云：合六卷，明戒律之差品。

智慧定志通微一卷，已出。卷目云《太上洞玄灵宝智慧定志通微经》。

本业上品一卷，已出。卷目云《太上洞〔玄〕灵宝真文度人本行妙经》。

法轮罪福一卷，已出。卷目云《太上洞玄灵宝真一劝诫法轮妙经》

右一部三卷，第六篇目，皆金简书文。宋法师云：合三卷，明人行业之由从。

无量度人上品一卷，已出。卷目云《太上洞玄灵宝无量度人上品妙经》。

诸天灵书度命一卷，已出。卷目〔云《太上洞玄灵宝诸天灵书度命妙经》。

灭度五练生尸一卷，已出。卷目〕《太上洞玄灵宝灭度五练生尸妙经》。

右一部三卷，第七篇目，皆金简书文。宋〔法〕师云：合三卷，明济物之弘远。

三元戒品一卷，〔已〕出。卷目云《太上洞玄灵宝三元品诫》。

宿命因缘一卷，未出。

众圣难三卷，未出。

右一部五卷，第八篇目，皆金简书文。宋法师云：合五卷，明因果之途迹。

导引三光〔日月〕星一卷，未出。

二十四生图一卷，已出。卷目云《太上洞玄灵宝二十四生图三部八景自然神真录仪》。

飞行三界通微内思二卷，未出。

右一部四卷，第九篇目，皆金简书文。宋法师云：合四卷，明修行之方〔法〕。

药品一卷，未出。

芝品一卷，未出。

变化空洞一卷，未出。

右一部三卷，第十篇目，皆金简书文。宋法师云：合三卷，明治身之体用也。

右《元始旧经紫微金格目》三十六卷，二十一卷已出，今分成二十三卷，十五卷未出。十部妙经三十六卷，皆克金为字，书于玉简之上，题其篇目于紫微宫南轩，大玄都玉京山亦具记其文。诸天大圣众依格斋月日，上诣玉京，烧香旋行诵经，礼天文也。

《太上洞玄灵宝天文五符经序》一卷。

右二件旧是一卷，昔夏禹例出《灵宝经》中众文为此卷，藏劳盛山阴，乐子长于霍林仙人边得，遂行人间。仙公在世时所得本，是分为二卷，今人或作三卷。

《太上玉经太极隐注宝经诀》一卷。

《太上洞玄灵宝真文要解》上卷。

《太上太极太虚上真人演太上灵宝威仪洞玄真一自然经诀》上卷。

《太极真人敷灵宝文斋戒威仪诸要解经诀》下一卷。

《太上消魔宝身安志智慧本愿大戒上品》一卷。

《太极左仙公请问经》上一卷。

《仙公请问经》下一卷。

《仙公请问本行因缘众圣难》一卷。

《太极左仙公神仙本起内传》卷。

《太极左仙公起居经》一卷。

右十一卷，葛仙公所受教戒诀要，及说行业新经。都合前元始〔旧经〕，新旧经见已出者，三十二卷真正之文，今为三十五卷，或为三十六卷，陆先生所撰记出也。后有三十五卷伪目，仍在陆《源流》卷末，不录入此也。

十部旧目及新名录记如前。陆先生就此十部《灵宝经》，正文有三十六卷，其二十二卷见行于世，余十四卷犹隐天宫，总括体用，分别条贯，合有十二种。①

以上所述，灵宝经初期有三十二卷。

写本情况，其中注解其写本为"金简书文"，又说"克金为字，书

① 《灵宝经义疏》（敦煌本），《中华道藏》第5册，第509～511页。

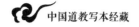

于玉简"。这是一种仙道文化的说法，不是实际的写本。

5. 《道德经》

《道德经》作为道教经典，已知最早的写本记载是东晋杨羲书张镇南古本。成书于春秋末年的《道德经》，于东汉被道教奉为经书。在天师道中，张修以《道德经》传教徒，后经张鲁刊定为五千文本，又称系师定本，即张镇南古本。这使《道德经》成为道教经典，并具有明确的文本。从此，张镇南古本成为六朝隋唐天师道经戒传授的基本经书。然而写本详情未知。

东晋杨羲书张镇南古本《道德经》，是有明确记载的较早的道教写本。又据《真诰》所记载，杨羲写经多用荆州白笺，故张镇南古本《道德经》亦当如此。

《道德经》的早期道教注本是《老子想尔注》，东汉张鲁撰，写本不详。现存的最早写本是约写于南北朝的敦煌写经《老子道德经想尔注》（S.6825v），黄纸写卷，小楷书。

《道德经》《道德经注》以及道家诸子经书，作为道教经书发展为道藏太玄部。《道德经》作为三洞四辅经藏体系太玄部中的首要经书，较早记载于成书北朝时期的《传授经戒仪注诀》，其中记有《太玄经》"太玄部卷第一：老君大字本道经上；太玄部卷第二：老君大字本德经下"①，即《道德经》二卷是太玄部的第一经书。

6. 道教经书分类体系的形成及写本情况

南朝宋陆修静泰始七年（472）②，著《三洞经书目录》③，是对道教三洞经书的首次系统分类著录。由于该书已佚，其中经目的详细情况未知。唐以前三洞经书的分类体系已成为道教教内的共识，陆修静的贡

---

① 《传授经戒仪注诀》，《道藏》第 32 册，文物出版社、上海书店、天津古籍出版社，1988，第 170 页下。

② （北周）甄鸾：《笑道论》卷三十一，（唐）释道宣撰《广弘明集》卷九，《大正新修大藏经》，第五十二卷。《大正新修大藏经》刊行会，昭和三十六年（1961），第 151 页。

③ （唐）孟安排集《道教义枢》卷二"三洞义"，引南朝陆修静《三洞经书目录》，见《中华道藏》第 5 册，第 552 页。

献在于首先进行了三洞经书的系统著录。《道教义枢》记载，"序三洞经：洞者，其卷数题目，具如陆先生《三洞经书目录》，孟法师《玉纬七部经书目》，陶隐居《经目》，《太上众经目》《三十六部尊经目》等所明"①。故《道教义枢》对三洞经书的解释与陆修静《三洞经书目录》应当是基本一致的。"三洞"释名，"一者洞真，二者洞玄，三者洞神"②，分别指《上清经》《灵宝经》《三皇经》。③三洞经书又各自分为十二部，④对此唐代道书《本际经》记载，"第一本文，第二神符，第三玉诀，第四灵图，第五谱录，第六戒律，第七威仪，第八方法，第九众术，第十记传，第十一赞颂，第十二章表"。⑤《三洞经书目录》共著录道家经书并药方、符图一千二百二十八卷。⑥陆修静所藏三洞经书写本情况未知。

南朝孟法师《玉纬七部经书目》是对道教七部经书的系统著录。⑦由于该书已佚，依据《道教义枢》，可知其对道教经书分类的基本情况。"七部"之名，即三洞经书之外，又有四辅经书：太玄、太平、太清、正一，总称七部。四辅之中，太玄指《道德经》（《五千文》）及有关道家诸子经书，太平指《太平经》（甲乙十部），太清指《太清丹经》（金丹经）及有关经书，正一指《正一法文》等有关经书。四辅与三洞的关系是太玄辅洞真、太平辅洞玄，太清辅洞神，正一通贯三洞经书。⑧

《正一经图科戒品》也记载了四辅与三洞经书的关系："《太清经》辅洞神部，金丹以下仙品；《太平经》辅洞玄部，甲乙十部以下真业；《太玄经》辅洞真部，《五千文》以下圣业；《正一法文》宗道德，崇三

---

① （唐）孟安排集《道教义枢》卷二"三洞义"，《中华道藏》第5册，第552页。
② （唐）孟安排集《道教义枢》卷二，《中华道藏》第5册，第551页。
③ （唐）孟安排集《道教义枢》卷二，《中华道藏》第5册，第552、553页。
④ （唐）孟安排集《道教义枢》卷二，引《正一经》，《中华道藏》第5册，第556页。
⑤ （唐）孟安排集《道教义枢》卷二，引《本际经》，《中华道藏》第5册，第556页。
⑥ 《广弘明集》卷十二，《大正新修大藏经》第五十二卷，第174页。
⑦ （唐）孟安排集《道教义枢》卷二，《中华道藏》第5册，第552页。
⑧ （北宋）张启房辑《云笈七签》卷三，《中华道藏》第29册，第43页。

洞，遍陈三乘。"①

陆修静编撰《灵宝经目》，将灵宝经分为十二类，第一本文，第二神符，第三玉诀，第四灵图，第五谱录，第六戒律，第七威仪，第八方法，第九众术，第十传记，第十一玄章，第十二表奏。南朝梁宋文明在《通门论》中引用此十二类。② 这一分类法应用于三洞经书，就可分为三十六小类，故北周甄鸾《笑道论》记载"道经有三十六部"。

三洞四辅十二类，道教的经书这一分类体系形成于南北朝时期。这一经书体系是后世编纂道藏的基础。但是这种主要以早期道派经书为主的分类方法，随着新道派经书和综合类道书的出现遇到了如何归类的问题。例如，道教类书《无上秘要》成书于北周，对早期道教主要经书都有所涉及，不能仅仅以归属某一道派经书进行分类。

北周甄鸾《笑道论》："《玄都经目》云：道经、传、记、符、图、论，六千三百六十三卷，二千四十卷有本，须纸四万五十四张。其一千一百余卷经、传、符、图，其八百八十四卷，诸子论。"③ 据此，北周武帝时期，玄都观道士作《玄都经目》，实有道经二千四十卷，所收录经书系纸本写卷。

7. 综合目录中的道经

由于六朝综合目录均已佚失，其中道家道教经书目录不详。从类目来看，道教经书之收录于综合目录始于南朝宋齐时期王俭撰《七志》。这是一部私家目录，而非官方目录，虽然如此，对唐代的官方目录《群书四部录》也具有承上启下的作用，在目录学发展中有着重要的贡献。《七志》在七部分类之后，又附佛经、道经两部。《隋书·经籍志》记载：

> 俭又别撰《七志》：一曰《经典志》，纪六艺、小学、史记、

---

① （唐）孟安排集《道教义枢》卷二引《正一经图科戒品》，《中华道藏》第 5 册，第555 页。

② （梁）宋文明撰《灵宝经义疏》（敦煌本），《中华道藏》第 5 册，第 509~511 页。

③ （唐）释道宣撰《广弘明集》卷九，《大正新修大藏经》第五十二卷，第 152 页。

杂传；二曰《诸子志》，纪今古诸子；三曰《文翰志》，纪诗赋；四曰《军书志》，纪兵书；五曰《阴阳志》，纪阴阳图纬；六曰《术艺志》，纪方技；七曰《图谱志》，纪地域及图书。其道、佛附见，合九条。①

《七志》中，道经是作为附部在七部之外，又设有一书目大类，实为九部之一。至南朝梁，阮孝绪撰《七录》，也是私家目录，道教经书被列入《七录》之中。《隋书·经籍志》记载：

> 普通中，有处士阮孝绪，沉静寡欲，笃好坟史，博采宋、齐已来，王公之家凡有书记，参校官簿，更为《七录》：一曰《经典录》，纪六艺；二曰《记传录》，纪史传；三曰《子兵录》，纪子书、兵书；四曰《文集录》，纪诗赋；五曰《技术录》，纪数术；六曰《佛录》；七曰《道录》。②

阮孝绪在《道录》中对道教经书进行了分类和著录。"经戒部二百九十种，三百一十八帙，八百二十八卷。服饵部四十八种，五十二帙，一百六十七卷。房中部十三种，十三帙，三十八卷。符图部七十种，七十六帙，一百三卷"，"四部四百二十五种，四百五十九帙，一千一百三十八卷"。③ 由于该书已佚，经书详目未知。把道教经书分为经戒、服饵、房中、符图四部，是以经戒为首与道术相区分的分类方法。这种分类方法与道教教内三洞经书主要以道派经书分类不同。道录是七录之一，在七部分类法中处于一级分类。又《七录》之《子兵录》有十一部，首列儒部之后，即道部，收录"道部六十九种，七十六帙，四百三十一卷"，系道家类经书。总的来看，《七录》在历代综合目录中对道教经

---

① （唐）魏征：《隋书》卷三十二《经籍志》，中华书局，2011，第906页。
② （唐）魏征：《隋书》卷三十二《经籍志》，第907页。
③ （唐）释道宣撰《广弘明集》卷三，《大正新修大藏经》第五十二卷，第111页。

书和道家经书的分类等级是较高的，对道经的分类也自成体系，著录经书的种类和卷数也较多。然而《七录》所著录道家道教经书，写本不详。

8. 史志目录中的道经

六朝正史原无艺文志，也就无法以此了解官方的主要藏书目录。清代学者为补充六朝正史的这一缺失，进行了辑佚和考证，做出了重要贡献。但是补充后的六朝正史艺文志仍是不全的，《老子》等道家类详目著录不全，道教经戒之书则大多未进行辑佚，无法全面得知其中道家道教书目的全面情况。通过《补三国艺文志》《补晋书艺文志》《补宋书艺文志》《补南齐书艺文志》《补南北史艺文志》等，我们看到，收录的主要是与正史记载的同一历史时期的以《老子》注、《庄子》注为主的道家类典籍。例如《补三国艺文志》道家类：

钟繇《老子训》

董遇《老子训》

张揖《老子注》

何晏《老子讲疏》四卷

何晏《老子道德论》二卷

王弼《老子道德经注》二卷

王弼《老子指略》二卷

何王等著《老子杂论》一卷

夏侯玄《道德论》

阮籍《道德论》

王肃《玄言新记道德》二卷

钟会《老子道德经注》二卷

孟子（孟康）注《老子》二卷

荀融《老子义》

虞翻《老子注》二卷

范望《老子注训》二卷

葛玄《老子序次》一卷

任子《道论》十卷

桓威《浑舆经》一卷

嵇康《养生论》三卷

《唐子》十卷，唐滂撰①

收录《钟繇老子训》等"道家类凡一十八家，二十一部"。但是，三国之前的老子注及道家类未著录。再如《补晋书艺文志》道家类：

羊祜解释《老子道德经》二卷

孙登《老子道德经》注二卷音一卷

蜀才《老子注》二卷

郭象《老子注》

刘仁会《老子注》

刘黄老《老子注》

孙盛《老子考讯》

巨生解《老子道德经》二卷

郭璞《老子经注》

王尚述《老子道德经注》二卷

程韶《老子旧解》二卷

邯郸氏《老子注》二卷

常氏《老子注》二卷

孟氏《老子注》二卷

盈氏《老子注》二卷

袁真《老子道德经注》二卷

---

① 二十五史刊行委员会编《二十五史补编》，中华书局，1955，第 3255～3257 页。

刘仲融《老子道德经注》二卷

张嗣《老子注》二卷

张凭《老子道德经注》二卷

刘程之《老子玄谱》一卷

葛洪《老子道德经序诀》二卷

僧义盈《老子注》二卷

鸠摩罗什《老子注》二卷

邓粲《老子注》

李轨《老子音》一卷

戴逵《老子音》一卷

王伦《老子例略》

张湛《文子注》

向秀《列子注》

张湛《列子注》八卷

张湛《列子音义》一卷

向秀《庄子注》二十卷

崔撰《庄子注》十卷

司马彪《庄子注》二十一卷

郭象《庄子注》三十卷，目一卷

葛洪修撰《庄子》十七卷

张湛《庄子注》

卢谌《庄子注》

李颐《庄子注》三十卷，音一卷

孟氏《庄子注》十八卷，录一卷

李充释《庄子论》二卷

王叔之《庄子义疏》三卷

李轨《庄子音》一卷

司马彪等《庄子注音》一卷

支法遁注《逍遥篇》

徐邈《庄子音》三卷，《庄子集音》三卷

向秀《庄子音》一卷

郭象《庄子音》三卷

王坦之《废庄论》

苏彦《苏子七卷》

宣聘《宣子》二卷

陆云《陆子》十卷

顾谷《顾道士新书论经》三卷

孙绰《孙子》十二卷

简文帝《简文谈疏》六卷

阮侃《摄生论》二卷

《梅子》一卷

徐苗《玄微论》

张诠《子张子》八篇

杜夷《杜氏幽求新书》二十卷

苻郎《苻子》二十卷

司马彪《淮南子注》

阮籍《道德论》，《通老子论》

祖台之《道论》①

收录羊祜解释《老子道德经》二卷等道家类六十五家，晋代以前老子注及道家类著作未著录。

　　总之，东晋以降，伴随着早期道派的建立，道教内部出现了造经、抄经活动，有关道教经书相继传世。据有关文献记载，《三皇经》为符

---

① 《补晋书艺文志》，《二十五史补编》，第 3750～3753 页

书绢本①、《灵宝经》传说为赤书金简②、《上清经》为隶书③纸卷④。写本载体和写经字体的多样性，从一定程度上反映了由汉代的隶书简帛写经向唐代的楷书纸卷写经过渡的情况。六朝道教写经写本从荆州白笺到唐代敦煌写卷的演变，与这一时期经籍写本载体的主要变化基本一致，即纸卷本经籍由白色演变为黄色，小楷成为普遍使用的正体字。

魏晋南北朝私撰综合目录，以经戒之书为代表的道教写经在这一时期成为综合图书分类中的一个大类，占有重要地位，同时也包括子部道家类经书。由于六朝正史艺文志是后世辑佚补充的，其中基本无道教经戒之书，但是有一定数量的道家写经目录，以《老子》经注为道家类主要经典，以六朝《老子》注为主要代表作。

（二）隋唐五代时期的道教写本经藏

道教经书在唐初汇集成藏，称《一切道经》，道教经书具有了丛书的规模。此后的道教写经不仅指写一种道经、一组道经，而且更重要的是写一部道藏，即丛书的缮写。四部分类法综合丛书在隋唐时期进入成熟和基本定型阶段。四部书的编撰缮写中，包含了大量的道家道教写经。这一时期是写本书籍发展的高峰，主要采用纸本写卷的形式。

1. 隋代道家道教写经

唐魏征等撰《隋书·经籍志》是继《汉书·艺文志》之后，现存的第二部史志书目。这是一部比较充分地收录道家道教经书的史志目录，不仅有道家类和仙真传记，还把经戒道法等道经专门列为一部，作为官方四部书目体系附部中的一个大类。说明道教经书在隋代已经具备较大规模，成为一个相对独立的经书体系。

就经籍的四部分类而言，姚振宗《隋书经籍志考证》："四部之体，

① 王明：《抱朴子内篇校释》卷十九，第 308 页。
② 王明：《抱朴子内篇校释》卷十二，第 208 页。
③ （梁）陶弘景撰《真诰》卷十九，《道藏》第 20 册，第 340 页。
④ （元）刘大彬编撰《茅山志》卷十五，述引自（唐）杜光庭撰《仙传拾遗》，《中华道藏》第 18 册，第 440 页。

不始于本志，而四部之书之存于世者，则惟本志为最古矣。"① 因此，隋志所著录道家道教经书是现存四部分类中保存最早的收录情况。《隋书·经籍志》分经、史、子、集四部，另附道、佛二部。其中《隋书·经籍志》四部之子部道家类，收录如下。

　　《鬻子》一卷，周文王师鬻熊传。

　　《老子道德经》二卷，周柱下史李耳撰，汉文帝时河上公注。

　　梁有汉长陵三老安丘望之注《老子》二卷，亡。

　　梁有汉隐士严遵注《老子》二卷，亡。

　　梁有虞翻注《老子》二卷，亡。

　　《老子道德经》二卷，王弼注。

　　梁有《老子道德经》二卷，张嗣注，亡。

　　梁有《老子道德经》二卷，蜀才注，亡。

　　《老子道德经》二卷，钟会注。

　　梁有《老子道德经》二卷，晋太傅羊祜解。

　　梁有《老子经》二卷，东晋江州刺史王尚述注，亡。

　　梁有《老子》二卷，晋郎中程韶集解，亡。

　　梁有《老子》二卷，邯郸氏注，亡。

　　梁有《老子》二卷，常氏注，亡。

　　梁有《老子》二卷，孟氏注，亡。

　　梁有《老子》二卷，盈氏注，亡。

　　《老子道德经》二卷，《音》一卷，晋尚书郎孙登注。

　　《老子道德经》二卷，刘仲融注。

　　梁有《老子道德经》二卷，巨生解，亡。

　　梁有《老子道德经》二卷，晋西中郎将袁真注，亡。

　　梁有《老子道德经》二卷，张凭注，亡。

---

① （清）姚振宗：《隋书经籍志考证·叙录》，《二十五史补编》第 4 册，第 5041 页。

梁有《老子道德经》二卷，释惠琳注，亡。

梁有《老子道德经》二卷，释惠严注，亡。

梁有《老子道德经》二卷，王玄载注，亡。

老子《道德经》二卷，卢景裕撰。

《老子音》一卷，李轨撰。

《老子》四卷，梁旷撰。

《老子指归》十一卷，严遵注。

《老子指趣》三卷，安丘望之撰。

《老子义纲》一卷，顾欢撰。

梁有《老子道德论》二卷，何晏撰，亡。

梁有《老子序次》一卷，葛仙公撰，亡。

梁有《老子杂论》一卷，何（晏）王（弼）等注，亡。

梁有《老子私记》十卷，梁简文帝撰。

梁有《老子玄示》一卷，韩壮撰，亡。

梁有《老子玄谱》一卷，晋柴桑令刘遗民撰，亡。

梁有《老子玄机》三卷，宗塞撰，亡。

梁有《老子幽易》五卷，又老子志一卷，山琮撰亡。

《老子义疏》一卷，顾欢撰。

梁有《老子义疏》一卷，释慧观撰，亡。

《老子义疏》五卷，孟智周，私记。

《老子义疏》四卷，韦处玄撰。

《老子讲疏》六卷，梁武帝撰。

《老子义疏》九卷，戴诜撰。

《老子节解》二卷，不著撰人。

《老子章门》一卷，不著撰人。

《文子》十二卷。

《鹖冠子》三卷。

《列子》八卷，列御寇撰，东晋光禄勋张湛注。

《庄子》二十卷，梁漆园吏庄周撰，晋散骑常侍向秀注本二十卷，今阙。

梁有《庄子》十卷，东晋议郎崔撰注，亡。

《庄子》十六卷，司马彪注本二十一卷，今阙。

《庄子》三十卷，《目》一卷，晋太傅主簿郭象注，梁《七录》三十三卷。

梁有《庄子》三十卷，晋丞相参军李颐注，亡。

梁有《庄子》十八卷，孟氏注录一卷，亡。

《庄子音》一卷，李轨撰。

《庄子音》三卷，徐邈撰。

《庄子集音》三卷，徐邈撰。

《庄子注音》一卷，司马彪等撰。

《庄子音》三卷，郭象注。

梁有向秀《庄子音》一卷，亡。

《庄子外篇杂音》一卷。

《庄子内篇音义》一卷。

《庄子讲疏》十卷，梁简文帝撰本二十卷，今阙。

《庄子讲疏》二卷，张机撰，亡。

《庄子讲疏》八卷。

《庄子文句义》二十八卷，本三十卷今阙。

梁有《庄子义疏》十卷，又《庄子义疏》三卷，宋处士李叔之撰，亡。

《庄子内篇讲疏》八卷，周弘正撰。

《庄子义疏》八卷，戴诜撰。

《南华论》二十五卷，梁旷撰本三十卷。

《南华论音》三卷。

《庄成子》十二卷。

梁有《寒子》一卷，今亡。

《玄言新记明庄部》二卷，梁澡撰。

《守白论》一卷。

《任子道论》十卷，魏河东太守任嘏撰。

梁有《浑舆经》一卷，魏安成令桓威撰，亡。

《唐子》十卷，吴唐滂撰。

梁有《苏子》七卷，晋北中郎参军苏彦撰，亡。

梁有《宣子》二卷，晋宜城令宣聘撰，亡。

梁有《陆子》十卷，陆云撰，亡。

杜氏《幽求新书》二十卷，杜夷撰。

《抱朴子内篇》二十一卷，《音》一卷，葛洪撰。

梁有顾道士《新书论经》三卷，晋方士顾谷撰，亡。

《孙子》十二卷，孙绰撰。

《苻子》二十卷，东晋员外郎苻朗撰。

梁有《贺子述言》十卷，宋太学博士贺道养撰。

梁有《少子》五卷，齐司徒左长史张融撰。

梁有《养生论》三卷，嵇康撰，亡。

梁有《摄生论》二卷，晋河内太守阮侃撰，亡。

梁有《无宗论》四卷，亡。

梁有《圣人无情论》六卷，亡。

《夷夏论》一卷，顾欢撰，梁二卷。

梁又有《谈众》三卷，亡。

《简文谈疏》六卷，晋简文帝撰。

《无名子》一卷，张太衡撰。

《玄子》五卷，不著撰人。

《游玄桂林》二十一卷，《目》一卷，张机撰。机当为讥。

《广成子》十三卷，商洛公撰，张太衡注，疑近人作。①

以上共计"七十八部，合五百二十五卷（实在著录五十六部，附著亡书四十七部，通计一百三部）"。其中老子经首录《河上公注老子道德经》二卷。老子注四十五种，庄子注二十四种，二者数量占道家类书目的大半。经籍志著录的多是梁代尚存的道家经典，即梁代及以前的写本。但是，这些写经至隋代大多亡佚。

《隋书·经籍志》子部杂传部中著录了仙真传记，摘出如下。

《列仙传赞》三卷，刘向撰，鬷续、孙绰赞。

《列仙传赞》二卷，刘向撰，晋郭元祖赞。

《神仙传》十卷，葛洪撰。

《说仙传》一卷，朱思祖撰。

《养性传》二卷，不著撰人。

《汉武内传》三卷，不著撰人。

《太元真人东乡司命茅君内传》一卷，弟子李遵撰。当为"东岳上卿司命"，此说误。

《清虚真人王君内传》一卷，弟子华存撰。

《清虚真人裴君内传》"清虚"当为"清灵"，不著撰人。

《正一真人三天法师张君内传》一卷，不著撰人。

《太极左仙公葛君内传》一卷，不著撰人。

《仙人马君阴君内传》一卷，不著撰人。

《仙人许远游传》一卷，不著撰人。

《灵人辛玄子自序》一卷。

《刘君内记》一卷，王珍撰。

《陆先生传》一卷，孔稚珪撰。

---

① （清）姚振宗撰《隋书经籍志考证》卷五十二，《二十五史补编》第 4 册，第 5462 ~ 5485 页。

《列仙赞序》一卷，郭元祖撰。

《集仙传》十卷，不著撰人。

《洞仙传》十卷，不著撰人。

《王乔传》一卷，不著撰人。

《关令内传》一卷，鬼谷先生撰。

《南岳夫人内传》一卷。

《苏君记》一卷，周季通撰。

《嵩高寇天师传》一卷，不著撰人。

《华阳子自序》一卷。

《太上真人内记》一卷，李氏撰。

《道学传》二十卷。

《周氏冥通记》一卷，不著撰人。①

所收仙真传记，以刘向撰《列仙传》为第一部。初步统计，共收录隋以前二十八种神仙传记。

隋代四部书的写本是纸本卷子，经历了从搜访、校写经籍到大规模缮写的过程。《隋书·经籍志》：

> 隋开皇三年，秘书监牛弘，表请分遣使人，搜访异本。每书一卷，赏绢一匹，校写既定，本即归主。于是民间异书，往往间出。及平陈已后，经籍渐备。检其所得，多太建时书，纸墨不精，书亦拙恶。于是总集编次，存为古本。召天下工书之士，京兆韦霈、南阳杜颙等，于秘书内补续残缺，为正副二本，藏于宫中，其余以实秘书内、外之阁，凡三万余卷。炀帝即位，秘阁之书，限写五十副本，分为三品：上品红琉璃轴，中品绀琉璃轴，下品漆轴。于东都

---

① （清）姚振宗撰《隋书经籍志考证》卷五十二，《二十五史补编》第4册，第5370~
5385页。

观文殿东西厢构屋以贮之，东屋藏甲乙，西屋藏丙丁。又聚魏已来古迹名画，于殿后起二台，东曰妙楷台，藏古迹；西曰宝迹台，藏古画。又于内道场集道、佛经，别撰目录。①

隋初开皇三年（583），在秘书监牛弘的建议下，隋文帝杨坚派人开始搜访四部经籍，进行校写、编修，共有三万余卷。除原有藏书，新增经籍的主要来源一是民间搜访，二是平定南朝陈之后所得。

写本发展大致有三个阶段。一是隋初搜集所获经籍写本。特别是隋平定陈之后所得图书数量巨大，但写本不佳。这些经籍多是南朝陈太建年间（569～582）的写本，"纸墨不精，书亦拙恶"。二是官方写本的初步形成。以所获经籍写本为古本，重新缮写。由韦霈、杜頵等善书之人，于秘书省抄写正副二本，收藏于皇宫。三是官方写本的大规模制作。隋炀帝大业年间，把秘书省所收藏的经籍抄写了五十副本，并且依据抄写质量，划分上中下三品进行装帧，"上品红琉璃轴，中品绀琉璃轴，下品漆轴"。轴是用来装帧写卷的，其色有红、绀（即深青色）、漆（即黑色）三种。至此，我们大致可知隋代官方经籍的精品当是用红色琉璃轴装帧的小楷墨书纸卷。

《隋书·经籍志》四部附二部之道部系道教经书，这是道教经书作为附部之一编入隋朝官方书目。虽未著录详细的道经目录，却对道教经书进行了基本分类。据《隋书·经籍志》记载，道教经书共有三百七十七部，一千二百一十六卷。其中经戒三百一部，九百八卷；服饵四十六部，一百六十七卷；房中十三部，三十八卷；符箓十七部，一百三卷。并且介绍了道教经箓，即道教教内写经的写本特点。

其受道之法，初受《五千文箓》，次受《三洞箓》，次受《洞玄箓》，次受《上清箓》。箓皆素书，纪诸天曹官属佐吏之名有多

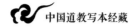

少，又有诸符，错在其间，文章诡怪，世所不识。①

经箓的写本是"素书"，说明经箓传授中使用较为贵重的帛书一类写经。经箓中的道符是道教写经的独特字体，即符字真文一类。

2. 唐代道教写经

唐代是道教发展的鼎盛时期。道教经书汇集成藏，称《一切道经》。这一时期写卷本图书大发展，而雕版印刷术又尚未广泛使用，从而推动写卷本道经发展到高峰。以唐代写本为主的敦煌道教文献使我们得以目睹唐代写经的原貌，其写本的标准形式即为黄麻纸写卷。唐代官方四部书目也收录有一定数量的道家道教经书，也是以黄麻纸为主要书写载体。

（1）唐代前期《一切道经》

《一切道经》是唐代对道教经书总集的统称。在道教内部，又称《一切经》。道教经书汇集成藏始于唐初，是按照"三洞四辅"的经书分类方法，将道经统一进行汇集和编纂。从道藏版本的发展演变来说，唐代编纂的道藏都是写本。由于《一切道经》是写本道藏，在转写和流传过程中的情况比较复杂，故不做具体写本说明的《一切道经》不能专门指称是某一具体写本的道藏，而是对唐代道教经书总集的统称。

①上元二年（675）《一切道经》。这是已知最早的《一切道经》，系唐高宗李治、皇后武则天御制。② 英国国家图书馆藏敦煌写卷 S.1513《一切道经序》与《老子十方像名经》即其中的一个残卷。

②先天年间《一切道经》。据唐代道士史崇玄等先天元年（712）或二年③撰《一切道经音义》，其所据道经即当时京师长安所收藏的《一切道经》，又《妙门由起序》④ 说："今且据京中藏内见在经二千余

---

① （唐）魏征：《隋书》卷三十五，第 1092 页。
② 汤用彤：《从一切道经说到武则天》，《汤用彤学术论文集》，中华书局，1983，第 350 页。
③ 陈国符：《道藏源流考》，第 115 页。
④ 据陈国符先生考证，《妙门由起序》是误题，应是《一切道经音义序》，参见《道藏源流考》，第 114 页。

卷，以为音训，具如目录。"可知此时，先天年间有《一切道经》二千余卷。

③开元年间编修《一切道经》。唐玄宗于开元年间发使搜访道经，纂修《一切道经》，这是以先天年间道经的卷数为基础进行编纂。《文献通考》记载："唐开元中，列其书为藏，目曰《三洞琼纲》，总三千七百四十四卷。"① 故开元修《一切道经》的总目录《三洞琼纲》，收录道经三千七百四十四卷。此卷数可为一说。然而所著录经书在当时是否全部见存，不详。

④开元廿三年（735）抄写《一切道经》。是两京之地的道观为唐玄宗崇道活动而写，是开元年间编修《一切道经》之外的一次写经活动。敦煌写卷《太上正一阅紫录仪》（P.2457）② 即其中的一个残卷。

⑤天宝八年（749）抄写《一切道经》。唐玄宗天宝八年诏令，崇玄馆、天下诸道诸郡进行了《一切道经》的大规模缮写。天宝八年《南竺观记碑》著录了《一切道经》的基本类目和卷数。

> 上清二百卷、灵宝四十卷，三皇十四卷、太清三十六卷、太平一百七十卷、太玄二百七十卷，正一二百卷、符图七十卷。《升玄》《本际》《神咒》《圣纪》《化胡》《真诰》《南华》《登真》《秘要》等经一千余卷，合二千一百三十卷□□在世。③

这是一次以开元编纂《一切道经》为底本的抄写活动。天宝八年《一切道经》的卷数，也是开元年间《一切道经》的卷数。王卡先生认为，开元修道藏的卷数当是天宝八年《南竺观记碑》著录的"二千一

---

① （元）马端临：《文献通考》卷二百二十四，引《宋三朝国史志》，第1802页。
② 图版见 http://idp.nlc.cn/database/oo_scroll_h.a4d? uid = 188057714413；recnum = 59552；index = 7。
③ 龙显昭、黄海德编纂《巴蜀道教碑文集成》，四川大学出版社，1997，第30页。

百三十卷"①。碑文有"在世"二字，可知此卷数是实有经书卷数，而非虚目。又此卷数与先天年间《一切道经》即京中藏内见在的"二千余卷"基本相合。

《南竺观记碑》所记《一切道经》分类目录，以三洞（洞真部上清经、洞玄部灵宝经、洞神部三皇经）四辅（太清部、太平部、太玄部、正一部）为基础，这是道教在南北朝时期确立的道经分类方法。此后新出道经和未做分类的道经，例如《升玄经》《本际经》等，面临如何分类的问题。据《南竺观记碑》，其可能是附在"三洞四辅"之后。

综合以上，唐前期道藏以开元年间编纂缮写的《一切道经》为代表，实存卷数当是二千一百三十卷，此说较为可信。又开元《一切道经》的目录书《三洞琼纲》总三千七百四十四卷，亦备为一说。或有经书虚目，作为存目经书列于其中。写本载体一般是黄麻纸写卷。

（2）唐代中晚期京师道教经书存佚

杜光庭《太上黄箓斋仪》记叙了这一情况。所述安史之乱（755～763）以后唐代京师存有道经卷数，是以唐玄宗开元年间（713～741）著录的《琼纲经目》即《三洞琼纲》七千三百卷为基数而言。唐肃宗上元年中，京师道教经书六千余卷。唐代宗大历年间（766～779）达七千卷。唐懿宗咸通年间（860～873）有五千三百卷。唐昭宗大顺二年（891）之前仅有三千卷。经安史之乱，唐两京所收道经多被焚毁，后又几经修补缮写，依然流散佚失严重。《太上黄箓斋仪》记载如下。

> 至开元之岁，经诀方兴。玄宗著琼纲经目，凡七千三百卷。复有玉纬别目，记传疏论，相兼九千余卷。寻值二胡猾夏，正教凌迟。两京秘藏，多遇焚烧。上元年中，所收经箓六千余卷。至大历年，申甫先生，海内搜扬，京师缮写，又及七千卷。长庆之后，咸通之间。两街所写，才五千三百卷。近属巨寇凌犯，大驾南巡。两

---

① 王卡：《敦煌道教文献研究》，第 22 页。

都烟煤，六合榛棘。真宫道宇，所在凋零。玉笈琅函，十无三二。余属兹艰会，漂寓成都。扈跸选京，淹留未几。再为搜捃，备涉艰难。新旧经诰，仅三千卷，未获编次。又属省方，所得之经，寻亦亡坠。重游三蜀，更欲搜扬。累祖兵锋，未就前志。时大顺二年，辛亥八月，三日庚辰，成都玉局化，阅省科教，聊记云耳。①

《道藏尊经历代纲目》也记载了唐代晚期道藏经书毁坏散失的情况，卷数与上述不同。我们仍以唐玄宗御制《琼纲经目》即《三洞琼纲》著录的经书卷数来看这一问题。唐玄宗御制《琼纲经目》著录道藏经书五千七百卷。唐文宗太和二年（828），尚存道藏经书五千三百定数。唐末因兵火，道经再遭焚烧流散。不过，从以"灵文秘轴"以称道经来看，说明唐末道经仍为卷轴形式的写本。《道藏尊经历代纲目》记载如下。

> 唐代尹文操《玉纬经目》，藏经七千三百卷。唐明皇御制《琼纲经目》，藏经五千七百卷。唐文宗太和二年，太清宫使奏陈，止见五千三百定数。黄巢之乱，灵文秘轴，焚荡之余，散无统纪。幸有神隐子收拾余烬，拾遗补阙，复为《三洞经》。再经五季乱离，篇章杂糅。②

（3）唐代敦煌道经

唐代《一切道经》以及道藏目录《三洞琼纲》虽然佚失，在以唐代写本为主的敦煌道经写卷中，可以发现道经种类大致涵盖了道教经藏体系。③ 据王卡先生著《敦煌道教文献研究》，对敦煌道经按照"三洞四辅"经书体系进行分类著录，并补充了两类文献：道教经目及类书、

---

① （唐）杜光庭：《太上黄箓斋仪》卷五十二，《中华道藏》第43册，第295页。
② 《道藏尊经历代纲目》，《中华道藏》第49册，第119页。
③ 王卡：《敦煌道教文献研究》，第23页。

道教相关文书。共收录敦煌道教文献 800 多件，考订或拟定的经名约有一百七十种，二百三十多卷①。以下仅著录有唐代纪年的道经目录。

本际经卷四，安徽博物馆藏　显庆元年（656）

洞渊神咒经卷一，P. 3233　麟德元年（664）

洞渊神咒经卷七，P. 2444　麟德元年（664）

本际经卷二，S. 3135　仪凤三年（678）

天尊说济苦经，北大 D117　文明元年（684）

金真玉光八景飞经，S. 0238　如意元年（692）

本际经卷二，上图 078　长寿二年（693）

本际经卷四，P. 2806　证圣元年（695）

本际经疏卷三，P. 2361　景龙二年（708）

本际经卷二，P. 2475　开元二年（714）

本际经卷二，S. 3563　开元二年（714）

本际经卷四，P. 2369　开元二年（714）

本际经卷五，雪堂丛刻　开元二年（714）

本际经卷十，S. 2999　开元二年（714）

灵宝经义疏，P. 2256　开元二年（714）

无上秘要目录，P. 2861　开元六年（718）

无上秘要卷十，S. 0080　开元六年（718）

无上秘要卷廿九，P. 2602　开元六年（718）

无上秘要卷卅三，P. 2371　开元六年（718）

无上秘要卷五十二，BD. 5520　开元六年（718）

无上秘要卷八十四，P. 3141　开元六年（718）

唐玄宗道德经注，P. 3725　开元廿三年（735）

阅紫录仪，P. 2457　开元廿三年（735）

① 王卡：《敦煌道教文献研究》，第 26 页。

　　通玄真经，P. 2380　开元廿七年（739）

　　通玄真经，P. 3768　天宝十年（751）

　　业报因缘经卷八，京都0252　天宝十二年（753）

　　报恩成道经卷一，故宫藏本　天宝十二年（753）

　　太上大道玉清经卷二，P. 2257　天宝十二年（753）①

这些写本是我们研究唐代道教写经珍贵的实物资料。以上写本都是黄纸写卷，其中黄麻纸最多。其次还有楮纸，国家图书馆藏唐代敦煌写经《无上秘要》卷五十二 BD. 05520，经检测是楮纸写本。②

　　（4）四部书子部之道家类

　　唐代官修综合目录《群书四部录》已佚，其中所收道家道教经书已不可考。

　　《旧唐书·经籍志》按经、史、子、集，分甲、乙、丙、丁四部分类，实现了以四分法类著录全部图书。道释经书归入丙部子录道家类。丙部子录著录道家类书目如下。

　　《老子》二卷老子撰。

　　《老子》二卷河上公注。

　　《老子章句》二卷安丘望之撰。

　　《老子道德经指趣》四卷安丘望之撰。

　　《老子》二卷湘注。

　　《玄言新记道德》二卷王弼注。

　　《老子》二卷钟会注。

　　《老子》二卷羊祜注。

　　《老子》二卷程韶集注。

---

① 王卡：《敦煌道教文献研究》，第 291～293 页。

② 潘吉星：《中国造纸史》，上海人民出版社，2009，第 186 页。

《老子》二卷 王尚注。

《老子》二卷 蜀才注。

《老子》二卷 孙登注。

《老子》二卷 袁真注。

《老子》二卷 张凭注。

《老子》二卷 鸠摩罗什注。

《老子》二卷 释惠严注。

《老子》四卷 陶弘景注。

《老子道德经品》四卷 梁旷注。

《老子》二卷 树钟山注。

《老子》二卷 傅奕注。

《老子》二卷 杨上善注。

《老子集注》四卷 张道相集注。

《老子》二卷 辟闾仁谞注。

《老子》二卷 成玄英注。

《老子》二卷 李允愿注。

《老子》二卷 陈嗣古注。

《老子》二卷 释义盈注。

《老子道德经集解》四卷 任真子注。

《老子节解》二卷

《老子指归》十四卷 严遵志。

《老子指归》十三卷 冯廓撰。

《老子道德经序诀》二卷 葛洪撰。

《老子道德简要义》五卷 玄景先生注。

《太上玄元皇帝道德经》二卷 杨上器撰。

《太上老君玄元皇帝圣纪》十卷 尹父操撰。

《老子章门》一卷

《老子玄旨》八卷 韩庄撰。

《老子玄谱》一卷刘道人撰。

《老子道德论》二卷何晏撰。

《老子指例略》二卷

《老子道德经义疏》四卷顾欢撰。

《老子解释》四卷羊祜撰。

《老子义疏理纲》一卷

《老子讲疏》六卷梁武帝撰。

《老子私记》十卷梁简文帝撰。

《老子讲疏》四卷

《老子义疏》四卷孟智周撰。

《老子述义》十卷贾大隐撰。

《老子道德指略论》二卷杨上善撰。

《道德经》三卷

《略论》三卷杨上善撰。

《老子西升经》一卷

《老子黄庭经》一卷

《老子探真经》一卷

《老君科律》一卷

《老子宣时诫》一卷

《老子入室经》一卷

《老子华盖观天诀》一卷

《老子消水经》一卷

《老子神策百二十条经》一卷

《庄子》十卷崔撰注。

又十卷郭象注。

又二十卷向秀注。

又二十一卷司马彪注。

《庄子集解》二十卷李颐集解。

又二十卷 王玄古撰。

《庄子》 十卷 杨上善撰。

《庄子讲疏》 三十卷 梁简文撰。

《庄子疏》 七卷

《南华仙人庄子论》 三十卷 梁旷撰。

《释庄子论》 二卷 李充撰。

《南华真人道德论》 三卷

《庄子疏》 十卷 王穆撰。

《庄子音》 一卷 王穆撰。

《庄子文句义》 二十卷 陆德明撰。

《庄子古今正义》 十卷 冯廓撰。

《庄子疏》 十二卷 成玄英撰。

《文子》 十二卷

《鹖冠子》 三卷 鹖冠子撰。

《列子》 八卷 列御寇撰，张湛注。

《广成子》 十二卷 商洛公撰。

《任子道论》 十卷 任嘏撰。

《浑舆经》 一卷 桓威撰。

《唐子》 十卷 唐滂撰。

《苏子》 七卷 苏彦撰。

《宣子》 二卷 宣聘撰。

《陆子》 十卷 陆云撰。

《抱朴子内篇》 二十卷 葛洪撰。

《孙子》 十二卷 孙绰撰。

《顾道士论》 二卷 顾谷撰。

《幽求子》 三十卷 杜夷撰。

《符子》 三十卷 符朗撰。

《贺子》 十卷 贺道养撰。

《真诰》十卷_{陶弘景撰。}

《无名子》一卷_{张太衡撰。}

《养生要集》十卷_{张湛撰。}

《无上秘要》七十二卷

《玄书通义》十卷_{张机撰。}

《道要》三十卷

《登真隐诀》二十五卷_{陶弘景撰。}

《同光子》八卷_{刘无待撰，侯侀注。}

《牟子》二卷_{牟融撰。}

《净住子》二十卷_{萧子良撰，王融颂。}

《统略净住子》二卷_{释道宣撰。}

《法苑》十五卷_{释僧佑撰。}

《内典博要》三十卷_{虞孝景撰。}

《真言要集》十卷_{释贤明撰。}

《历代三宝记》三卷

《修多罗法门》二十卷_{郭瑜撰。}

《集古今佛道论衡》四卷_{释道宣撰。}

《六趣论》六卷_{杨上善撰。}

《十门辩惑论》二卷_{释复礼志。}

《经论纂要》十卷_{骆子义撰。}

《通惑决疑录》二卷_{释道宣撰。}

《夷夏论》二卷_{顾欢撰。}

《笑道论》三卷_{甄鸾撰。}

《齐三教论》七卷_{卫元嵩撰。}

《辩正论》八卷_{释法琳撰。}

《破邪论》三卷_{释法琳撰。}

《三教诠衡》十卷_{杨上善撰。}

《甄正论》三卷_{杜义撰。}

《心镜论》十卷李思慎撰。

《崇正论》六卷释彦琮撰。

右道家一百二十五部，老子六十一家，庄子十七家，道释诸说四十七家，凡九百六十卷。①

因道释诸说中二十二家是佛教典籍，故实收道家道教经书一百三部。四部书所收道家道教经书，首录"《老子》二卷，老子著"，且老子经注最多，占大半，以道家经典为主，兼收部分道教经书。

唐代宫廷藏四部书写本情况，《旧唐书·经籍志》记载开元年间，四部写本，"皆以益州麻纸写……经库皆钿白牙轴，黄缥带，红牙签。史库钿青牙轴，缥带，绿牙签。子库皆雕紫檀轴，紫带，碧牙签。集库皆绿牙轴，朱带，白牙签，以分别之"②。可知其中的道家道教经书是紫檀轴装帧的益州麻纸写卷。

《新唐书·艺文志》，丙部子录道家类书目：

《鹖子》一卷鹖熊。

《老子道德经》二卷李耳。

又三卷

河上公注《老子道德经》二卷

王弼注《新记玄言道德》二卷

又《老子指例略》二卷

蜀才注《老子》二卷

钟会《注》二卷

羊祜《注》二卷

又《解释》四卷

---

① （后晋）刘昫等撰《旧唐书》卷四十七，中华书局，1975，第 2026 ~ 2030 页。

② （后晋）刘昫等撰《旧唐书》卷四十七，第 2082 页。

孙登注《老子》二卷

王尚《注》二卷

袁真《注》二卷

张凭《注》二卷

刘仲融《注》二卷

陶弘景《注》四卷

树钟山《注》二卷

李允愿《注》二卷

陈嗣古《注》二卷

僧惠琳《注》二卷

惠严《注》二卷

鸠摩罗什《注》二卷

义盈《注》二卷

程韶《集注》二卷

任真子《集解》四卷

张道相《集注》四卷

卢景裕、梁旷等《注》二卷

安丘望之《老子章句》二卷

又《道德经指趣》三卷

王肃《玄言新记道德》二卷

梁旷《道德经品》四卷

严遵《指归》十四卷

何晏《讲疏》四卷

又《道德问》二卷

梁武帝《讲疏》四卷

又《讲疏》六卷

顾欢《道德经义疏》四卷

又《义疏治纲》一卷

孟智周《义疏》五卷

戴诜《义疏》六卷

葛洪《老子道德经序诀》二卷

韩庄《玄旨》八卷

刘遗民《玄谱》一卷

《节解》二卷

《章门》一卷

李轨《老子音》一卷

《鹖冠子》三卷

张湛注《列子》八卷列御寇。

郭象注《庄子》十卷庄周。

向秀《注》二十卷

崔撰《注》十卷

司马彪《注》二十一卷

又《注音》一卷

李颐《集解》二十卷

王玄古《集解》二十卷

李充《释庄子论》二卷

冯廓《老子指归》十三卷

又《庄子古今正义》十卷

梁简文帝《讲疏》三十卷

王《穆疏》十卷

又《音》一卷

《庄子疏》七卷

《文子》十二卷

《广成子》十二卷商洛公撰，张太衡注。

《唐子》十卷唐滂。

《苏子》七卷苏彦。

《宣子》二卷_{宣聘。}

《陆子》十卷_{陆云。}

《抱朴子内篇》二十卷_{葛洪。}

《孙子》十二卷_{孙绰。}

《苻子》三十卷_{苻朗。}

《贺子》十卷_{贺道养。}

《牟子》二卷_{牟融。}

傅弈注《老子》二卷

杨上善注《老子道德经》二卷

又注《庄子》十卷

《老子指略论》二卷_{太子文学。}

辟闾仁谞注《老子》二卷_{圣历司礼博士。}

贾大隐《老子述义》_{十卷}

陆德明《庄子文句义》_{二十卷}

玄宗注《道德经》二卷

又《疏》八卷_{天宝中加号《玄通道德经》，世不称之。}

卢藏用注《老子》二卷

又注《庄子内外篇》十二卷

邢南和注《老子》_{开元二十一年上。}

冯朝隐注《老子》

白履忠注《老子》

李播注《老子》

尹知章注《老子》

傅弈《老子音义》_{并卷亡。}

陆德明《老子疏》十五卷

逢行珪注《鬻子》一卷_{郑县尉。}

陈庭玉《老子疏》_{开元二十年上，授校书郎。卷亡。}

陆希声道《德经传四卷》

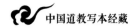
吴善经注《道德经》二卷贞元中人。

杨上善《道德经三略论》三卷

道士成玄英注《老子道德经》二卷

又《开题序诀义疏》七卷

注《庄子》三十卷

《疏》十二卷玄英，字子实，陕州人，隐居东海。贞观五年，召至京师。永徽中，流郁州。书成，道王元庆遣文学贾鼎就授大义，嵩高山人李利涉为序，唯《老子注》《庄子疏》著录。

张游朝《南华象罔说》十卷

又《冲虚白马非马证》八卷张志和父。

孙思邈注《老子》卷亡。

又注《庄子》

柳纵注《庄子》开元二十年上，授章怀太子庙丞。

尹知章注《庄子》并卷亡。

甘晖、魏包注庄子卷亡。开元末奉诏注。

元载《南华通微》十卷

张志和《太易》十五卷

又《玄真子》十二卷韦诣作《内解》。

陈庭玉《庄子疏》卷亡。

道士李含光《老子庄子周易学记》三卷

又《义略》三卷含光，扬州江都人，本姓弘，避孝敬皇帝讳改焉，天宝间人。

张隐居《庄子指要》三十三篇名九垓，号浑沦子，代、德时人。

帅夜光《三玄异义》三十卷幽州人。开元二十年上，授校书郎，直国子监。

徐灵府注《文子》十二卷

李暹训注文子十二卷

王士元《亢仓子》二卷天宝元年，诏号《庄子》为《南华真经》，《列子》为《冲虚真经》，《文子》为《通玄真经》，《亢桑子》为《洞灵真经》。然《亢桑子》求之不获，襄阳处士王士元谓："庄子作《庚桑子》，太史公、《列子》作亢仓子，其实一也。"取诸子文义类者补其亡。

无能子三卷不著人名氏，光启中隐民间

凡神仙三十五家，五十部，三百四十一卷。失姓名十三家，自《道藏音义》以下不著录六十二家，二百六十五卷。

尹喜《高士老君内传》三卷

玄景先生《老子道德简要义》五卷

梁简文帝《老子私记》十卷

戴诜《老子西升经义》一卷

韦处玄集解《老子西升经》二卷

《老子黄庭经》一卷

《老子探真经》一卷

《老君科律》一卷

《老子宣时诫》一卷

《老子入室经》一卷

《老子华盖观天诀》一卷

《老子消水经》一卷

《老子神策百二十条经》一卷

《鬼谷先生关令尹喜传》一卷四皓注。

《清虚真人王君内传》一卷

王苌《三天法师张君内传》一卷

李遵《茅君内传》一卷

吕先生《太极左仙公葛君内传》一卷

华峤《紫阳真人周君传》一卷

赵升等《仙人马君阴君内传》一卷

郑云千《清虚真人裴君内传》一卷

范邈《紫虚元君南岳夫人内传》一卷

项宗《紫虚元君魏夫人内传》一卷

王羲之《许先生传》一卷

《九华真妃内记》一卷

宋都能《嵩高少室寇天师传》三卷

《王乔传》一卷

《汉武帝传》二卷

刘向《列仙传》二卷

葛洪《神仙传》十卷

见素子《洞仙传》十卷

东方朔《神异经》二卷_{张华注。}张华注。

又《十洲记》一卷

周季通《苏君记》一卷

梁旷《南华仙人庄子论》三十卷

《南华真人道德论》三卷

《任子道论十卷》任嘏。

顾道士论三卷顾谷。

桓威《浑舆经》一卷

杜夷《幽求子》三十卷

张讥《玄书通义》十卷

陶弘景《登真隐诀》二十五卷

又《真诰》十卷

张湛《养生要集》十卷

《养性传》二卷

张太衡《无名子》一卷

刘道人《老子玄谱》一卷

刘无待《同光子》八卷侯偘注。

《灵人辛玄子自序》一卷

《华阳子自序一卷》茅处玄。

《无上秘要》七十二卷

《道要》三十卷

马枢《学道传》二十卷

郭宪《汉武帝别国洞冥记》四卷

《道藏音义目录》一百一十三卷_{崔湜、薛稷、沈佺期、道士史崇玄等撰。}

《集注阴符经》一卷_{太公、范蠡、鬼谷子、张良、诸葛亮、李淳风、李筌、李洽、李鉴、李锐、杨晟。}

李靖《阴符机》一卷

道士李少卿《十异九迷论》一卷

道士刘进喜《老子通诸论》一卷

又《显正论》一卷

张果《阴符经太无传》一卷

又《阴符经辨命论》一卷

《气诀》一卷

《神仙得道灵药经》一卷

《罔象成名图》一卷

《丹砂诀》一卷_{开元二十二年上。}

韦弘《阴符经正卷》一卷

李筌《骊山母传阴符玄义》一卷_{筌，号少室山达观子，于嵩山虎口岩石壁得黄帝阴符本，题云：“魏道士寇谦之传诸名山。”筌至骊山，老母传其说。}

叶静能《太上北帝灵文》三卷

李淳风注《泰乾秘要》三卷

杨上器注《太上玄元皇帝圣纪》十卷

崔少元《老子心镜》一卷

《皇天原太上老君现迹记》一卷_{文明元年老子降事。}

《吕氏老子昌言》二卷

王方庆《神仙后传》十卷

《玄晋苏元明太清石壁记》三卷_{乾元中，剑州司马纂，失名。}

《议化胡经状》一卷_{万岁通天元年，僧惠澄上言乞毁《老子化胡经》，敕秋官侍郎刘如璇等议状。}

《宁州通真观二十七宿真形图赞》一卷_{记天宝中，宁州罗川县金华洞获玉像，皆列宿之真，唯少氏宿，改县为宁真事。}

道士令狐见尧《正一真人二十四治图》一卷_{贞元人。}

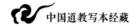

孙思邈《马阴二君内传》一卷

又《太清真人炼云母诀》二卷

《摄生真录》一卷

《养生要录》一卷

《气诀》一卷

《烧炼秘诀》一卷

《龙虎通元诀》一卷

《龙虎乱日篇》一卷

《幽传福寿论》一卷

《枕中素书》一卷

《会三教论》一卷

《龙虎篇》一卷 青罗子周希彭、少室山人孺登同注。

朱少阳《道引录》三卷 浮山隐士，代、德时人。

张志和《玄真子》二卷

戴简《真教元符》三卷

杨嗣复《九征心戒》一卷

裴煜《延寿赤书》一卷

纥干泉《序通解录》一卷 字咸一，大中江西观察使。

《守真子秦鉴语》一卷

道士张仙庭《三洞琼纲》三卷

段世贵《演正一炁化图》三卷

女子胡愔《黄庭内景图》一卷

道士司马承祯《坐忘论》一卷

又《修生养气诀》一卷

《洞元灵宝五岳名山朝仪经》一卷

贾参寥《庄子通真论》三卷 垂拱中，隐武陵。

白履忠注《黄庭内景经》卷亡。

又《三玄精辨论》一卷

吴筠《神仙可学论》一卷

又《玄纲论》三卷

《明真辨伪论》一卷

《辅正除邪论》一卷

《辨方正惑论》一卷

《道释优劣论》一卷

《心目论》一卷

《复淳化论》一卷

《著生论》一卷

《形神可固论》一卷

李延章集《郑绰录中元论》一卷大和人。

施肩吾《辨疑论》一卷睦州人，元和进士第，隐洪州西山。

道士令狐见尧《玉笥山记》一卷

道士李冲昭《南岳小录》一卷

沈汾《续神仙传》三卷

道士胡慧超《神仙内传》一卷

《晋洪州西山十二真君内传》一卷

李渤《真系传》一卷

李遵《茅三君内传》一卷

道士胡法超《许逊修行传》一卷

张说《洪崖先生传》一卷张氲先生，唐初人。

冲虚子《胡慧超传》一卷失名。慧超，高宗时道士。

《潘尊师传》一卷师正。

《蔡尊师传》一卷名南玉，字叔宝，宋祠部尚书廓七世孙，历金部员外郎，弃官入道。大历中卒。

刘谷神《叶法善传》二卷

正元师《谪仙崔少元传》二卷

阴日用《傅仙宗行记》一卷仙宗，开元资阳道士。

谢良嗣《吴天师内传》一卷吴筠。

温造《瞿童述》一卷大历辰溪童子瞿柏庭升仙，造为朗州刺史，追述其事。

李坚《东极真人传》一卷果州谢自然。

江积《八仙传》一卷大中后事。

王仲丘《摄生纂录》一卷

高福《摄生录》三卷

郭霁《摄生经》一卷

上官翼《养生经》一卷

康仲熊《服内元气诀》一卷

《气经新旧服法》三卷

《康真人气诀》一卷

《太无先生炁诀》一卷失名。大历中，遇罗浮王公传气术。

《菩提达磨胎息诀》一卷

李林甫《唐朝炼大丹感应颂》一卷

崔元真《灵沙受气用药诀》一卷

又《云母论》二卷天宝隐岷山。

刘知古《日月元枢》一卷

海蟾子《元英还金篇》一卷

还阳子《太还丹金虎白龙论》一卷隐士，失姓名。

陈少微《大洞炼真宝经修伏丹砂妙诀》一卷

严静《大丹至论》一卷①

《新唐书·艺文志》道家类经书的部数与所列书目不符，经重新统计，首录"《老子道德经》二卷，李耳"等道家类经典一百一十九部。其中有"《玄宗注道德经》二卷，又疏八卷"，是第一部古代帝王注解的《道德经》。另收有《尹喜高士老君内传》等神仙家即道教类经书一

---

① （宋）欧阳修、宋祁撰《新唐书》卷五十九，中华书局，1975，第1514～1524页。

百五十五部，共计二百七十四部较《旧唐书·艺文志》一百三部书目多一百七十一部是对唐代道家道教书目更为全面的著录。道家类以《老子》经注为主，神仙家类托名老子的经书较多，反映出李唐皇室尊奉老子为远祖的时代背景。

唐代宫廷藏四部书写本情况，《新唐书·艺文志》记载写四部书用"蜀郡麻纸"①，"其本有正有副，轴带帙签皆异色以别之"，可知写本为蜀郡麻纸写卷，与《旧唐书·经籍志》基本相同。

（5）《道德经》在唐代经籍中的地位

《道德经》汉代开始被尊为经。至唐代由于李唐皇室尊奉老子为远祖，推崇道教及经典《道德经》。尤其是唐玄宗推崇道教，不仅将《道德经》置于儒家六经之上，而且御制《道德经》注疏。《道德经》颁布的规格也达到中国古代经籍的高峰。唐玄宗依东汉颁布国家经典儒家六经之例，刊定颁布《道德经》。开元九年唐玄宗诏令道教上清派宗师司马承祯刊定文本，依蔡邕石柱三体书写《道德经》。② 这当是《道德经》在中国古代最高的制作规格和颁布方式，是以石柱刻本的形式颁布。石柱刻本是由司马承祯书写之后，由写本摹刻而来。

唐代颁布《道德经》的写本。几种存世写本均是敦煌写卷。《老子道德经五千文》（Дx1111＋1113），黄纸写卷，背面纸缝处钤"凉州都督府之印"，系唐代官方写本。《唐玄宗御制老子道德经注》（P.3725）③，黄纸写卷，据卷尾注记，是唐玄宗开元二十三年（735）礼部检校的官方写本。还有《唐玄宗御制老子道德经疏》（P.3592），黄纸写卷。这与唐代朝廷以黄麻纸写卷颁布经籍是一致的。其中开元年间官方缮写经籍多是用益州麻纸。

3. 五代（907～960）时期道藏写本

五代十国时期，吴越王钱弘俶（929～988），谥号忠懿，征集道士

---

① 《新唐书》卷五十七，第1422页。
② （北宋）王钦若等编《册府元龟》卷五三《尚黄老》，中华书局，1982，第589页。
③ 图版见 http://idp.nlc.cn/database/oo_scroll_h.a4d? uid＝188074915013；recnum＝61129；index＝5。

僧人共同抄写道藏。宋代金允中编《上清灵宝大法》记载：

> 天台桐柏崇道观，乃五代之末，吴越王钱氏所建。藏中诸经，拘集道童及僧寺行者，众共抄录，以实其中。碧纸银书，悉成卷轴。[1]

《天台山志》记载：

> 唐景云中，天子为司马承祯置观桐柏，界琼台、三井之下。五代相竞，中原多事。吴越忠懿王得为道士朱霄外新之，遂筑室于上清阁西北，藏金录字经二百函，勤其事也。[2]

《赤城志》记载：

> 梁开平（907～911）中改观为宫，有钱忠懿王所赐金银字二百函及铜三清像。[3]

吴越是五代十国时期的地方割据政权，其抄写的道经受地域所限，主要是吴越地方所见存之道书。钱氏道藏收藏于天台山桐柏宫，系碧纸写卷本，有二百函，是一种特殊色彩的纸写本。这与唐代道藏的黄麻纸写卷本不同，而且在中国古代道教写经中也属少见，可看作是具有吴越地域特点的一种道教写经。

隋唐五代时期，道教经书是以写卷本的形式制作。道教写经在唐代前期发展到高峰。早期道藏《一切道经》于开元年间、天宝年间进行了大规模的官方编纂和缮写。在官方经籍中，对道家道教经书都比较重

---

[1] （宋）金允中编《上清灵宝大法》卷二十四，《中华道藏》第34册，第156页。
[2] （宋）夏竦：《重建道藏经记》，《道藏》第11册，第94页。
[3] （宋）陈耆卿撰《赤城志》卷三〇，《影印文渊阁四库全书》，第486册，第850页。

视。《新唐书·艺文志》著录道家道教经书达二百七十四部之多，在四部分类法的书目著录中，是保存下来最多的经书详目著录。写经载体最具代表性的是开元年间的益州麻纸。

三　宋元明清
——道教写本经藏的演变及延续阶段

就道教写经目录而言，宋元明清时期，原有的三洞经书体系继续传承，在新出大量道经的情况下，面临着如何进行分类的问题。就写本而言，唐代是道教写经的鼎盛时期，写经是制作道经道藏的主要方式。宋元明清时期是道教写经的延续阶段。随着宋代雕版印刷术的普及，印刷逐步成为制作道经的主要方式，但是道教写经则仍然作为制作道经道藏的基本方式，一直发挥着重要的作用。

（一）宋元明清时期的写本道藏

宋太宗时期徐铉等人编修道藏。宋代第一次道藏编修，采用的仍然是写本的形式。宋太宗时期收集道经，有三千三百三十七卷。命徐铉等人校正，然后进行抄写，送入宫观。《混元圣纪》记载：

> 初，（宋）太宗（939～997）尝访道经，得七千余卷，命散骑常侍徐铉、知制诰王禹偁校正，删去重复，写演送入宫观，止三千三百三十七卷。①

又《文献通考》记载，但与此卷数不同：

> （宋太宗）尝求其书，得七千余卷。命徐铉等校雠，去其重

---

① （宋）谢才澜撰《混元圣纪》卷九，《道藏》17 册，第 877 页。

复，裁得三千七百三十七卷。①

宋真宗时期王钦若编修道藏。大中祥符年间，宋真宗命王钦若刊补宋太宗时期编修的道藏。依照"三洞四辅"经藏体系，有四千三百五十九卷。王钦若又撰写道藏篇目进献，太宗赐名《宝文统录》。《混元圣纪》记载：

> 大中祥符二年（1009）己酉，诏左右街选道士十人校定《道藏》经典。至三年，又令于崇文院集馆阁官僚详校，命宰臣王钦若总领之……至是，钦若沿旧三洞四辅经目，增补凡四千三百五十九卷。撰成篇目上进，赐名《宝文统录》。②

《佛祖统纪》记载卷数与此不同：

> 大中祥符中，选道士十人校道藏经。旧录三千三百三十七卷，钦若详定，增六百二十卷，赐名《宝文统录》，御制序以冠之。③

旧录与新增卷数相加是三千九百五十九卷，少于《混元圣纪》所记卷数。宋真宗时期编修的道藏是写本道藏，《宝文统录》所记是一个写本目录。又据《文献通考》，可知类目及其卷数。

> 大中祥符中，（宋真宗）命王钦若等照旧目刊补，凡四千三百五十九卷 [洞真部六百二十卷，洞元（玄）部一千一十三卷，洞神部一百七十二卷，太真（玄）部一千四百七卷，太平部一百九十二卷，太清部五百七十六卷，正一部三百七十部（卷）]。合为新

---

① （元）马端临：《文献通考》卷二百二十四，第 1802 页。
② （宋）谢才澜撰《混元圣纪》卷九，《道藏》第 17 册，第 877 页。
③ （南宋）释志磐撰《佛祖统纪》卷四十五，《续藏经》第 131 册，新文丰出版公司，1976 年，第 567 页。

录，凡四千三百五十九（卷）。又撰篇目上献，赐名曰《宝文统录》①。

《宝文统录》与传统"三洞四辅"分类法有不同之处。《道德经》《阴符经》原是四辅之太玄部经典，王钦若向宋真宗建议将之升入三洞之洞真部。《老子化胡经》本来要删去，最终得以在道藏中保留。这些表明宋真宗对《道德经》的推崇和对道教经书的重视。《混元圣纪》记载：

> 钦若以《道德经》《阴符经》乃老君、圣祖所述，请自四辅部升于洞真部。初，诏道释藏经互相毁訾者削去之，钦若言《老子化胡经》乃古圣遗迹，不可削除，诏从之。②

张君房编修《大宋天宫宝藏》。宋真宗大中祥符年间，张君房奉旨修道藏，题名《大宋天宫宝藏》。此次编修道藏是以唐代旧道藏和宋初官修道藏为底本，增加了苏州等地旧道藏三千余卷进行的编修。唐代旧道藏是宫廷秘阁收藏的道书、亳州太清宫收藏的道藏等。宋初官修道藏是王钦若等于大中祥符年间所修的道藏。道藏目录的编纂以唐代道藏目录《三洞琼纲》《玉纬经目》为基础，对宋初《宝文统录》进行校正。全藏按千字文为函目编号，起于"天"字，终于"宫"字，故题名《大宋天宫宝藏》。编成后，共抄写七部，于宋真宗天禧三年（1019）进献朝廷。从文献记载来看，张君房此次的道藏编目比王钦若的《宝文统录》更加准确，道经数量也多出二百余卷。在古代官方大规模的编纂道藏中，这当是最后一次采用写本形式，此后的道藏编纂采用刻本。当然，在使用刻本的时代，仍然有写本道藏的制作。《云笈七签·序》：

> 在先时，尽以秘阁道书、太清宝蕴③出降于余杭郡，俾知郡故

---

① （元）马端临：《文献通考》卷二百二十四，引《宋三朝国史志》，第 1802 页。
② （宋）谢才澜撰《混元圣纪》卷九，《道藏》第 17 册，第 877 页。
③ 太清宝蕴，指亳州太清宫道藏。参见陈国符《道藏源流考》，第 129 页。

枢密直学士戚纶、漕运使今翰林学士陈尧佐，选道士冲素大师朱益谦、冯德之等，专其修较，俾成藏而进之。然其（《宝文统录》）纲条溃漫，部分参差，与《琼纲》《玉纬》之目舛谬不同。岁月坐迁，科条未究。适纶等上言，以臣承乏，委属其绩。时故相司徒王钦若总统其事，亦误以臣（张君房）为可使之。又明年（宋真宗大中祥符五年，1012）冬，就除臣著作佐郎，俾专其事。臣于时尽得所降到道书，并续取到苏州旧《道藏》经本千余卷，越州、台州旧《道藏》经本亦各千余卷，及朝廷续降到福建等州道书，《明使摩尼经》等，与诸道士依三洞纲条、四部录略，品详科格，商较异同，以铨次之，仅能成藏，都卢四千五百六十五卷，起千字文"天"字为函目，终于"宫"字号，得四百六十六字。且题曰《大宋天宫宝藏》。距天禧三年春，写录成七藏以进之。①

宋徽宗时期元妙宗编修《政和万寿道藏》。这是见于文献记载的第一部刻本道藏。宋徽宗政和年间，时任福州知州黄裳奏请修道藏。宋徽宗批准，并在京城开封设经局，校定道藏。元妙宗等道士在经局校定，总五百四十函，五千四百八十一卷，宋徽宗赐名《政和万寿道藏》。约于政和六年（1115）在福州雕版，黄裳责成其事，完成后，将镂版运往东京开封，进献朝廷。

北宋元妙宗编《太上助国救民总真秘要》，在写于政和六年（1115）的序文中讲道：

（宋徽宗）襄访仙经，补完遗阙。周于海寓，无不毕集。继用校雠秘藏，将以刊镂，传诸无穷……臣于前岁七月，被旨差入经局，详定访遗及琼文藏经，开板符篆……②

① （北宋）张君房辑《云笈七签·序》，《中华道藏》第29册，第30页。
② （北宋）元妙宗编《太上助国救民总真秘要》，《中华道藏》第30册，第313页。

南宋梁克家著《淳熙三山志》记载，福州闽县九仙山崇宁观，宋徽宗崇宁三年（1104）建，收藏有《政和万寿道藏》。

> 《政和万寿道藏》：（宋徽宗）政和四年（1113），黄尚书裳奏请建"飞天法藏"，藏天下道书，总五百四十函，赐今名，以镂板进于京。[①]

北宋时期以写本制作道藏，还是用卷子本。《玄天上帝启圣录》记载，王衮，北宋末宿州人，原为驾部郎中，归宿州，募集陈方等 14 人抄写《道藏》经典，进献东京（今开封）太清延福宫[②]。内侍任奇等人奉宋徽宗圣旨，就延福宫建造藏殿，安置王衮所进道藏。道藏系写卷本，正楷书，卷轴函装。[③]

南宋孝宗时期临安府太乙宫抄写《琼章宝藏》。宋孝宗淳熙四年（1177），写本道藏《琼章宝藏》完成，有五千四百八十一卷。这是一部由都城临安府（今浙江杭州）太乙宫抄写的道藏，并且孝宗亲笔为道藏提名。淳熙六年又抄写数藏，分赐道观。《琼章宝藏》所据底本《政和万寿道藏》是刻本道藏，也就是说在南宋已进入刻本的时代，官方制作道藏仍然会采用写本的形式，用以重建《政和万寿道藏》道藏。但是从版本来说已经不是重建，是把刻本道藏变为写本道藏。这说明宋代虽然进入刻本时代，写经作为道教经藏的基本制作方法，仍在延续使用。所写《琼章宝藏》，曾于淳熙八年赐临安府余杭县洞霄宫。从文献记载来看，写本应当非常精美，其写本具体情况不详。有关文献记载如下。

（宋孝宗）淳熙二年，令（福州闽县九仙山巅报恩光孝观），

---

① （南宋）梁克家：《淳熙三山志》卷三十八，王晓波等点校《宋元珍稀地方志丛刊》甲编第 7 册，四川大学出版社，2007，第 1599 页。

② 延福宫，按《宋史·地理志》，东京宫城内有延福宫。又《乾隆祥福县志》，延福宫在城安远门内，宋徽宗时建，规制精巧，后毁于兵。

③ 《玄天上帝启圣录》卷七，《中华道藏》第 30 册，第 686 页。

以所藏经文（《政和道藏》五百四十函）送于行在所（临安，今浙江杭州）。①

太乙宫在新庄桥南……（孝宗）淳熙四年重建道藏成，御书《琼章宝藏》以赐。②

先墓在余杭庐居山中，数游洞霄（宫）。道藏（《琼章宝藏》）写本甚真，山庐无事，时得假借。③

鄞城有蓬莱观，淳熙年间请入道藏，"五千四百八十一卷"。④

宋宁宗时期龙虎山留用光收藏写本道藏。元代虞集《龙虎山道藏铭并序》：

龙虎山者，嗣汉天师居之。其上清正一宫者，道家之总会也。宋（宁宗）庆元（1195～1201）中，冲静先生留用光见知宁宗。使有司新其宫而藏室之。所谓经者，皆粉黄金为泥书之，后以宫火不存。⑤

《宋冲靖先生留君传》记载，"冲靖先生，名用光，字道辉，姓留氏"，"又钞诸部经内之藏（南宋龙虎山上清正一宫之经藏）"。⑥

---

① （南宋）梁克家：《淳熙三山志》卷三十八，王晓波等点校《宋元珍稀地方志丛刊》甲编第7册，四川大学出版社，2007，第1599页。
② （南宋）潜说友撰《咸淳临安志》卷十三，《影印文渊阁四库全书》第490册，第158页。
③ （元）邓牧：《大涤洞天记》卷下，《中华道藏》第48册，第134页。
④ （元）王元恭撰《至正四明续志》卷十一，《续修四库全书》第705册，第624页。
⑤ （清）娄近垣编撰，张炜、汪继东校注《龙虎山志》卷一六，引（元）虞集《龙虎山道藏铭并序》，江西人民出版社，1996，第315页。
⑥ （宋）蒋叔与编《无上黄箓大斋立成仪》卷五十七，引高文虎撰《宋冲靖先生留君传》，《中华道藏》第43册，第664、665页。

南宋龙虎山上清正一宫中的道藏是用黄金粉书写的。写经人留用光，字道辉，号冲静先生，创建了龙虎山上清正一宫。宋宁宗曾派遣官吏修缮上清正一宫，可见当时南宋朝廷对冲静先生及龙虎山道教的推崇，加之冲静先生用黄金粉书写道经，都反映出龙虎山在南宋庆元年间受朝廷重视、比较兴盛的情况。

南宋理宗时期颜氏抄写道藏。宋理宗端平年间（1234～1236），龙溪（今属福建漳州）人颜耆仲、颜颐仲到福州九仙观，抄写道藏一部，五百六十四函，置于龙溪县玄妙观。九仙观道藏函数与《政和万寿道藏》基本相合，当是此道藏。所抄写道藏亦是以刻本道藏为底本制作的写本道藏。以此看出，就版本来说，《政和万寿道藏》的流传在南宋已有刻本和写本两种形式。

> 玄妙观，在城西隅……中有道藏。宋端平间颜检正耆仲，侍郎颐仲建诣福州九仙观，摹写道经五百六十四函而度藏之。乡人立二公祠于藏之右。[1]
>
> "颜耆仲，字景英"，"颜颐仲，字景正"，皆南宋龙溪人。[2]

在南宋，民间乡里也有收集抄写道藏的，据《上清灵宝大法》，"今之诸方道藏，可以数计，而经籍不讹者甚少。况于私家相传，里间集写，实难据依"[3]。虽然民间抄写多有讹误，却能说明在南宋的道藏版本有刻本和写本两个体系。民间多有以抄写的方式制作和收藏道藏。

明代编修的《正统道藏》《万历续道藏》是刻本道藏，清代有人抄

---

[1] （清）吴宜燮修《乾隆龙溪县志》卷十一，《中国地方志集成·福建府县志辑》第30册，上海书店出版社，2000，第107页。

[2] （清）吴宜燮修《乾隆龙溪县志》卷十五，《中国地方志集成·福建府县志辑》第30册，第181、182页。

[3] （南宋）金允中编《上清灵宝大法》卷四十，《中华道藏》第34册，第285页。

写补修这一刻本道藏。陕西省同州府华阴县华山有万寿阁[1]，曾于明代万历年间受赐道藏，至清代大部已佚失。清人王弘请人补写重建明道藏，保存于万寿阁。王弘撰《募修万寿阁疏》记载：

> 明万历中，"颁道经藏焉"，经"共五千三百六十余卷，续二百余卷"，"比乃散失，至一百三十余卷，余以弥载之力，请人写补，始成完书。复别为目录一卷，并度诸阁中"[2]。

这是继南宋以写经重建《政和万寿道藏》之后，明代以写经重建《正统道藏》及《万历续道藏》。在宋明两次官方编纂刻本之后，都出现了以写经重建道藏之举。可以说明写经在进入刻本时代后，在道藏经书的保存及流传中，仍然发挥着重要的作用。

刻本道经的产生，早于刻本道藏。文献记载最早的刻本道经是五代后晋高祖天福年间的刻本《道德经》。《混元圣纪》记载：

> （后晋高祖天福）五年（940）五月，赐张荐明号通玄先生，令以《道德》二经雕上印板，命学士和凝别撰新序冠于卷首，俾颁行天下。[3]

这也是《道德经》有明确记载的最早刻本。刻本的制作者是张荐明。《新五代史·郑遨传》记载：

> 与遨同时张荐明者，燕人也。少以儒学游河朔，后去为道士，通老子、庄周之说。高祖召见，问道家可以治国乎。对曰："道也

---

① （清）姚远翻纂《华岳志》卷三，故宫博物院编《故宫珍本丛刊》第255册，海南出版社，2001，第135页。
② （清）姚远翻纂《华岳志》卷三，引（清）王弘撰《募修万寿阁疏》，故宫博物院编《故宫珍本丛刊》第255册，第135页。
③ （宋）谢守灏编《混元圣纪》卷九，《中华道藏》第46册，第115页。

者，妙万物而为言，得其极者，尸居衽席之间可以治天地也。"高祖大其言，延入内殿讲《道德经》，拜以为师。荐明闻宫中奉时鼓，曰："陛下闻鼓乎？其声一而已。五音十二律，鼓无一焉，然和之者鼓也。夫一，万事之本也，能守一者可以治天下。"高祖善之，赐号通玄先生，后不知其所终。①

《道德经》是道家道教尊奉的主要经典，又是历代官方书目认可的子部道家类主要经典。故《道德经》刻本的产生对道家道教经书的版本，以至道藏版本发展，均具有重要意义。最早的刻本道藏是北宋政和六年（1116）间的《政和万寿道藏》，晚于《道德经》刻本170余年。

道教经书自唐代集结成藏，宋元明均编修道藏，有清一代没有编修道藏。虽然宋代以后新出道经很多，但是道藏"三洞四辅"的经藏体系基本不变。宋代是中国古籍版本的转变时期，书籍的主要形式由写本转变为刻本，同时写本仍然发挥着重要作用。这是因为虽然雕版印刷术在宋代得到推广使用，而抄写书籍在当时历史条件下仍然具有实用、廉价的特点。道教写经也是如此。北宋时期刻本道藏和写本道藏均有制作，写经作为道教经书的基本制作方法，仍然发挥着重要作用。有时甚至以写本道藏的方式重建原为刻本的道藏。清代仍有抄写道藏的记载。官方和私人收藏的道教经书中，也多有写本。

（二）宋元明清四部书中的道家道教写经

宋代以后，道家道教经书在官方编纂经籍中的地位下降。当时的社会文化背景是官方在编纂经籍时，以儒家理学经籍为正宗，佛道经书置于次要位置。虽然在综合丛书中仍收录有道家道教经书，但其在图书分类中的地位和收录的数量已较隋唐时期大为降低。

宋代著名官修目录《崇文总目》中，道教经书并入子部道类。这

---

① （宋）欧阳修撰，（宋）徐无党注《新五代史》卷三十四，中华书局，2011，第37页。

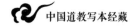

是延续了《旧唐书》《新唐书》艺文志的图书分类方法。

元代脱脱编纂的《宋史·艺文志》中，不再著录道家道教经书，同时也不再著录佛教经书。《宋史·艺文志》是以宋太祖至宋宁宗时期的四部国史艺文志为依据，虽然是元代编纂，反映的仍是宋代图书的分类情况，即以儒家理学经籍为正宗，对佛道经书排斥。①

私家藏书目录中，道家道教经书的著录是由收藏者的取舍而定。有的把道教经书列为一级目录，如李淑《邯郸图书志》，将图书分为经、史、子、集、艺术、道书、书、画，通为八目，即八类。② 道书是八目之一，又分为经诰、传录、丹药、符箓四类。③ 有的把道家道教经书并作子部道家，类似官修目录的做法，如尤袤编纂《遂初堂书目》，因其崇奉理学经籍，排斥释道书，在书目分类上将道家道教经书合入子部道家，而且还列于杂家之后。

元代藏书目录内容较少，从略。

明杨士奇等编《文渊阁书目》不用传统四部分类法，共分三十九类，道书类列第三十五类，位于张字一厨一百九十九号。④

清代编纂《明史·艺文志》采用四部分类法，道家道教经书入子部道家类。收录"《太祖注道德经》二卷，太祖制"⑤，共著录道家类经书五十六部，二百六十七卷。虽然相对于《宋史·艺文志》未著录道家类图书而言，补充了这一类目，但较《新唐书·艺文志》的二百七十四部，数量只相当于其五分之一。

明代焦竑编纂的《国史经籍志》书目分五大类，即制书类、经类、史类、子类、集类。子类收有道家书。

清代编修的《四库全书》将道家道教经书列入子部道家类。

作为官方或私人藏书来说，哪些是刻本，哪些是写本，多数难以详

---

① 来新夏：《古典目录学》，中华书局，2013，第 202 页。
② （元）马端临：《文献通考》卷二百七《经籍考》，第 1711 页。
③ （宋）晁公武撰《郡斋读书志》卷二，《影印文渊阁四库全书》第 674 册，第 212 页。
④ （明）杨士奇等编《文渊阁书目》，《文渊阁四库全书》第 675 册，第 112 页。
⑤ （清）张廷玉等撰《明史》卷九八《艺文志》，中华书局，2011，第 2451 页。

考，这是由于图书佚失或书目著录时大多并未详细说明。但是基本可以确定，写本书籍的数量仍然很多。例如，明宣宗时（1426～1435），择人缮写经籍，增加秘书阁藏书量，"是时，秘阁贮书约两万余部，近百万卷，刻本十三，抄本十七"①。在明代官方图书收藏中，写本书占有大半，极为丰富。官方如果编修综合丛书，应当采用写本的形式。这是因为综合丛书规模巨大，用刻本制作成本太高，而缮写四部书则成本降低，而且效率相对较高。在召集一定数量缮写人员的情况下，较短的时间内就可以完成。

清代乾隆年间编纂的《四库全书》是中国古代最后一部大型官修丛书，也是唯一存世的古代官修丛书。纪昀等编纂《四库全书总目》，翔实地考证了《四库全书》所收录的文献，实际上也是对官修综合目录四部分类法进行了系统的总结。《四库全书》是一个大型写本丛书，共抄有七部，先有北四阁（文渊阁、文源阁、文溯阁、文津阁），后有南三阁（文宗阁、文汇阁、文澜阁）。四库全书用纸主要两种，即北四阁用开化榜纸，南三阁用坚白太史连纸。

道家道教经书集中于《四库全书》子部道家类。这是唐代以来道家道教经书在四总分类法中相对稳定的位置。以《文渊阁四库全书》②为例，道家道教写经目录如下。

《阴符经解》一卷，旧题黄帝撰，唐李筌注。

《阴符经考异》一卷，宋朱熹撰。

《阴符经讲义》四卷，宋夏元鼎撰。

《老子道德经》二卷《篇目》一卷，旧题汉河上公注。

《道德指归论》六卷，旧题汉严遵撰。

《老子道德经》二卷，魏王弼注。

---

① （清）张廷玉等撰《明史》卷九十六《艺文志》，第2343页。
② 《四库全书》原书封面图版见《影印文渊阁四库全书》第1册，第23页。

《老子解》二卷，宋苏辙撰。

《道德宝章》一卷，宋葛长庚撰。

《道德真经》注四卷，元吴澄撰。

《老子翼》三卷，"采摭书目"一卷，《考异》一卷，明焦竑撰

《御定道德经》注二卷，清世祖注，成克巩纂。

《老子说略》二卷，清张尔岐撰。

《道德经注》二卷，附阴符经注 一卷，清徐大椿撰。

《关尹子》一卷，旧题周尹喜撰。

《列子》八卷，旧题周列御寇撰，晋张湛注，唐殷敬慎释文。

《冲虚至德真经解》八卷，宋江遹撰。

《庄子注》十卷，晋郭象注。

《南华真经新传》十九卷，《拾遗》一卷，宋王雱撰。

《庄子口义》十卷，宋林希逸撰。

《南华真经义海纂微》一百六卷，宋褚伯秀撰。

《庄子翼》八卷，庄子阙误一卷附录一卷，明焦竑撰。

《文子》二卷，旧题周辛钘撰。

《文子缵义》十二卷，宋杜道坚撰。

《列仙传》二卷，旧题汉刘向撰。

《周易参同契通真义》三卷，后蜀彭晓撰。

《周易参同契考异》，宋朱熹撰。

《周易参同契解》三卷，宋陈显微撰。

《周易参同契发挥》三卷，释疑一卷，宋俞琰撰。

《周易参同契分章注》三卷，元陈致虚撰。

《古文参同契集解》三卷，明蒋一彪撰。

《抱朴子内外篇》八卷，晋葛洪撰。

《神仙传》十卷，晋葛洪撰。

《真诰》二十卷，梁陶弘景撰。

《亢仓子》一卷，唐王士源撰。

《亢仓子注》九卷，唐何粲撰，明黄谏音释。

《玄真子》一卷，附《天隐子》一卷，唐张志和撰。

《无能子》三卷，唐不著撰人。

《续仙传》三卷，南唐沈汾撰。

《云笈七签》一百二十二卷，宋张君房撰。

《悟真篇注疏》三卷，附《直指详说》一卷，宋张伯端撰，翁葆光注，元戴起宗疏。

《古文龙虎经注疏》三卷，宋王道撰。

《易外别传》一卷，宋俞琰撰。

《席上腐谈》二卷，宋俞琰撰。

《道藏目录详注》四卷，明白云霁撰。①

以上共收录四十三部道家道教经书，四百三十二卷。另附存目一百部，四百六十四卷。道家经书以河上公《老子注》等《道德经》注最多，有十种，这也是历代官方综合目录道家类的重点书目。道教经书有以《悟真篇注疏》为代表的道教内丹经书，这是宋代以来主要的新出道经。还收有宋张君房撰《云笈七签》，是道教最大的一部类书。总的来看，在《四库全书》中，完整收入道家道教经书的数量较少，只有四十四种，在四部中的地位很低，已是二级分类中的最后几类。这种状况体现的仍是儒家理学经籍占主导地位的图书目录分类方法。

文渊阁等北四阁《四库全书》用纸是开化榜纸，其中子部道家类用纸也是如此。开化榜纸产自浙江省开化县，以楮皮为基本原料制作。南三阁用纸是坚白太史连纸，是一种竹纸。其中的子部道家类用纸也是如此。明代图书以皮纸和竹纸为主，至清代图书以竹纸为主。《四库全书》先用皮纸开化榜纸抄写北四阁，后改用竹纸太史连纸抄写南三阁，在一定程度上反映出皮纸向竹纸的过渡。

---

① 《影印文渊阁四库全书目录·索引》，台湾：商务印书馆，1985，第 198~201 页。

　　宋代以来，古代官方综合书目和史志目录主要以四部分类法著录。道家道教经书相对集中于子部道家类。道教经书一般不单独设一分类，而是并入子部道家类。宋代至清代的官方藏书，既有刻本也有写本，记载大多不详，但是作为写本目录学发展来说，对于写本研究仍有重要的参考作用。在这一情况下，保存至今的写本目录只有清代《四库全书总目》子部道家类书目。

　　宋元明清这一时期的书籍主要用纸是皮纸和竹纸，唐代兴盛的麻纸已经较少使用。皮纸、竹纸既用来制作刻本经书，也用来缮写写本经书。清代《四库全书》中子部道家类经书是《四库全书》的组成部分，也是道家道教写经的官方写本，其用纸即为清代官方书籍用纸开化榜纸和太史连纸。

第二章
道教写经人物

    道教写经是由写经人手工书写完成。写经人物研究是道教写经的主要研究内容之一。对于写经人物来说，一般具有两个基本方面。

    一是写经人物身份以及社会文化背景。

    写经人物身份是书写人员相对于经典的身份，这与写经的方式和功用有关。写经人物的社会文化背景是书写人员所处的社会背景和文化特点，以及写经人物在其中所处的位置和所发挥的作用。相比较而言，写经人物身份是与写经活动直接相关的、具体的身份，考察写经人物身份是进一步深入细致研究写经的需要。考察社会文化背景是为给写经人物一个宏观的定位，即把写经人物具体的写经活动与宏观的社会文化特点结合起来研究，使我们能够看清这二者的相互关系。

    二是写经写本概况及在道教写经中的地位、贡献。重要的写经人物或群体对写经有着重要的或者独特的贡献。将写经人物的贡献加以梳理研究，会进一步深化写经写本的研究，更加明确特定人物的写经写本在道教写经发展演变中的地位和价值。

    道教写经人物众多，选择有代表性的人物或群体研究，能够更清楚地发现人物的写经身份、社会影响和对写经写本的主要贡献。依据写经身份的不同，古代道教写经人物大致有以下几类。

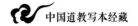

一 道教教内写经人物

（一）郑隐

郑隐，字思远，西晋著名道士。晚年修道，师事葛玄，学炼丹秘术，并得受金丹经等道书。郑隐亦是儒士，精通五经，以儒家经典教授道门弟子。西晋太安元年（302）隐居霍山。[①]

1. 郑隐写经活动

葛洪《抱朴子·遐览》记载：

> 他弟子皆亲仆使之役，采薪耕田，唯余尪赢，不堪他劳，然无以自效，常亲扫除，拂拭床几，磨墨执烛，及与郑君缮写故书而已。[②]

这是记述葛洪服侍其师郑隐缮写道教经书。郑隐已是耄耋之年，"郑君时年出八十"，虽然年老但是目力不减，且精力充沛，"火下细书，过少年人"，可见郑隐写经之精、用功之勤。

郑隐是道经的抄写人、传承人。郑隐得受丹经，抄写丹经，其身份是葛玄弟子、炼丹道士。所缮写珍藏的首先应是其师葛玄传授的丹经道书。而且从郑隐传授葛洪丹经要举行立坛盟受的仪式来看，郑隐在从其师葛玄得受丹经时也应如此。故缮写并且珍藏丹经是师徒之间传授道法非常重要的一个环节。郑隐所受丹经之传授，葛洪《抱朴子·金丹》记载：

> 昔左元放于天柱山中精思，而神人授之金丹仙经，会汉末乱，

---

① 王明：《抱朴子内篇校释》卷四、卷十九，第71、331页。
② 王明：《抱朴子内篇校释》卷十九，第332页。

不遑合作，而避地来渡江东，志欲投名山以修斯道。余从祖仙公，又从元放受之。凡受《太清丹经》三卷及《九鼎丹经》一卷、《金液丹经》一卷。余师郑君者，则余从祖仙公之弟子也，又于从祖受之，而家贫无用买药。余亲事之，洒扫积久，乃于马迹山中立坛盟受之，并诸口诀诀之不书者。江东先无此书，书出于左元放，元放以授余从祖，从祖以授郑君，郑君以授余，故他道士了无知者也。[①]

又《晋书·葛洪列传》：

从祖玄，吴时学道得仙，号曰葛仙公。以其炼丹秘术授弟子郑隐。洪就隐学，悉得其法焉。[②]

据此，郑隐所写丹经出自左元放，然后传授葛玄，再传郑隐，再传葛洪。

郑隐是葛洪之师，据葛洪讲，"余亲事之，洒扫积久，乃于马迹山中立坛盟受之，并诸口诀诀之不书者"。郑隐缮写丹经也是为了传授弟子，丹经是道教丹鼎派和炼丹术传承的必要条件，并有一定的盟受仪式。在早期道教中，道士珍秘其书，弟子是不能随意抄写的。葛洪虽然是郑隐弟子，未经许可也不能抄写其师的道经。"郑君亦不肯先令人写其书，皆当诀其意，虽久借之，然莫有敢盗写一字者也"。

联系葛玄系葛洪从祖，可见葛氏家族在传授这类经书中的重要作用。丹阳葛氏是奉道世家，高道辈出。尤其是葛洪，是丹鼎派的代表人物。

同时丹阳葛氏又是儒学传家的士族。联系郑隐既是儒士又是炼丹道

---

① 王明：《抱朴子内篇校释》卷四，第71页。
② （唐）房玄龄等撰《晋书》卷七十二，第1911页。

士，与葛氏士族儒道兼修的家族传统颇为相合。从金丹经自葛玄到葛洪的传承，可看出三国两晋时期丹阳葛氏士族在丹鼎派经典和炼丹术传承中的主导作用。

2. 郑隐写经概况

《抱朴子·遐览》著录郑隐收藏有道教经书一千二百卷，包括金丹经、三皇文，以及其他"服饵、炼养、符图、算律"① 等经书。

这些未必都是郑隐缮写，但是仅从葛洪所见，就有二百余卷，"又许渐得短书缣素所写者，积年之中，合集所见，当出二百许卷，终不可得也"②。郑隐写经的数量还是相当多的，具体经书目录已不可考。

郑隐抄写的道经，葛洪称作"故书"，并未确指何书。从道经传授的角度来看，郑隐应当首先缮写并珍藏金丹经。因为金丹经是郑隐、葛洪最重视的经书，是师徒传授之经典。立坛盟受丹经，是进行道派、道法传承的一个重要环节。早期道教教内写经的一个重要作用，就是为了道派、道法的传承。郑隐缮写、珍藏的金丹之经，按其师承是葛玄所传，主要有"《太清丹经》三卷及《九鼎丹经》一卷《金液丹经》一卷"。其中的《九鼎丹经》，据《抱朴子·金丹》即"《黄帝九鼎神丹经》"③。据说由三国左元放传出，葛洪认为这是最重要的道经、丹经。《太清丹经》，据葛洪《神仙传》，传说由汉末马鸣生得受，又传阴长生。因《抱朴子》已著录此两种经，故至晚东晋已经传出，都是金丹经的早期主要经典。金丹经在道藏形成后，编入太玄部经书。郑隐所缮写传授葛洪的金丹诸经，属于西晋写本，即金丹经的早期写本。

郑隐写经写本的情况也难以详细考证，大致有这样几个特点。关于字体，葛洪称"火下细书，过少年人"，字体虽未确知，可看出是很精细的小字。细书，系古代对抄写经籍所用正体小字的统称，一般指隶书或楷书。由"（葛洪）磨墨执烛"说明是墨书。写经载体是缣素，篇幅

---

① 陈国符：《道藏源流考》，第 103 页。
② 王明：《抱朴子内篇校释》卷十九，第 331 页。
③ 王明：《抱朴子内篇校释》卷四，第 74 页。

都较短，即葛洪所称"短书缣素所写者"。西晋时期经书用纸张抄写还正在逐步普及之中，用贵重的缣素说明郑隐对所缮写经书的重视。郑隐缮写、收藏的经书及书目，是有文献记载的第一部大规模道教经书总集。这说明，早期道教的经书在西晋已经达到较大规模，写本形式是墨书缣素。

（二）帛和

帛和，字仲理，辽东（辽宁辽阳）人，三国时道士。[①] 先师事董奉[②]，后入西城山，师事王君，得授《三皇文》等道经。后入林虑山（河南林县西）修道。

帛和写经事迹记载见于葛洪《抱朴子·遐览》。

> 余闻郑君言，道书之重者，莫过于《三皇内文》《五岳真形图》也。古者仙官至人，尊秘此道，非有仙名者，不可授也。受之四十年一传，传之歃血而盟，委质为约。诸名山五岳，皆有此书，但藏之于石室幽隐之地，应得道者，入山精诚思之，则山神自开山，令人见之。如帛仲理者，于山中得之，自立坛委绢，常画一本而去也。有此书，常置清洁之处，每有所为，必先白之，如奉君父。[③]

据此，帛和曾得受《三皇文》《五岳真形图》，并亲自写有一本。《抱朴子》中记载了帛和所得《三皇文》要有一定的传授、书写仪式，然而其何时受于何人未能具体记载。

帛和是以弟子身份得受《三皇文》。其师承传授，上述《抱朴子》

---

① （东晋）葛洪：《神仙传》卷七，《中华道藏》第 45 册，第 45 页。
② 董奉，字君异，三国时东吴道士，侯官县（今属福建福州）人。据（东晋）葛洪《神仙传》卷七，《中华道藏》第 45 册，第 57 页。
③ 王明：《抱朴子内篇校释》卷十九，第 336 页。

文中所谓"仙官至人"和"仙名者",实质是早期道教道派内部师徒之间的关系。帛和得受《三皇文》的师承,据葛洪《神仙传》:

> 和乃到西城山,事王君。王君语和大道诀曰:此山石室中,常熟视北壁,当见壁有文字,则得道矣。视壁三年,方见文字,乃古人之所刻《太清中经》《神丹方》及《三皇天文大字》《五岳真形图》,皆著石壁。和讽诵万言,义有所不解。王君乃受之诀①。

帛和的写经身份是王君弟子。王君,按《神仙传》,即王远,字方平。东汉末年道士,东海人。曾为中散大夫,博学五经,通晓天文,后辞官入山修道。汉桓帝多次征诏,不出。②按约出于东晋《洞神八帝妙精经·抱朴密言》,王方平曾集撰《三皇文》,"三皇文及大字,皆仙人王君所集撰,抄撮次第为一卷,可按而用之"③。这与《神仙传》记载王君掌握《三皇天文大字》大体相合。当是东汉道士王方平曾对《三皇文》诸道符进行过一次集撰整理,抄写成为定本,一卷。后传于帛和。

据《抱朴子》,帛和得受《三皇文》当是在魏晋之际,至于具体时间不详。《洞神八帝妙精经》中收有"《西城要诀三皇天文内大字》",题注"西城仙人施用立成,隐之玄丘之阴。帛公记录。天汉元年(前100)正月三日受",之后经文讲"前汉太初二年(前103),王君明(盟)授余予大道之诀,使烧香清斋,三日三夜乃见告"。④在此,帛和记录书写,由西城仙人传授三皇经时间是西汉,与王君是东汉末年时人、帛和是三国时人均不符合,故传授具体时间恐不可信。但是《洞神八帝妙精经》作为成书于东晋南朝的道书,可以说明此前《三皇文》的传授已经具有一定传授仪式。

---

① (东晋)葛洪:《神仙传》卷七,《中华道藏》第45册,第57页。
② (东晋)葛洪:《神仙传》卷三,《中华道藏》第45册,第27页。
③ 《洞神八帝妙精经》,《中华道藏》第4册,第488页。
④ 《洞神八帝妙精经》,《中华道藏》第4册,第482页。

帛和是《三皇文》的写经人。《三皇文》有传授之仪和写经之斋。道教弟子得受这一类道书，要有传授仪式，即《抱朴子》"受之四十年一传，传之歃血而盟，委质为约"。经书的传授仪式四十年一次，仪式中，饮血盟誓、用财物约定，以保证尊秘所传道书，郑重其事，不违背盟誓，不得泄露，奉道守戒等。至于帛和书写《三皇文》，则是写经之斋。《抱朴子》"如帛仲理者，于山中得之，自立坛委绢，常画一本而去也"。立坛，是设立斋坛。委绢，是委以绢素，素绢不仅作为贵重的信物，本身也是一种贵重的写经载体。稍晚于《抱朴子》的道书《洞神八帝妙精经》，更具体地讲了《三皇文》写经之斋，不仅设立斋坛，还包括清斋、烧香，写经之人要单独在秘处，有专门单独使用的笔墨。"书符之法，不得与众共笔共墨共视。皆烧香清斋，在密处。"书写时专心致志，不能与人言语。"书不得中息而语也。"①

以上道书所载虽不详备，所述也未必都是史实，但是可以确定，魏晋之际道教写经已经建立一定的斋仪。师徒之间传授经典要举行盟受仪式，弟子抄写所受经书要立坛清斋。而抄写经书是传授经书中的一个基本环节。三国时帛和以写经之斋，得受《三皇文》，然而所写经书之后不知所传，至东晋郑隐传授葛洪。②

帛和写经写本情况如下。

1.《三皇文》

据《抱朴子·遐览》记载，帛和写《三皇文》。又据《云笈七签》卷六"三洞经教部"，此即《小有三皇文》。《抱朴子·遐览》记载的符书，郑隐传授葛洪的是源自帛和写《三皇文》三卷，"《三皇内文天地人三卷》"。经文已佚。《三皇文》即《三皇经》。道藏洞神部，即《三皇文》与其他有关三皇文的科仪道法类道经汇编而成的三皇系经典。帛和所写《三皇文》，是有文献记载的最早的《三皇经》写本。

---

① 《洞神八帝妙精经》，《中华道藏》第 4 册，第 488 页。
② 王明：《抱朴子内篇校释》卷十九，第 333 页。

《三皇文》的字体是大字符文。因经文是由道符组成，《抱朴子·遐览》称为"符书"。据《洞神八帝妙精经》收录的"西城要诀三皇天文内大字"，主要是 92 枚道符，字形是大字符文。造成字形大的原因是一个大字符文是由多个符文组成，以致成大字。道符以其字形较大，书写符字又称画符，帛和上述所谓"常画一本"，实际是画符，书写大字形的符字。当然，也因为还要制作的《五岳真形图》，实为画图。《洞神八帝妙精经》称《三皇文》"鸟迹之始大章者也"①，是说符文字形取象鸟迹，但从现存道符笔画来看，鸟迹并不明显，符文是主要是篆书、隶书的变体，而且隶书变体为多。总之，帛和写《三皇文》，字体的主要特点是大字符文，字形特点是以隶书、篆书为基础字形的一种变体。

早期道教符文在使用时的色彩多是红色，据《洞神八帝妙精经》，画符"皆丹书"②。至于帛和写经，若与符的使用相符，也应丹书。

关于《三皇文》的写本材料。据《抱朴子》"立坛委绢"，系绢本。早期道教的符文在使用时的载体材料、尺寸、色彩的情况，据《洞神八帝妙精经》，92 枚符文在使用时载体多样，有"帛，绨，素，纸，枫木，绛，缯，碧，縑"。尺寸一般是"广一尺二寸，长亦同"。色彩，"用五色"，即有青、白、黄、赤、玄五色。总的看来，丹书五色缯，是三皇文的符文常使用的色彩。

总之，帛和书写的是《小有三皇文》，三卷。写本为绢本。字体是大字符文。其中收录 92 枚道符，在具体使用道符时，大多是赤书于宽长皆为一尺二寸的五色缯，同时写本也有其他多种情况。

2. 《五岳真形图》

据《抱朴子·遐览》，帛和写有《五岳真形图》，一卷。现存《五岳真形图》，有《正统道藏》本，其中收入两个版本。又有《云笈七

---

① 《洞神八帝妙精经》，《中华道藏》第 4 册，第 484 页。
② 《洞神八帝妙精经》，《中华道藏》第 4 册，第 488 页。

签》本。道藏本题名《洞玄灵宝五岳古本真形图》，约出于汉末魏晋之际，与帛和写本年代相去不远，能大致反映与帛和同时代写本的基本情况。道藏本虽然题名为灵宝经，但是《五岳真形图》最初与三皇文都属于早期三皇系经典。

《五岳真形图》的图形是山水之象。经文称："五岳真形者，山水之象。"① 是以五岳山水图为主，实际有九个山水图。《五岳真形图》作为一种地形图，是五岳的等高线地图

《五岳真形图》中的字体有籀文道符。经文共有 16 个道符。《正统道藏》本中的第二个版本称，前 7 个道符系"鸟迹以前籀文"②，是"三天太上道君长生符"。后 9 个道符则配 9 个山水图。《尔雅·释诂下》："籀，道也"，指道术，故籀文即道符。但是这是一种非常古老的道符，经文称其出于"鸟迹以前"，"非三皇之世书也"，至于年代已不可考。但是从道符字形来看，仍是篆书、隶书变体，而且以隶书的变体为主。隶书形成于汉代，再联系《五岳真形图》的成书时间，故籀文道符当是汉晋之际道士对非常古老的道符的一次集撰、抄写。

关于写经的色彩，有两个版本，据经文称，前者山形为黑，水源为赤，洞穴为黄；后者山形为黑，水源为赤，洞穴为白。两个版本的相同之处是皆有山、水，以黑、赤为色。至于帛和写经，若与经文内容一致，也应是以山、水为象，以黑、赤为色。

关于写经的载体，据"立坛委绢"之说，是绢本。

帛和写《五岳真形图》，是以山水之图为主，配以籀文道符的绢本经书。

（三）杨羲

东晋时期，早期道教造写、抄写、传播了大量经典，对后世道教经

---

① 《洞玄灵宝五岳古本真形图》，《中华道藏》第 4 册，第 348 页。
② 《洞玄灵宝五岳古本真形图》，《中华道藏》第 4 册，第 357 页。

书的发展演变、汇集成藏，以至道派的建立和发展，都产生了深远影响。杨羲就是东晋道教写经的主要代表人物之一。

杨羲（330～386），似是吴人，居丹阳句容（今属江苏镇江）。东晋书法家，道教上清派创始人之一。晋简文帝司马昱为相王时，杨羲曾为公府舍人。南朝梁陶弘景编撰《真诰》有传。① 杨羲一生的重要活动即书写道经。

1. 杨羲主要写经活动

（1）晋哀帝兴宁二年（364）写《上清真经》

《真诰·叙录》记载：

> 伏寻《上清真经》出世之源，始于晋哀帝兴宁二年太岁甲子，紫虚元君上真司命南岳魏夫人下降，授弟子琅琊王司徒公府舍人杨某，使作隶字写出。②

杨羲是上清经祖本的书写者，即《真诰》所称之"经师"③。写经时间为364年，时年34岁。所写经书即上清经的祖本。杨羲是以所谓神真降笔的造经、写经方式来制作上清经。道教信仰中认为神真下降而授书于弟子，再由弟子将经文写出。所谓神真降笔的道经书写方式是一种宗教活动。

杨羲传说是魏夫人弟子。在这一道教写经活动中，杨羲以魏夫人弟子的身份，将得受的经文用隶书写出。魏夫人是西晋时期著名的高道魏华存，天师道祭酒，被上清派尊奉为第一代太师。虽然魏夫人与杨羲不是亲授的师徒关系，但可以说明杨羲写上清经有天师道的奉道背景。

杨羲以其造写祖本经书的贡献，成为道教上清派的创始人之一，被

---

① （梁）陶弘景编撰《真诰》卷二十，《中华道藏》第 2 册，第 243 页。
② （梁）陶弘景编撰《真诰》卷十九，《中华道藏》第 2 册，第 237 页。
③ （梁）陶弘景编撰《真诰》卷二，《中华道藏》第 2 册，第 125 页。

上清派尊为第二代玄师。① 杨羲写经反映了早期道教在东晋的发展变化。东汉天师道是吸收民间鬼神信仰、以符水治病的道派，而东晋上清经的造写体现的是以仙真降授、写经奉道为特点的新道派正在产生。这可看作早期道教从吸收民间鬼神信仰到发展仙真信仰、道法从重视画符到重视写经的一个重要转变。

杨羲写上清经，首先是在丹阳许氏士族中传抄。据《真诰》，杨羲造写经书之后，又将经书传于许谧、许翙抄写。

> ……以传护军长史句容许某（许谧），并第三息上计掾某某（许翙）。二许又更起写，修行得道。凡三君手书，今见在世者，经传大小十余篇多掾写；真喽四十余卷，多杨书。琅琊王即简文帝在东府为相王时也。长史、掾立宅在小茅后雷平山西北。掾于宅治写修用，以泰和五年隐化，长史以泰元元年又去。掾子黄民，时年十七，乃收集所写经符秘篆历岁。于时亦有数卷散出，在诸亲通间，今句容所得者是也。②

杨羲与许谧、许翙的写经，被称作"三君手书"。许氏士族属于吴地士族。二许之中，许翙是许谧第三子。上清经的传抄，在二许之后还有许翙之子许黄民。也就是说，许氏士族三代人中都有奉道人物传抄上清经。此外，许氏士族中，许迈也是杨羲好友，杨羲"与先生、长史年并悬殊，而早结神明之交"③，"先生"指许迈，系许谧之兄，东晋高道，《晋书》有传，"许迈字叔玄，一名映，丹阳句容人也。家世士族，而迈少恬静，不慕仕进"④。可见许氏士族是与杨羲写经最为密切的群体，在早期上清经的造经、传抄中发挥了非常重要作用。许氏士族传抄

---

① （元）刘大彬编撰《茅山志》卷十，《中华道藏》第48册，第417页。
② （梁）陶弘景编撰《真诰》卷十九，《中华道藏》第2册，第237页。
③ （梁）陶弘景编撰《真诰》卷二十，《中华道藏》第2册，第243页。
④ （唐）房玄龄等撰《晋书》卷八十《王羲之传》，中华书局，2011，第2106页。

上清经，并不是为社会政治服务，而主要是一种自身奉道、修道的宗教活动。杨羲写经所具有的仙道信仰、书法艺术，与东晋士族的宗教信仰需求和文化水准较高的特点相符合，因而在丹阳许氏士族以至江东流传，体现出一定的时代文化特征。

（2）晋哀帝兴宁三年（365）写《真诰》

杨羲写《真诰》，最初当是在晋哀帝兴宁三年（365）六月二十一日，时年 35 岁。这一时间是在写上清经之后的第二年。"今《检真授》中有年月最先者，唯（晋哀帝兴宁）三年乙丑岁六月二十一日定录所问，从此月日相次，稍有降事。"① 《检真授》是《真诰》之一卷。陶翊《华阳隐居先生本起录》亦云，《真诰》一帙七卷，"并是晋兴宁中众真降授杨许手书遗迹"②。

杨羲是《真诰》祖本的书写者。

> 又按二许虽玄挺高秀，而质挠世迹，故未得接真。今所授之事，多是为许立辞，悉杨授旨，疏以未许尔，唯安妃数条是杨自所记录。今人见题目云某日某月某君唛许长史及掾某，皆谓二许亲承音旨，殊不然也。今有二许书者，并是别写杨所示者耳。③

杨羲写《真诰》，是以道教信仰的众多神真口授之语记录写出。此次所谓神真降授已不是魏夫人一人，而是众真降授。按《云笈七签》卷五引《真诰》，众真名号：

> 上相青童君、太虚真人、赤君上宰、西城王君、太元茅真人、清灵裴真人、桐柏王真人、紫阳周真人、中茅君、小茅君、范中候、荀中候、紫元夫人、南岳夫人、右英夫人、紫微夫人、九华安

---

① （梁）陶弘景编撰《真诰》卷十九，《中华道藏》第 2 册，第 234 页。
② （北宋）张君房辑《云笈七签》卷一百七，第 2 册，第 833 页。
③ （梁）陶弘景编撰《真诰》卷十九，《中华道藏》第 2 册，第 235 页。

妃、昭灵夫人、中候夫人。①

以上魏夫人与众真共 19 位，按陈国符先生考证，皆在陶弘景《真灵位业图》有神位，② 是早期道教特别是上清派尊奉的神真。

杨羲写《真诰》所带动的仍然是一种经书传抄行为。杨羲是《真诰》祖本的书写者，之后又传于许谧、许翙抄写。早期道教经书祖本的制作，对写经人在经书、教义、道术的掌握，甚至书写能力等方面都有很高的要求。杨羲能够所谓接真授旨，就是具备了这些条件，而成为经师。当然，还有一重要原因，经师应使造经具有神秘性，不能外泄其事。原来《上清经》《真诰》的写经人华侨③，系晋陵（今属江苏）冠族，曾任江乘县令，且华氏与许氏家族有婚亲。但因华侨轻躁泄密，使造经失去了神秘性，而被罢黜，由杨羲代之。"众真未降杨之前，已令华侨通传音意于长史，华既漏妄被黜，故复使杨令授，而华时文迹都不出世。"④

2. 杨羲写经写本概况

（1）写经目录

《上清真经》。系道教上清派初创时期的一组道经。按杨羲师承魏夫人，所造写上清经目当依据东晋道书《南岳魏夫人内传》记载，"《太上宝文》《八经隐书》《大洞真经》《灵书八道》《紫度炎光》《石精玉马》《神真虎文》《高仙羽玄》等经，凡三十一卷"⑤。所述虽然简略，但是从杨羲师承的角度来看，却是较为可靠的依据。其中《大洞真经》为首要经典，《真诰·甄命授》著录："《大洞真经》三十九篇，在

① （北宋）张君房辑《云笈七签》卷五，《中华道藏》第 29 册，第 70 页。
② 陈国符：《道藏源流考》，第 32 页。
③ （梁）陶弘景编撰《真诰》卷二十，《中华道藏》第 2 册，第 244 页。
④ （梁）陶弘景编撰《真诰》卷十九，《中华道藏》第 2 册，第 235 页。
⑤ （晋）范邈：《南岳魏夫人内传》，见（北宋）李昉等编《太平御览》卷六百七十八，中华书局，1963，第 3026 页。

世"，"仙道之至经"。①

《真诰》。据陶翊《华阳隐居先生本起录》，陶弘景编撰《真诰》原为七卷。其中前五卷的内容是《真诰》本文，杨羲造写。其余二卷"非真诰之列"，是杨许自所记录和陶弘景所述，将其一同编入而已。即杨羲记录所谓众真降授的《真诰》本文是前五卷。②

《上清真经》三十一卷和《真诰》前五卷，都是杨羲以神真降授名义造写的道经。至南朝梁陶弘景，收集到以杨羲为主要造经人的所谓神真降授的道经是四十余卷。"凡三君手书，今见在世者，经传大小十余篇多掾写；真唉四十余卷，多杨书"③，即陶弘景尚能见到杨羲写经的基本面貌。

此外，杨羲书写的上清派道书还有诸真传记、符书等。《真诰》卷十九著录，陶弘景收集到的三君手迹中，有"杨书《王君传》一卷"。然而杨羲写的仙真传记不止一种，刘琳先生考证出杨羲、许谧、华侨写有《南真传》等9种仙真传记。④ 杨羲等人写诸真传记，是为支持其造经。诚如陈国符先生指出，"诸真传皆述传授真经"⑤。陶弘景还收集到"杨书中黄制虎豹符"⑥，一短卷，系早期上清派符书。杨羲早年就曾得受此符书，得受于何人不详，"杨先以永和五年己酉岁（二十岁），受中黄制虎豹符"⑦。

《灵宝五符》。《真诰》卷二十著录"杨书《灵宝五符》一卷"，杨羲抄写。《灵宝五符》系古灵宝经，杨羲从魏夫人长子刘璞得受此经。按《魏夫人传》，魏夫人令长子刘璞传法于杨羲、二许。又按《真诰》，杨羲早年就从刘璞得受此经，"（永和）六年（350）庚戌又就魏夫人长

---

① （梁）陶弘景编撰《真诰》卷五，《中华道藏》第2册，第139、144页。
② （梁）陶弘景编撰《真诰》卷十九，《中华道藏》第2册，第234页。
③ （梁）陶弘景编撰《真诰》卷十九，《中华道藏》第2册，第237页。
④ 刘琳：《杨羲与许谧父子造作上清经考》，《中国文化》1993年第1期，第104页。
⑤ 陈国符《道藏源流考》，第14页。
⑥ （梁）陶弘景编撰《真诰》卷二十，《中华道藏》第2册，第240页。
⑦ （梁）陶弘景编撰《真诰》卷二十，《中华道藏》第2册，第243页。

子刘璞受《灵宝五符》，时年二十一"①。此事早于造写上清经 14 年。

张镇南古本《道德经》。陶弘景《登真隐诀》著录："老子《道德经》有玄师杨真人（杨羲）手书张镇南古本。"② 据此，杨羲曾抄写张镇南古本《道德经》。张镇南即张鲁，是汉末五斗米道第三代系师，降曹操后，受封为镇南将军。③ 张鲁据《道德经》河上公章句本，校定经文为四千九百九十九字，上下二篇。④ 此本又称系师定本、五千文，是魏晋南北朝以来道教徒传习《道德经》的主要文本。

如上所述，杨羲写经主要是造写上清经。此外还涉及古灵宝经、天师道所尊奉张镇南古本《道德经》等，也是有文献记载的早期道教写经。

（2）写本概况

①字体

杨羲写经的正体字体是隶书。传说魏夫人降授杨羲上清经诸经，"使作隶字写出"，即以隶书字体书写上清经祖本。《真诰》也是以隶书写出。

> 《真诰》者，真人口噯之诰也。犹如佛经皆言佛说。而顾玄平谓为真迹，当言真人之手书迹也，亦可言真人之所行事迹也。若以手书为言，真人不得为隶字；若以事迹为目，则此迹不在真人尔。且书此之时，未得称真（三君），既于义无旨，故不宜为号。⑤

杨羲写经中也有草书、行书，这是在得受经书时快速记录书写所用的字

---

① （梁）陶弘景编撰《真诰》卷二十，《中华道藏》第 2 册，第 243 页。
② （元）刘大彬编撰《茅山志》卷九，引陶弘景《登真隐诀》，《中华道藏》第 48 册，第 413 页。
③ （晋）陈寿撰《三国志》卷八《张鲁传》，第 265 页。
④ 《老子道德经五千文》，见敦煌遗书 P. 2255，《法藏敦煌西域文献》第 10 册，上海古籍出版社，1999，第 136 页。
⑤ （梁）陶弘景编撰《真诰》卷十九，《中华道藏》第 2 册，第 234 页。

体。以正书字体隶书写出的，是杨羲又重新书写的经文，然后以此传示
许谧。

> 杨书中有草行，多傀儡者，皆是受旨时书，既忽遽贵略，后更
> 追忆前语，随复增损之也。有谨正好书者，是更复重起，以示长
> 史耳。①

杨羲主要是从事祖本道经的书写，以行草字记录的写本之外，只传示出
一个隶书写本，然后由二许主要是许翙抄写。《真诰》："今一事乃有两
三本，皆是二许重写，悉无异同，然杨诸书记都无重本。"②

②书体

杨羲写经效法的书体是郗氏书体，《真诰》：

> 又按三君手迹，杨君书最工，不今不古，能大能细，大较虽祖
> 效郗法③，笔力规矩，并于二王。而名不显者，当以地微，兼为二
> 王所抑故也。

陶弘景认为杨羲书法的特点是字体工整、笔画纤细。杨羲书法主要学郗
法，即东晋高平郗氏的书法，代表人物有郗鉴、郗愔等。郗氏善章草，
亦善隶书。从现存《绛帖》所收郗氏法帖④来看，郗鉴楷书笔画纤细，
郗愔草书笔画具有纤秾之间富于变化的特点。因杨、郗均无隶书作品存
世，无法直接比较，但是大体可知杨羲隶书与郗氏隶书相近之处当是笔
画纤细，不同之处是更加工整。杨羲书法的这一字形特点非常适用于写
经。六朝时期抄写经书的正体字亦称"细书""细楷"，反映出读书人

---

① （梁）陶弘景编撰《真诰》卷十九，《中华道藏》第 2 册，第 234 页。
② （梁）陶弘景编撰《真诰》卷十九，《中华道藏》第 2 册，第 235 页。
③ 郗法，指东晋高平郗氏的书法，"郗"为"郗"之伪。
④ （宋）潘师旦刻《绛帖》，启功、王靖宪主编《中国法帖全集》第 2 册，湖北美术出版社，2002，第 115～119 页。

对于经书中正体字特点的基本看法。

　　杨羲的书法造诣很高，实为东晋书法家。陶弘景评价杨羲隶书"笔力规矩，并于二王"①。唐代书法理论家窦臮讲："杨真人之正行，兼淳熟而相成，方圆自我，结构遗名。如舟楫之不系，混宠辱以若惊"②，称赞杨羲行书率真洒脱。至明董其昌将传为杨羲楷书的《黄庭内景经》收入《戏鸿堂法书》的第一种法帖。可见杨羲书法为书家所重。道教写经常以书法水准高著称于世，从写经创始人之一的杨羲就可见其端倪。

　　③纸及形制

　　杨羲写经用纸是荆州白笺。《真诰·握真辅》：

> 　　又按三君多书荆州白笺，岁月积久，或首尾零落，或鱼烂缺失，前人糊窒，不能悉相连补，并先抄取书字，因毁除碎败所缺之处，非复真手，虽他人充题，事由先言，今并从实缀录，不复分析。③

　　又《真诰·握真辅》陶注云：

> 　　右此前十条，并杨君所写，录潘安仁《关中记》语也，用白笺纸，行书极好，当是聊尔抄其中事。④

　　荆州白笺，是荆州所产的一种白纸。杨羲写经所用纸张的发展背景是：纸张作为文献的载体在魏晋南北朝时期得到推广使用，白纸的使用已经比较广泛。⑤ 并且东晋末年确立了以黄纸作为官方文书的标准用

---

①　（梁）陶弘景编撰《真诰》卷十九，《中华道藏》第 2 册，第 236 页。

②　（唐）窦臮：《述书赋》，见《法书要录》卷五，人民美术出版社，2016，第 186 页。

③　（梁）陶弘景编撰《真诰》卷十九，《中华道藏》第 2 册，第 236 页。

④　（梁）陶弘景编撰《真诰》卷十七，《中华道藏》第 2 册，第 221 页。

⑤　王菊花等著《中国古代造纸工程技术史》，山西教育出版社，2006，第 139 页。

纸，标志性的事件是 404 年桓玄在掌握朝政期间，颁令"今诸用简者，皆以黄纸代之"①。也就是说杨羲写经使用白纸在当时是一种较为普遍使用的纸张，但在此后 40 年，东晋朝廷就明确规定以黄纸作为官方标准用纸了。

从陶弘景所见"不能悉相连补"来看，写经是卷子装，即由一张张荆州白笺粘连的卷子装。至陶弘景时，杨羲写经已严重缺损。写经卷子有的首尾残损脱落，有的纸张腐烂缺失，有的经前人不正确的修补黏糊，纸张已不能按顺序连接。而且经文经他人题写，字迹杂乱。实际陶弘景所见杨羲写经保存完好的内容，只有《真诰》中的《酆都宫记》，其他已无保存完整的写卷，"又按三君书有全卷者，唯'道授'，二许写，《酆都宫记》是杨及掾书，并有首尾完具，事亦相类"②。

④写经色彩

杨羲写《真诰》是墨书细字，"其墨书细字，犹是本文"③，所用为"荆州白笺"，故写经基本色彩为墨书白纸。

简言之，杨羲写经的写本规格整体情况当是：郗体隶书，荆州白笺，墨书白纸，卷子装。

3. 杨羲写经对道经写经的贡献

杨羲写经，特别是称魏夫人所授以《大洞真经三十九章》为首要经典的《上清真经》三十一卷，是后世上清经之祖本和源头。经过增益繁衍，汇编为道藏洞真部。杨羲写经，创造了道教上清派写经的基本风格。以郗体隶书为写经正体，以荆州白笺为载体，以卷子装为形制规格。这一东晋隶书写卷是汉代竹简隶书向唐代小楷写卷的过渡阶段的写本。其字体接近汉代的通用正体隶书，而载体及形制接近唐代的纸本写卷。

---

① （北宋）李昉编《太平御览》卷六十五，见《四部丛刊》三编子部，第 48 册，上海书店，1985。
② （梁）陶弘景编撰《真诰》卷十九，《中华道藏》第 2 册，236 页。
③ （梁）陶弘景编撰《真诰》卷十九，《中华道藏》第 2 册，第 237 页。

4. 《戏鸿堂法书·黄庭经内景经》与杨羲写经

明董其昌辑《戏鸿堂法书》收有《太上黄庭内景玉经》[①]法帖，董其昌认为系东晋杨羲书，写经真迹流传至明代，韩世能收藏。

此经摹刻上帖，是以韩世能藏本为底本，董其昌收入《戏鸿堂法书》，王肯堂收入《郁冈斋墨妙》。戏鸿堂本、郁冈斋本同出一本，即韩世能藏本，但是韩收藏写经真迹尚未面世。关于写经人物，董其昌在跋中总结出三种观点。一说为右军书，陶谷跋以为。一说为六朝人手迹，米芾持此说。一说为杨羲手迹，以赵孟頫、董其昌等为代表。[②]由于所讲写经真迹未曾面世，加之年代久远，史料有限，上述三说是否确指同一写本，而且韩世能藏本是否与上述三说之写本为同一写本，都尚需考证。因此，这里只是探讨韩世能藏本，以及以韩本为底本所刻之戏鸿堂本、郁冈斋本写经是否与杨羲写经有关。

一是写经的保存情况。王肯堂讲所见韩世能藏本"此卷黄素如新"[③]。如上文所述，早在南朝梁陶弘景在收集三君手迹后，就已发现杨羲写经基本都是残损的，保存完好的只有《酆都宫记》，所以经过千年再出现所谓保存如新的《黄庭内景经》写卷已不可能。况且素绢是比纸张更加难以保存的写经载体，从东晋至明代历经千年而有这种保存状况，实际上是难以做到的。

二是写经载体。陶弘景指出杨羲写经多用"荆州白笺"，即纸本写经。又按《茅山志》，唐代上清派宗师李含光奉唐玄宗之命，补写传自杨羲的上清经十三纸。[④]补写经典一般是为了与原经典规格基本一致，李含光用纸补写，可进一步证明杨羲写经及传抄者一直是以纸本为主要载体书写，未有黄素本之说。陶弘景所见三君手书，即杨许手迹中，有《黄庭内景经》，系许翙写经，但是亦为纸本，"掾（许翙）抄《魏传》

---

① 图版见（明）董其昌辑《戏鸿堂法书》卷一，启功、王靖宪主编《中国法帖全集》第13册，第233页。
② （明）董其昌辑《戏鸿堂法帖》卷一，北京古籍出版社，2002，第4页。
③ 容庚：《丛帖目》，见《容庚学术著作全集》第18册，中华书局，2011，第295页。
④ （元）刘大彬编撰《茅山志》卷十一，《中华道藏》第48册，第422页。

中《黄庭经》，并复真授数纸，先在剡山王惠朗间，王亡后，今应是其女弟子及同学章灵民处"。[①] 故董、王所见黄素本，至少不在杨羲写经的主要载体之列。

三是字体。按《真诰》，杨羲写经字体为隶书，字体工整，笔力规矩。然而戏鸿堂本杨书《黄庭经》，董其昌称为"行楷"，运笔洒脱，与陶弘景所说杨羲写经用工整的隶书字体不符。杨羲书法运笔的特点是笔画纤细而有规矩之力。从董、王二帖本中可以看出，笔画虽然具有纤细的特点，但是有纤细之形而失规矩之力，与杨羲书法已不相同。

简言之，《真诰》记载杨羲写经的写本特点，与董、王二帖及其所述韩世能收藏的黄素本《黄庭内经景》大多不相符，目前看来只有笔画纤细的特点是一致的。《戏鸿堂法帖》所说韩世能藏本是杨羲书写，无直接确凿证据，当是推测。以韩藏本为底本所刻之戏鸿堂本、郁冈斋本《黄庭内景经》，归入杨羲写经自然也是推测，尚需考证。

（四）许谧、许翙

杨羲与许谧、许翙写经在陶弘景编纂的《真诰》中，称为"三君手书"，是指杨羲与二许造写、传写的上清经以及有关道书、书信手迹等。其实杨许之间不限于经书的传抄，二许之中主要是许谧，以出身于士族的优越社会条件对杨羲写经给予了很大的支持。

1. 许谧写经

许谧（305～376），又名穆，字思玄，丹阳句容人。出身于丹阳许氏士族。儒雅博学，结交时贤，简文帝及朝中大臣王导等皆慕其才学。曾任护军长史，散骑常侍[②]道教上清派创始人之一。

许谧的写经活动，是抄写杨羲所造写的上清经。在三君手书中许谧是主要人物之一。其抄写上清经，是由杨羲首先传示，再抄写。杨羲写

---

① （梁）陶弘景编撰《真诰》卷二十，《中华道藏》第2册，第240页。
② （梁）陶弘景编撰《真诰》卷二十，《中华道藏》第2册，第242页。

经实际完成了两个写本，一个是草行字体本，一个是隶书字体本。前者是用来记录所谓众真降授内容大略，后者是在前者基础上重新抄写、增损之本。后者隶书本是正字本，首先传示于许谧。许谧是杨羲写经的第一个传示、抄写者，从上清经的造写、传抄来说，也是主要创始人之一，后被尊奉为上清派第三代真师。①

许谧是许氏士族中奉道的代表人物。许氏家族尊奉天师道，陈寅恪先生曾指出，"丹阳许氏为南朝最著之天师道世家"②。关于许谧奉道，《真诰·甄命授》云，"许长史将欲理之耶？若翻然奉张讳道者，我当与其一符使服之。如此必愈而豁矣"，陶弘景注曰："张讳即天师名也，杨不欲显疏也"③，实则说明许谧原本奉天师道。就许家来说，天师道祭酒李东即在其家中专门从事奉道活动的道士，《真诰·翼真检》："有云李东者，许家常所使祭酒，先生（许迈）亦师之。家在曲阿，东受天师吉阳治左领神祭酒"④。许谧之兄许迈⑤，曾以李东为师，亦是东晋著名道士。许谧由奉天师道，转而从事上清经的造写，说明道教上清派的初创是以天师道奉道世家为社会基础的。

许谧写经的社会身份是士族，在造经中的主要作用是其作为奉道士族对造经的支持和影响。许谧先后任东晋护军长史、散骑常侍等职，以儒雅博学，为简文帝司马昱、大臣王导所器重。许氏士族中，六世祖许光，吴初时过江，为光禄勋。许谧之父许副，晋元帝时任安东参军，下邳太守，在州郡中是颇有声望的人物。⑥ 许谧士族身份所具有的社会地位和财富对杨羲有很大的帮助。例如，简文帝为相王时，经许谧推荐，杨羲被用为"公府舍人"。并且许谧还资助杨羲写经财物，有"绢帛之

---

① （元）刘大彬编撰《茅山志》卷十，《中华道藏》第 48 册，第 417 页。
② 陈寅恪：《天师道与滨海地域之关系》，《金明馆丛稿初编》，生活·读书·新知三联书店，2011，第 33 页。
③ （梁）陶弘景编撰《真诰》卷八，《中华道藏》第 2 册，第 159 页。
④ （梁）陶弘景编撰《真诰》卷二十，《中华道藏》第 2 册，第 244 页。
⑤ （梁）陶弘景编撰《真诰》卷二十，《中华道藏》第 2 册，第 241 页。
⑥ （梁）陶弘景编撰《真诰》卷二十，《中华道藏》第 2 册，第 241 页。

赐"① 等。

关于许谧写经写本，在三君手书中，许谧写经较少，这与他的书写特点有一定关系，"长史（许谧）章草乃能，而正书古拙，符又不巧，故不写经也"②。许谧擅长的是章草，而写经需要隶书正体。"故不写经"指抄经、写经很少，即不专门于此事，"长史正书既不工，所缮写盖少。今一事乃有两三本，皆是二许重写"③。这也就是说，三君手书中，抄写杨羲所传示上清经的事情主要是由许谧之子许翙来完成。许谧虽然是早期上清经的抄写者，但抄写不多，是三君手书中写经最少的一位，其在造经中发挥的主要作用是在社会地位和社会影响方面。

2. 许翙写经

许翙（341~370），字道翔，又名玉斧，东晋丹阳句容人。许谧之子。曾被举荐上计掾、主簿，不赴任职。师事杨羲，居雷平山（属茅山），是杨羲写经的主要抄写者。道教上清派创始人之一。

三君手书中，许翙是其师杨羲所造写上清经祖本的主要抄写者。杨羲造写上清经之后，先传示于许谧，然后许翙抄写。由于许谧写经较少，所以三君手书中，抄经主要是许翙完成的，至陶弘景所见三君手书，上清经及仙真传记十余篇多是许翙抄写，"凡三君手书，今见在世者，经传大小十余篇多掾（许翙）写；真唉四十余卷，多杨书"④。许翙抄写《真诰》也是如此，杨羲写出后，传示于许谧、许翙，二许进行抄写。按《真诰》："今有二许书者，并是别写杨所示者耳。"⑤

因此，许翙也是早期上清经的主要写经人，被尊为上清派第四代宗师。⑥ 许翙的写经身份是杨羲弟子，其社会背景则是许氏士族。具体到三君手书中，许翙是许谧之子，说明许氏士族中的父子二人在上清经的

---

① （梁）陶弘景编撰《真诰》卷十七，《中华道藏》第 2 册，第 224 页。
② （梁）陶弘景编撰《真诰》卷十九，《中华道藏》第 2 册，第 236 页。
③ （梁）陶弘景编撰《真诰》卷十九，《中华道藏》第 2 册，第 235 页。
④ （梁）陶弘景编撰《真诰》卷十九，《中华道藏》第 2 册，第 237 页。
⑤ （梁）陶弘景编撰《真诰》卷十九，《中华道藏》第 2 册，第 235 页。
⑥ （元）刘大彬编撰《茅山志》卷十，《中华道藏》第 48 册，第 418 页。

造写、抄写中都是主要人物。至于许翙之后，又由其子许黄民传抄上清经，则更加说明了许氏士族在早期上清经的传抄中所发挥的重要作用。

许翙写经，因其主要是抄写杨羲所造之道经，写经目录与杨羲大致相同，即《上清真经》《真诰》。而且作为主要抄经人，许翙要将一种经书抄写二至三遍，"长史（许谧）正书既不工，所缮写盖少。今一事乃有两三本，皆是二许（许谧、许翙）重写"①。至陶弘景所收集到的许翙抄经尚有《飞步经》一卷，《太素五神》《二十四神》《回元隐道经》一卷，《八素阴阳歌》一卷，《二景歌》一卷，《黄素书》（《黄素神方四十四诀》）一卷等。②

在抄写杨羲造经之外，许翙还抄有《黄庭内景经》。据王明先生考证，写经时间在晋哀帝兴宁元年（363）左右，是在杨羲造写《上清真经》之前。《黄庭内景经》亦是上清派早期经典，此经晋武帝太康九年（288）为魏夫人所得，撰为定本。③ 此外，许翙还抄有《列纪》《西岳公禁山符》一卷等仙真传记、符书。④

许翙写经字体是杨体，载体多是荆州白笺。许翙写经是学杨羲书法，也是细字隶书，"掾书乃是学杨，而字体劲利，偏善写经画符，与杨相似，郁勃锋势，迨非人功所逮"⑤，从上述陶弘景的评价来看，许翙的写经书法与杨羲相似，特点是运笔露锋回旋，超凡脱俗，而更显字体劲利，也是书法精湛的写经精品。许翙写经作为三君手书的一部分，用纸亦多是荆州白笺。但是也有黄素绢本，例如，"掾书所佩《列纪》（《后圣李君列纪》），黄素书，一短卷"⑥。

---

① （梁）陶弘景编撰《真诰》卷十九，《中华道藏》第 2 册，第 235 页。
② （梁）陶弘景编撰《真诰》卷二十，《中华道藏》第 2 册，第 240 页。
③ 《黄庭经考》，见中国社会科学院科研局组织编《王明集》，中国社会科学出版社，2007，第 107 页。
④ （梁）陶弘景编撰《真诰》卷二十，《中华道藏》第 2 册，第 240 页。
⑤ （梁）陶弘景编撰《真诰》卷十九，《中华道藏》第 2 册，第 236 页。
⑥ （梁）陶弘景编撰《真诰》卷二十，著录《列纪》，第 240 页。又《真诰》卷十四引《后圣李君列纪》，《中华道藏》第 2 册，第 206 页。

（五）葛巢甫

杨羲是在许氏士族支持下造写上清经，而葛氏士族中的葛巢甫则亲自造写了早期灵宝经。葛氏士族也是东晋时期尊奉道教的士族之一。

葛巢甫，东晋丹阳句容人，道士，葛洪从孙，[①] 出身于丹阳葛氏士族，于东晋构造灵宝经书，传播于世，是早期灵宝经的造写者。

1. 葛巢甫造构灵宝事迹

《真诰·叙录》："葛巢甫造构灵宝，风教大行。"[②] 葛巢甫造构灵宝经的时间，据陈国符先生考证，是在东晋末叶。[③] 后以晋隆安（397～402）之末，传道士任延庆、徐灵期之徒，[④]，相传于世。

葛巢甫是灵宝经的造写者，也是灵宝派的早期创始人。葛巢甫造经有着深厚的家族奉道背景。《灵宝威仪经诀》[⑤] 《灵宝略纪》[⑥] 等道书中，在所述从三国吴至东晋时期灵宝经复杂的传承谱系中，葛氏家族成员是主要传承者。虽然其中葛巢甫才是灵宝经真正的造写者，但是葛氏家族中高道辈出，确为事实，例如三国吴葛玄、东晋葛洪。特别是葛洪，是东晋葛氏家族奉道的代表人物，在早期道教丹鼎道派的发展中占有重要地位。葛洪师从郑隐，而郑隐师从葛洪之从祖葛玄。晚年，葛洪携子侄往广州罗浮山炼丹，[⑦] 又可见葛氏家族奉道之传统。

葛巢甫系葛洪之从孙，出身于丹阳葛氏士族。葛氏士族是东晋时期的吴姓士族，以儒学五经传家。据《灵宝威仪经诀》，葛玄在传授道经于家门子弟的同时，也讲"并务五经，驰骋世业"[⑧]。葛洪（283～

① （唐）孟安排集《道教义枢》卷二，《中华道藏》第 29 册，第 553 页。
② （梁）陶弘景编撰《真诰》卷十九，《中华道藏》第 2 册，第 237 页。
③ 陈国符：《道藏源流考》，第 65 页。
④ （唐）孟安排集《道教义枢》卷二，《中华道藏》第 29 册，第 553 页。
⑤ 《灵宝威仪经诀》，见敦煌遗书 P. 2452，《法藏敦煌西域文献》第 14 册，第 105 页。
⑥ （北宋）张君房辑《云笈七签》卷三，第 41 页。
⑦ （唐）房玄龄等撰《晋书》卷七十二《葛洪传》，第 1911 页。
⑧ 《灵宝威仪经诀》，见敦煌遗书 P. 2452，《法藏敦煌西域文献》第 14 册，第 105 页。

363），字稚川，丹阳句容人，少时"以儒学知名"，曾抄写"五经"。①
葛洪祖葛系，任吴大鸿胪。父葛悌，任西晋邵陵太守。葛洪曾任东晋伏
波将军、司徒掾，其妻为南海太守鲍玄之女。鲍玄亦是葛洪学道之师。
而且，同在丹阳的葛氏士族与许氏士族有着联姻关系。西阳令葛万安之
女是许黄民之妻。② 葛万安是葛洪第二兄之孙，许黄民则是许谧之孙。
也就是说，葛巢甫与葛万安同为葛洪之从孙，葛氏家族这一代与许氏家
族有联姻关系。因此，葛巢甫造写灵宝经，有着葛氏、许氏士族的家族
基础和奉道世家的道教背景。

2. 葛巢甫所造灵宝经及写本情况

葛巢甫所造灵宝经，据日本学者小林正美先生考证，主要是《灵宝
赤书五篇真文》。③ 这是继魏晋之际所出《灵宝五符经》之后的新出灵
宝经。葛巢甫所造《灵宝赤书五篇真文》是早期灵宝经中最重要的道
经，已佚。约出于东晋的《元始五老赤书玉篇真文天书经》虽然不是
葛氏造经的原本，但是属于同一灵宝经的不同版本，且年代相近，故从
前者能大体看出葛氏灵宝经写本的基本特征。

《元始五老赤书玉篇真文天书经》以符字篆文书写的五篇真文以及
"五帝化生符""五老符命"是经书中的主要部分，也是最能说明灵宝
经写经特点的部分。此经作为洞玄灵宝经之首经收入《中华道藏》。

写经字体符字篆文，实为道教经典特有的字体。其中五篇真文的符字
是一个单字，字形较小，五帝化生符、五老符命则是由多个符字组成的大符。

现存版本当是已经失去经书原色。按经文内容的色彩讲，是以红色
为主色，配以五色。灵宝经以"赤书"为名，就已说明以红色为主色，
其中讲"元始炼之于洞阳之馆，冶之于流火之庭，鲜其正文，莹发光
芒，洞阳气赤，故号赤书"④。道教以灵宝经为洞阳之气，洞阳气赤则

---

① （唐）房玄龄等撰《晋书》卷七十二《葛洪传》，第 1911 页。
② 〔梁〕陶弘景编撰《真诰》卷二十，《中华道藏》第 2 册，第 243 页。
③ 〔日〕小林正美：《六朝道教史》，李庆译，四川人民出版社，2011，第 127 页。
④ 《元始五老赤书玉篇真文天书经》，《中华道藏》第 4 册，第 1 页。

为赤书。"五帝之化生符"则分别以赤、黄、白、黑、青五色书写。"五老符命"则分别以青、丹、黄、白、黑五色书写。据此，葛氏灵宝经对写经的要求当大体与此相同。那么，葛氏造写《灵宝赤书五篇真文》的祖本对于其中的真文、符命，必然面对如何体现这一重视经文色彩的问题。但是葛氏如何造经写经，尚难以考证。

需要指出的是，《元始五老赤书玉篇真文天书经》与《灵宝五符经》在写经上具有相似性，并有丰富和发展。就符文内容而言，前者主要包括"五篇真文"以及"五帝化生符""五老符命"，后者主要是"五帝符命"，前者是在五帝符命的基础上又增益了符文的内容。就符文字体而言，二者均以符字篆书为字体。前者既有单个符字篆书写成的五篇真文，也有多个符字篆书组成的大符，后者则只有多个符字篆书组成的大符。就符文色彩而言。前者的五篇真文自述为"赤书真文"，后者则传说是"紫文金简"①，"赤素书"②，都是红色字体。前者还明确要求以五色书写"五帝化生符""五老符命"，色彩运用上更加丰富。既然二者从符文内容、字体、色彩都有相似性，且前者较后者更为丰富，故从写本上看，前者当是依据后者敷衍增益而成。

东晋上清经与灵宝经的造写，对后世道经的发展演变，以至汇编成藏，其影响是深远的。杨羲造写之上清经后，经南朝宋陆修静整理而成为三洞经书洞真部的主要经典。葛巢甫构造之灵宝经则整理编为三洞经书洞玄部的主要经典。早期上清经与灵宝经在写本上具有各自的特点。杨羲写上清经注重书法而以隶书为正体，以黑白为色。葛巢甫所构造之灵宝经，当是以符字篆书为真文，崇尚赤色，兼用五色。

（六）陶弘景

陶弘景（456～536），字通明，号华阳隐居，南朝齐梁时丹阳秣陵

---

① 王明：《抱朴子内篇校释》卷十九，第208页。
② 《太上洞玄灵宝五符序》卷上，《中华道藏》第4册，第56页。

（江苏南京）人。博学多才，书法工草隶。居句曲山（江苏茅山），开创道教上清派茅山宗。得梁武帝萧衍信任，主张儒、释、道三教合流。撰有《真灵位业图》《真诰》《登真隐诀》《养性延命录》《神农本草经》等，卒谥"贞白先生"。《梁书》有传。

陶弘景在编撰《真诰》的过程中，亦曾书写有关内容。

> 又真诰中凡有紫书大字者，皆隐居别抄取三君手书，经中杂事各相配类，共为证明，诸经既非聊尔可见，便于例致隔，今同出在此，则易得寻究。
>
> 又此六篇中有朱书细字者，悉隐居所注，以为志别。其墨书细字，犹是本文真经始末①。

在《真诰》编撰中，陶弘景的笔迹是红字，三君手书是黑字，以相区别。陶弘景书写的内容主要有两部分。一部分是抄取三君手书，把分散各处的杂事集中抄写，便于阅读探究经文，因是抄自经文，用紫书大字。一部分是为三君手书作注，是用朱书细字抄写。因作注不是经文，朱书细字即朱书小字。

陶弘景作为上清派茅山宗创始人、书法家，其撰写的道经著作都应是写经的精品，但是除《真诰》外，尚无具体的写本信息。另据宋代周密《云烟过眼录》著录，"陶隐居小楷《大洞真经隐诀》"② 写本情况尚不可详考。

陶弘景提倡杨体写经，对写经字体有着重要的贡献。陶弘景的书法是学王羲之、杨羲，兼而有之。北齐颜之推《颜氏家训》讲：

> 梁氏秘阁散逸以来，吾见二王真草多矣，家中尝得十卷；方知

---

① （梁）陶弘景编撰《真诰》卷十九，《中华道藏》第 2 册，第 237 页。
② （宋）周密：《云烟过眼录》卷三，《文渊阁四库全书》第 871 册，第 72 页。

陶隐居、阮交州、萧祭酒诸书，莫不得羲之之体，故是书之渊源。①

陶弘景书法得羲之之体。二王的草隶（草书、楷书）书法是南朝书法的主流，陶弘景书工草隶亦是在主流书法之中。在写经上，陶弘景提倡杨羲写经体。自三君手书之后，东晋南朝传抄《上清经》的奉道人士有陈雷（东阳），王兴（晋安郡吏），王灵期、何道敬（山阴）、楼惠民，顾欢（吴郡）等。而陶弘景是一代书法家，兼通二王书法与三君手书，对承传上清派写经有重要贡献。陶弘景入东阳，是写经的一个转变时期。《真诰》：

> 楼从弟道济，及法真，钟兴女傅光，并得写楼钟间经，亦互相通涉，虽各摹符，而殊多粗略，唯加意润色，滑泽取好，了无复规矩锋势，写经又多浮谬。至庚午岁，隐居入东阳，道诸晚学者，渐效为精。山阴潘文盛，钱塘杜高士、义兴蒋弘素、句容许灵真，并是能者，时人今知摹二王法书，而永不悟摹真经。经正起隐居手尔，亦不必皆须郭填，但一笔就画势力，殆不异真，至于符无大小，故宜皆应郭填也②

陶弘景入东阳（今属浙江）之前，奉道之士抄写上清经，一度是"了无复规矩锋势，写经又多浮谬"。而字体的规矩和运笔的锋势正是杨羲写经的主要特点，这说明梁时奉道之士在摹写杨羲写经时一度功夫不够。陶弘景入东阳之后，提倡杨羲写经书法，以致写经能手辈出，有潘文盛（山阴）、杜高士（钱塘）、蒋弘素（义兴）、许灵真（句容）等。其原因是梁时人皆效法二王书法，奉道之士疏于杨羲写经书法，正是由于陶弘景亲自书写的示范和提倡，才使杨羲写经书法得以恢复。这说明

---

① （北齐）颜之推撰，王利器集解《颜氏家训集解》卷七，上海古籍出版社，1980，第511页。

② （梁）陶弘景编撰《真诰》卷二十，《中华道藏》第2册，第239页。

上清派有着遵循写经书法的传统。

（七）司马承祯

司马承祯（647～735），字子微，法号道隐。唐代河内温人（今属河南温县）。出生于官宦之家，其父司马仁最，曾任襄州、滑州长史。潘师正弟子，上清派第十二代宗师，茅山宗第四代宗师。唐玄宗对司马承祯颇为器重，多次召见，并亲受上清经法及法箓。司马承祯去世后，受封银青光禄大夫，谥曰"贞一先生"。唐代书法家，工篆隶。著名道教学者，著有《坐忘论》《服气精义论》《修真精义论》等。事迹见《旧唐书·司马承祯传》《唐王屋山中岩台正一先生庙碑碣》等。

1. 司马承祯以三体书写《道德经》及社会背景

1）书写《道德经》

据《旧唐书·司马承祯传》，司马承祯受唐玄宗之命，以三体书写《道德经》：

> 承祯颇善篆隶书，玄宗令以三体写《老子经》，因刊正文句，定著五千三百八十言为真本以奏上之。①

关于写经的时间，宋谢守灏《混元圣纪》所记为开元三年（715）。

> （玄宗开元三年）三月，置石幢于景龙观，命天台山道士司马承祯依蔡邕石经三体书写《老君道德经》，镌之。今有漆版本在天台山崇道观，亦子微亲札也。②

宋王钦若《册府元龟》所记为开元九年（721）。

---

① （后晋）刘昫等撰《旧唐书》卷一百九十二《司马承祯传》，第5128页。
② （宋）谢守灏编《混元圣纪》卷八，《中华道藏》第46册，第48页。

（玄宗开元）九年三月，置石柱于景龙观，令天台道士司马承祯依蔡邕石柱，三体书写老子《道德经》。①

但是，据陈国符先生考证，司马承祯写《道德经》当在开元十三年（725）之后。②唐玄宗于开元十三年东封泰山，之后命司马承祯写《道德经》，事迹见《旧唐书·玄宗本纪》、《混元圣纪》卷八。

司马承祯所写《老子经》，被刻上石幢，置于景龙观。景龙观是唐朝长安著名宫观，按《长安志》卷八，景龙观在唐京城南崇仁坊，临近皇城。天宝十二年（753）改为玄真观。

司马承祯既是《老子经》的书写人，也是刊定者，在《老子经》传承中发挥了文本内容与字体形制双重的重要作用。而《老子经》受唐玄宗推崇，当时一度成为高于儒家六经的重要经典。通过这一写经、刊定经文的活动，可以说司马承祯继承发展了道教上清派重视写经、擅长书法的特点。

司马承祯的写经身份是上清派茅山宗师。在早年学道时，其师潘师正说，"我自陶隐居传上清法，至汝四叶矣"③。陶弘景是上清派茅山宗的开创者，经王远智、潘师正，至司马承祯为第四代宗师。司马承祯奉唐玄宗诏令刊定书写国家经典《道德经》，可看作道教特别是上清派发展到鼎盛时期的一个表现。

司马承祯是奉唐玄宗李隆基旨令，为国家刊正、书写标准的《道德经》文本。司马承祯因其奉诏书写，可谓国手。这是道教上清派宗师奉皇帝之命书写国家经典，其写经身份和社会地位也达到了道教教内写经人物的高峰。同时，《道德经》作为国家经典第一次以三体石经的规格刊定并书写。司马承祯作为国家经典的刊定书写者，此事可与东汉蔡邕写经并肩。《后汉书·蔡邕传》：

---

① （宋）王钦若《册府元龟》卷五十三，第589页。
② 陈国符：《道藏源流考》，第54页。
③ （后晋）刘昫等撰《旧唐书·司马承祯传》卷一百九十二，第5127页。

召拜郎中，校书东观。迁议郎。邕以经籍去圣久远，文字多谬，俗儒穿凿，疑误后学，熹平四年，乃与五官中郎将堂溪典、光禄大夫杨赐、谏议大夫马日磾、议郎张驯、韩说、太史令单飏等，奏求正定六经文字。灵帝许之，邕乃自书丹于碑，使工镌刻立于太学门外。于是后儒晚学，咸取正焉。及碑始立，其观视及摹写者，车乘日千余两，填塞街陌。"太学门外"注曰，《洛阳记》曰："太学在洛城南开阳门外，讲堂长十丈，广二丈。堂前石经四部。本碑凡四十六枚，西行，《尚书》《周易》《公羊传》十六碑存，十二碑毁。南行，《礼记》十五碑悉崩坏。东行，《论语》三碑，二碑毁。《礼记》碑上有谏议大夫马日磾、议郎蔡邕名。"①

蔡邕等人奏请汉灵帝刘宏许可，于熹平四年（175）校定书写儒家六经。蔡邕是儒家写经史上第一位校定、书写官方标准儒家经典的书法家。司马承祯则是道教写经史上第一位校定、书写官方标准道家经典的书法家。

2）社会背景

司马承祯写《道德经》的社背景是李唐皇室尊崇道教，唐玄宗李隆基则是崇道最为著名的帝王。其表现如下。

一是尊奉老子为远祖，推崇《道德经》。唐玄宗诏令中讲：

我烈祖玄元皇帝，乃发明妙本，汲引生灵，遂述玄经《五千言》，用救时弊，义高《象》《系》，理贯希夷，非万代之能侔，岂六经之所拟②。

唐玄宗以《道德经》位于儒家六经之上，还令"士庶家藏一本，劝令习读，使知指要"③，实则以《道德经》为李唐皇室扩大在社会中

① （南朝宋）范晔撰，唐李贤等注《后汉书》卷六十《蔡邕传》，第1990页。
② 《混元圣纪》卷八，《中华道藏》第46册，第104页。
③ 《龙角山记》，引唐明皇《诏下庆唐观》，《中华道藏》第48册，第592页。

的影响，巩固其统治基础。

二是以《道德经》清静无为之旨治理国家。唐玄宗开元初期也是面临着恢复国力、与民休养生息的问题。《唐玄宗御注道德真经》《唐玄宗御制道德真经疏》，即通过注疏《道德经》以阐述清静无为、以"理身理国"① 的思想。在执政中，唐玄宗颁布《禁州县严酷诏》《戒州县扰民敕》等诏令，有利于稳定社会、与民休养生息。

三是通过考查《道德经》等道家四子经典，以选拔、使用人才。例如，《亲试四子举人敕》即以四子经典（《老子》《庄子》《文子》《列子》）选拔举人，认为"（《老子》）可以理国，可以保身，朕敦崇其教以左右人也"②。又置崇玄博士，讲授《道德经》等。③ 这些举措使朝廷选拔任用的人才中，许多都精通《道德经》。

2.《道德经》写本概况及对道教写经的贡献

（1）《道德经》写本

①刊正《道德经》

已佚。如上所述，司马承祯奉唐玄宗诏令，刊正《道德经》文句，定著五千三百八十言，并上奏唐玄宗，这实际是三体书《道德经》的文本准备。《老子》在汉代已被尊称为经，至唐代受李唐王朝推崇，地位以至高于儒家六经。故唐玄宗令司马承祯刊正《老子经》，不是一般意义上的文本校刊，而是以李唐王朝的名义刊正文句，以确立国家经典的"真本"。这对于李唐王朝尊老崇道、进行社会文化治理，具有重要的意义。

②三体书《道德经》

已佚。司马承祯在奉唐玄宗诏令刊正《道德经》真本内容之后，又三体（字体详见下文）书《道德经》，制作国家经典。这是道教写经在国家典籍制作地位鼎盛时期的代表作。

---

① 《唐玄宗御制道德真经疏》，《中华道藏》第 9 册，394 页。

② （宋）宋敏求编《唐大诏令集》卷一〇六，第 503 页，学林出版社，1992。

③ （宋）欧阳修、宋祁撰《新唐书》卷四十八《百官志》，第 1252 页。

③漆书《道德经》幢

已佚。司马承祯曾漆书《道德经》，后梁龙德年间，罗浮道士厉山木重写此经幢，藏之天台山玉霄峰，"天台山司马天师漆书《道德经》上下篇幢，龙德（后梁）中罗浮道士厉山木重写其本，藏之天台玉霄"①。散字收录于宋夏竦《古文四声韵》，简称其书为"天台经幢"。吴受琚先生编《司马承祯集》，辑出57字②。

（2）字体

《旧唐书》记载司马承祯写《道德经》是用"三体"，未直接说明是何种字体。《册府元龟》《混元圣记》记载其依蔡邕石经，三体书写《道德经》。这其中存在两个问题，一是蔡邕石经是否为三体，二是中国古代国家的三体石经起于何时。

首先，蔡邕石经即熹平石经，是一种字体，即隶书，而且是蔡邕主事与他人共同书写完成。北宋金石学家赵明诚讲：

> 右汉石经遗字者，藏洛阳及长安人家，盖灵帝熹平四年所立，其字则蔡邕小字八分书也。其后屡经迁徙，故散落不存。今所有者，才数千字，皆土壤埋没之余，磨灭而仅存者尔。按《后汉书·儒林传叙》云"为古文、篆、隶三体者"，非也。盖邕所书乃八分，而三体石经乃魏时所建也。③

然而，六朝隋唐却一直以蔡邕石经为三体，以至出于宋代的《册府元龟》《混元圣纪》仍沿用旧说。熹平石经有残石存世，皆为隶书，且成书于众手，不能确定哪些残石刻字源自蔡邕所书。

其次，中国古代国家的三体石经起始于三国魏《正始石经》。晋卫

---

① （宋）夏竦：《古文四声韵》，中华书局，1983，第61页。
② 图版见吴受琚辑释《司马承祯集》，社会科学文献出版社，2013，第195、196页。
③ （北宋）赵明诚《金石录》卷十六《汉〈石经〉遗字跋》，《影印文渊阁四库全书》第681册，台湾：商务印书馆，1983，第270页。

恒撰《四体书势》记载："至正始中，立三字《石经》。"[1] 又北魏郦道元《水经注》："魏正始中，又刻古、篆、隶三字《石经》。"[2]

《正始石经》的字体，即古文、篆书、隶书三体。这当是司马承祯三体写经所用字体，与其善于书写篆隶字体的特点是基本一致的。需要指出，这是《道德经》第一次作为国家经典，而且是以三体石经的国家标准进行书写的。

（3）书体

司马承祯的写经书法独创一体，特别是其篆书，号曰"金剪刀书"。据《太平广记》记载，司马承祯"攻篆，迥为一体，号曰金剪刀书"[3]。而现存漆书《道德经》幢之散字，虽然能在基本字形上得以保留，而其书法运笔则难以得见。保存《道德经》幢之散字的《古文四声韵》是宋代字书，已被作者统一抄写，后又翻刻。而法帖善本才能专门拓写，基本保存书法原貌，故现在难以详见《道德经》"金剪刀书"书法原貌。不过从书法特点上讲，上清派宗师司马承祯的写经书法与该派创始人杨（羲）许（翙）写《上清经》的书法有异曲同工之妙。杨许隶字书法"郁勃锋势"，是一种圆转露锋的笔法。司马承祯篆字书法运笔必然圆转，"金剪刀书"必然笔锋锐利。虽是篆隶字体不同，书法运笔特点却有一致性。因此，"金剪刀书"是司马承祯在继承上清派杨许隶书写经书法的基础上，开创的上清派篆书写经的一种独特书体。

简言之，司马承祯三体写《道德经》的意义在于，使《道德经》从文本内容到字体形态达到了古代国家经典的标准，就道家道教写经文本在国家典籍中的地位来说，达到了高峰。司马承祯作为上清派宗师从事这项活动，从一个方面反映出道教特别是上清派在唐代发展到鼎盛时期。而其奉唐玄宗诏令以国手身份为李唐王朝刊正、书写国家经典《道

---

[1]　（唐）房玄龄等撰《晋书》卷三十六《卫恒传》，第 1061 页。

[2]　（北魏）郦道元著，（清）王先谦校《合校水经注》卷十六，中华书局，2009，第 259 页。

[3]　（北宋）张君房辑《云笈七签》卷一百一十三下，《中华道藏》第 29 册，中华书局，1981，第 889 页。

德经》，则是李唐王朝从事文化治理的一个重要事件。司马承祯在道教写经以至在中国古代写经中是重要人物之一。

（八）李含光

李含光（683～769），本姓弘，唐朝广陵江都（江苏扬州）人。李含光是司马承祯的弟子，出家于王屋山，得受上清派道法及经文。后归茅山，潜心著述道书，系司马承祯之后的上清派茅山宗师。李含光是唐代书法家，工篆籀，精隶书。天宝年间，奉诏入京，传授唐玄宗上清派符箓经文。唐玄宗尊其为度师，赐号"玄静先生"。李含光是唐代道教学者，著有《仙学传略》《周易义略》《老庄学记》《三玄异同论》《本草音义》等。事迹见《茅山玄静先生广陵李君碑铭》《茅山志》等。

李含光补写《上清经》事迹如下。

> 初（天宝初年，742），山（茅山）中有上清真人许长史、杨君、陶隐居自写经法。时遭丧乱，散逸无遗。含光奉诏搜求，悉备其迹而进上之。玄宗复召山人王旼（旻）请含光楷书上经十三纸以补阙。若曰：欲得神仙手笔，代代相续耳[①]。

李含光写经身份是上清派茅山宗师。据颜碑，李含光"开元十七季从司马练师于王屋山传受大法灵文"，司马承祯卒于开元二十三年（735），玄宗诏李含光居阳台观，以继其师。至天宝初年，李含光继其师已7年，是以茅山宗师的身份为玄宗补写上清经。

写经的社会背景是唐玄宗崇道求仙。玄宗是历史上著名的崇道皇帝，请李含光补写《上清经》是其崇道求仙的活动之一。先是下诏，李含光搜求上清经祖本，继而补写。又据颜碑，"（天宝）七年，三月十八日，玄宗受上清经箓于大同殿，遥礼度师，赐号玄静先生，法衣一

---

① 陈国符：《道藏源流考》，第58页。

袭，以伸师资之礼"。是以李含光为度师，受上清经箓。说明玄宗在崇道求仙中特别尊崇上清派，而上清派也因李唐王室的尊崇而处于鼎盛时期。

李含光是以楷书补写上清经，而杨许写上清经是隶书，故补写后，上清经有两种字体，即隶书和楷书。

（九）郭金基及女冠写经

在已知道教写经中，郭金基当是第一个有纪年写本传世的女冠。其传世写经是英国国家图书馆藏敦煌写经《本际经卷二》（S. 3135）[1]，卷尾注记：

> 仪凤三年（678）三月廿二日三洞女官郭金基奉为亡师敬写本际经一部，以此胜福资益亡师，惟愿道契九仙，神游八境。[2]

据此，郭金基写经时间是唐高宗仪凤三年（678）三月廿二日。写经身份是三洞女官，按《三洞修道仪》：

> 三洞女官，称上清三洞女弟子、无上三洞法师、东岳苍灵夫人，臣某姓名，冠连云冠，朱褐、青裳、绿裙，玄履，执简，坐四神坛佩，青玉佩，白旒，带三洞印绶，九真剑。[3]

女官，即女道士，又称女冠。三洞女官是位于高级法师的女道士。郭金基已是道教教内的高功法师，但是她写经的直接身份是弟子，其师承未知，注记只言其为亡师写经资益冥福。

女冠郭金基写经是敦煌道教写经中的精品和范本，楷书精美，标准行款17字，乌丝栏整齐。此件可证唐代女冠写经具有很高的水准，丝

---

① 图版见《英藏敦煌文献》，四川人民出版社，1995年，索引号 S. 3135。
② 王卡：《敦煌道教文献研究》，第197页。
③ （五代）刘若拙撰，（宋）孙夷中编《三洞修道仪》，《中华道藏》第42册，第260页。

毫不低于乾道。

敦煌写经女冠还有宋妙仙，据贞松堂旧藏《本际经卷五》卷末题记："冲虚观主宋妙仙入京写《一切经》，未还身故。今为写此经。"① 宋妙仙事迹不详。按《一切经》编于唐初，是唐代道藏的名称。冲虚观位于沙州敦煌县（今敦煌市）西北洪润乡，系女道士观。即是说冲虚观主女冠宋妙仙曾入京城长安写《一切经》。② 唐代女冠在写经方面有着很高水准，并且在京城参加了大规模的写经活动。再如，在敦煌写经中，还有女冠赵妙虚写《本际经卷三》（P. 2170）、《本际经卷一》（Дх18527）。

敦煌写经中涉及的三位写经女冠，说明在唐代，女冠写经不是偶然的，她们与乾道一样参与写经，并且写经水准也很高，有的甚至入京参与缮写《一切经》这样大规模的写经活动，其写经是敦煌道教写经中的精品。

（十）索道士及沙州神泉观写经道士

索道士是沙州神泉观的一位道士，武周长寿二年（693）写《本际经》，据上海图书馆藏敦煌写卷《太玄真一本际经卷第二》（上图078）卷末注记：

> 大周长寿二年（693）九月一日，沙州神泉观道士索□□，于京东明观为亡妹写《本际经》一部。③

神泉观④，沙州城东北四十里。武周天授二年（691）于此观侧置神泉驿。神泉观处于比较有利的交通位置，是人员往来集散之地，因此，沙州神泉观索道士到京师东明观写经有交通之便。东明观⑤，长安

---

① 王卡：《敦煌道教文献研究》，第 203 页。
② 王卡：《敦煌道教文献研究》，第 296 页。
③ 王卡：《敦煌道教文献研究》，第 198 页。
④ 王卡：《敦煌道教文献研究》，第 296 页。
⑤ （清）徐松：《唐两京城坊考》卷四，中华书局，2019，第 122 页。

普宁坊东南隅，唐显庆元年（656），因李弘（追谥孝敬皇帝）① 升储后建立，是长安著名的皇家道观。此即索道士写经之地。

从敦煌道经具有写经人物署名的写卷来看，索道士所在神泉观是从事写经道士人数最多的一个道观，署名道士有 5 人，还有佚名道士 2 人。索道士及敦煌神泉观道士是敦煌道教写经人物中的一个重要群体。写经活动有：氾思庄，证圣元年（695），写《太玄真一本际经道性品第四》（P. 2806）。马处幽及侄道士马抱一，开元六年（718）二月八日，书写《无上秘要》（S. 0080、P. 314、P. 2371②、P. 2602、P. 2861、BD5520）。王道深，写《灵宝自然斋行道仪》（P. 3484）、《老子十方像名经》（羽638）。佚名道士，景龙二年（708）三月十四日写《本际经疏卷第三》（P. 2361）。佚名道士，写《洞渊神咒经》（P. 2424）。

敦煌道教经卷抄写数量也以此观为最多，计有《太玄真一本际经》《道德经》等七种十三卷。③ 其中《道德经》《十戒经》之后还抄有传授经戒的盟文。整体来说，写本抄写精美，制作标准规范，是一批高质量的写经文本。这些说明唐代神泉观在沙州是道教经戒传授的一个重要的道观。

（十一）陈景元

陈景元（1035～1094），字太初，号碧虚子，北宋建昌南城（江西南城）人。入天台山，师事张无梦，得受钟吕丹道。宋神宗赵顼敕召进京，赐号"真靖大师"，主太一宫，官至左右街副道录。后归隐庐山。是北宋颇具影响的道教学者，学术思想主张钟吕丹道性命之学，对诸家学说兼收并蓄。书法家，善楷书。

《宣和书谱》记载，陈景元"凡道书皆亲手自校写"，"凡手自校正书有五千卷"。④ 虽然具体校写的道经书目未知，但是作为道教著名学

---

① （宋）王溥撰《唐会要》卷五〇，中华书局，1957，第869页。
② 图版见 http://idp.nlc.cn/database/oo_scroll_h.a4d? uid = 188084738412; recnum = 59465; index = 4。
③ 王卡：《敦煌道教文献研究》，第296页。
④ 《宣和书谱》卷六，《文渊阁四库全书》第813册，第240页。

者，校写五千卷中当然包括大量的道书。而且著述颇丰，有《道德真经藏室纂微篇》《上清大洞真经玉诀音义》等多种，这与其大量校写道书的学术基础是密不可分的。

陈景元写经的方式是校写。校写经书是对经书的校勘和书写，通过校写经书可以完成一部经书的善本。可以说校写经书是学术研究的基础，亲手校写道书说明陈景元对道教经书的重视和谙熟，这是其从事著述的文本基础和学术基础。

陈景元校写道书的道教身份是钟吕系陈抟一派张无梦弟子，陈景元早年"游天台山，遇鸿蒙先生张无梦，授秘术"。① 张无梦系陈抟弟子，彭耜《道德真经集注杂说》引《高道传》，"事陈希夷先生，无梦多得微旨，久之，入天台山"②。

陈景元是以校书、藏书而著称的道教学者。《宣和书谱》记载，陈景元辞官归隐庐山，"行李无他物，百担皆经史也"③。陈景元校写经书之多、藏书之完备，使其在当时颇具声望，其藏书的斋馆成为四方学者前来校书、治学的汇集之地，"所居以道、儒、医书，各为斋馆而区别之，四方学者来从其游，则随所类斋馆，相与校雠，于是人人得尽其学，而所藏号为完本"。④ 游学之人中还包括大臣王安石、王珪等，皆为宋代儒学、文学大家。陈景元治学亦得宋神宗赏识，"熙宁（1068～1077）中，召对便殿，因进所著。睿眷殊渥，宣附《道藏》，镇诸名山，四海学徒，典刑是赖"⑤。由此陈景元道教著述《道德真经藏室纂微》等道书得以收入《道藏》，成为四海学人的典范。这固然与其校写道书的成就是密不可分的。

陈景元校写书有五千卷，当是包括道、儒、医类书在内。这一数量不仅在道教，在历代学者中也是罕见，可谓成果丰硕。陈景元校写道书

① （元）赵道一修撰《历世真仙体道通鉴》，《中华道藏》第47册，第541页。
② （宋）彭耜：《道德真经集注杂说》卷上，《中华道藏》第11册，第479页。
③ （宋）彭耜：《道德真经集注杂说》卷上，《中华道藏》第11册，第479页。
④ 《宣和书谱》卷六，《文渊阁四库全书》第813册，第239页。
⑤ （南宋）杨仲庚：《道德真经藏室纂微序》，《中华道藏》第10册，第406页。

写本的书体是小楷欧体，且对欧体的书写有独到见解。

> 又尝与蔡卞论古今书法，至欧阳询则曰，世皆知其体方，而莫
> 知其笔圆，卞颇服膺。生平不喜作草字，惟欲正书，大抵祖述王羲
> 之《乐毅论》《黄庭经》，下逮欧阳询《化度寺碑》耳，故其于古
> 人法度中粗已赡足。①

按蔡卞为北宋著名书法家，陈景元对蔡卞所述欧体笔法，体方而笔圆，
实为对欧体用笔的高度概括总结。薛致玄《道德真经藏室纂微篇开题科
文疏》记载陈景元"亲札三百卷，善小楷，得欧、褚法，"② 则是以欧
阳询、褚遂良小楷书法抄写书籍。

简言之，北宋著名道教学者陈景元校写、收藏了大量道书和有关经
籍，在校写道经和道教学术上有重要贡献，其写经特点是将小楷欧体引
入道教写经。道士陈景元写经是一种学术行为，而非宗教活动。

在道教教内写经中，有清晰写经传统的是上清派。自东晋杨羲、二
许，经南朝陶弘景、至唐代司马承祯、李含光，有着较为清晰的师承线
索。上清经造写之后，经传抄、编纂、补写，一直在茅山流传，且写经
书法上也有着共同的特点，基本上与经典文本至写经书法的做法一脉相
承，是研究道教教内写经产生和发展的一个重要线索。而且上清派写经
一直得到官方以至皇帝的支持，这是上清派宗师使道教官方化在经典传
承上的一个重要表现。

二 民间经生

就民间流传的道教写经来说，最为普遍的写经人物是在民间以写经

---

① 《宣和书谱》卷六，《文渊阁四库全书》第 813 册，第 239 页。
② （元）薛致玄：《道德真经藏室纂微篇开题科文疏》卷一，《中华道藏》第 10 册，第
487 页。

为职业的经生。这种职业的产生来自古代人们对道教经书以及各类经籍的需求。特别是在唐代及以前的写本时代，经书的制作主要是以抄写的方式进行，那么就需要有一大批以写经为职业的人员。经生人数较多，扎根于民间，其抄写经书的数量是很多的。但是，由于经生的社会地位低、经济上贫穷，抄写经书多是为养家度日，很少有姓名留传下来。敦煌道教写经保存了经生的姓名和所写道经。

（一）梁玄

唐代经生梁玄是敦煌道教写经中有明确记载的第一个经生。安徽博物馆藏敦煌写卷《本际经》（卷四）卷末题记：

> 显庆元年十二月日经生梁玄，用纸十一张。装潢人许芝。五通观道士梁玄真初校，五通观道士马湛再校，专当官祠部主事常筠监，专当官右骁卫仓曹高宝监，使祠部员外李谅总监。[①]

梁玄的写经身份当是五通观的经生。五通观在京师长安城安定坊。[②] 显庆元年（656）十二月梁玄写《本际经》（卷四）。写经的校对人是五通观的两位道士——梁玄真、马湛。从写经的制作过程来看，经生梁玄是在五通观与道士共同完成写经的前期制作，再送由祠部监校刊定。

梁玄参加的是唐初官方的写经制作。与经生一般在民间抄经不同，这是为官方抄经。经书形成过程较为复杂，要求也很严格，以至经生姓名、用纸数量、装潢人姓名全部作注记，因此经生带有官方雇用写经的身份。经生作为写经人抄写经书，只是制作的第一步，为保证经书的质量，还要进行两次校对、三次监校。

---

① 中国古代书画鉴定组：《中国古代书画图目》第 12 册，文物出版社，1997，第 177 页。
② （清）徐松：《唐两京城坊考》卷四，第 114 页。

由朝廷祠部、右骁卫的三位官员监校，说明这是一个官方写经。其中写经总监是使祠部员外（郎）李谅。再有，右骁卫仓曹（参军）高宝也监校其事。唐代祠部属礼部是唐代朝廷管理宗教事务的官署，而右骁卫是由皇帝直接统率的禁卫军，故此次写经虽是祠部领其事，实为奉皇帝旨令，否则不可能有右骁卫参加。注记中的"显庆元年"说明当时执政者是唐高宗李治。故这一写经活动虽然是祠部官员主持其事，却是带有朝廷旨令性质的官方写经。经生梁玄是以五通观经生的身份参加了官方写经制作。

梁玄写《本际经》（卷四）是一规范的敦煌道经写本，小楷、行 17字规格，乌丝栏，黄纸写卷。

（二）邬忠

再如，武周时期的经生邬忠写经。英国国家图书馆藏 S. 0238（《上清金真玉光八景飞景》）卷末题记：

> 如意元年（692）闰五月十三日经生邬忠写，清都观直岁辅思节诸用忌钱造，用纸一十八张。[①]

邬忠是唐京师长安清都观的经生。写经的出资人辅思节是京师长安清都观道士，道职是直岁，监管钱物诸事宜。这是一次民间写经活动。一般来说，经生的写经活动多是指为民间的出资人写经，包括道观道士、奉道人士、藏书人士等。

《上清金真玉光八景飞景》系早期上清经之一，原本一卷。该写本字体小楷，字品较好，行 17 字，黄纸写卷，是一规范的道教写经。上清经的唐代及以前抄本非常稀少，经生邬忠的写经活动使其得以传世。

---

① 王卡：《敦煌道教文献研究》，第 86 页。

（三）许子颢

许子颢，唐代河南府大弘道观经生。法国国家图书馆藏敦煌遗书《太上正一阅紫录仪》（P. 2457）卷末注记：

> 开元廿三年太岁乙亥九月丙辰朔十七日丁巳，于河南府大弘道观。敕随驾修祈禳保护功德院，奉为开元神武皇帝写《一切经》，用斯福力保国宁民。经生许子颢写，修功德院法师蔡茂宗初校，京景龙观上座李崇一再校，使京景龙观大德丁政观三校。[①]

许子颢是唐朝开元年间河南府大弘道观的经生。按徐松《唐两京城坊考》，大弘道观在东都洛阳修文坊。[②] 洛阳所在的府州是河南府，故写经卷末注记中的"河南府大弘道观"就是东都洛阳弘道观。弘道观是东都洛阳的主要道观，占有一坊之地，[③] 规模宏大。弘道观是由李唐皇室所建，永隆元年（680）李显被立为太子，第二年开耀元年（681），其旧宅建为弘道观。[④] 弘道观之名与高宗李治年号"弘道"相同，而早两年使用，故道观名称是李唐皇室所定名。另外，写经的校对人蔡茂宗是修功德院法师，也是在东都洛阳。

许子颢随驾唐玄宗写经。卷末注记，开元神武皇帝即唐玄宗李隆基。开元廿三年九月十七日，唐玄宗于河南府大弘道观，敕令许子颢随驾修祈禳保护功德院（注记中又简称修功德院），写《一切经》，亦称《一切道经》。说明写经正值唐玄宗来东都洛阳，进行崇道活动，写经是其中之一项内容。修功德院未明确注明是在京师，当亦如大弘道观是在洛阳，即许子颢随驾写经之地。

---

① 王卡：《敦煌道教文献研究》，第 219 页。
② （清）徐松：《唐两京城坊考》卷五，第 148 页。
③ （清）徐松：《唐两京城坊考》卷五，第 148 页。
④ 张勋燎、白彬：《中国道教考古》，线装书局，2005，第 1840 页。

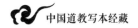

许子颙与两京道士共同校写《一切道经》。写经活动有抄写人、检校人。分别是许子颙抄写，蔡茂宗初校，李崇一再校，丁政观三校刊定。其中，许子颙是弘道观经生，蔡茂宗是修功德院法师，均是洛阳的经生或道士。而李崇一是京景龙观上座，丁政观是京景龙观大德，都是西京长安的道士。也就是说这是唐朝开元年间，两京之地的经生和道士共同为皇帝写校《一切道经》。从对经书做最后的检校来说，后两位长安道士的道职较高，是为皇帝写经的校定者。

《阅紫录仪》写本严谨规范，字体小楷，字品较好，行17字，卷尾题记在乌丝栏底线对齐，乌丝栏清晰可见，优质黄纸。《阅紫录仪》属于写《一切道经》的一种写经。

经生写经活动为道观及民间奉道人士写经，还参与为官方以至为皇帝抄写经书，因而经生这种写经身份或者说职业是面向全社会对道教经书的需求。经生往往依托道观，作为道观的经生进行写经活动，这是因为道观是道士和奉道人士的聚集之地，对写经有较大的需求，同时道观也是道教经书的收藏、持诵之地。经生谋生的社会基础主要是为道观和民间写经。但是，经生写经水准较高，在一定条件下，特别是京师道观的经生可以临时获得为官方，乃至为皇帝抄写经书的职差。唐朝是道教写经的鼎盛时期，道士、经生形成了以道观为基本单位的从事道经校写的群体，这时经生是属于道观写经的重要参与者。由于经生的参与，道教的写经活动也由早期的宗师造写、传授经书，发展成道观道士校写制作经书，以至于校写制作道藏。

三　官方专职书写人员

官方制作的道家道教写经出自官署的专职书写人员。这些书写人员在官署中职位较低，一般具有较高的书写技能。他们以辛勤的手工劳动，为官方的图书制作做出了重大贡献。

汉代官方书籍的抄写、校写人员是"写书之官"，职守在宫廷藏书之处（"秘府"），其书统称为秘书。《宋书·百官志》记载："昔汉武帝建藏书之册，置写书之官，于是天下文籍皆在天禄、石渠、延阁、广内、秘府之室，谓之秘书。"[①] 汉武帝为增加藏书量，设置写书之官，是专门为皇帝抄写、校写文籍的人员。《汉书·成帝本纪》记载，河平三年（前26）秋八月，"光禄大夫刘向校中秘书"[②]。汉成帝时，光禄大夫刘向奉诏领校汉朝皇宫珍藏的文籍，是一次大规模的校写书籍工程。刘向撰《别录》中讲的"杀青而书，可缮写也"，是指写书之官的职责。即以竹简书写刘向等人已经校定的有关文籍。其书写范围包括当时的宫廷所藏文籍，涉及《七略》之诸子略道家类经书、方技略神仙家类书籍等。

隋代官方缮写人员是"楷书郎"，职守在秘书省。隋炀帝于秘书省"增校书郎，员四十人，加置楷书郎，员二十人，从九品。掌抄写御书"[③]。隋代秘书省主官是秘书监，还设有秘书丞、秘书郎、著作郎等，掌管国家典籍图书和国史编撰。[④] 秘书省，自东汉始建，隋代最为完备，至明初撤销，一直是掌管国家藏书的主要官署。特别是唐代及以前，图籍基本都是写本，非常珍贵，秘书省在收藏、校写经籍中发挥着重要作用。敦煌道教写经中有秘书省写经，但是书写人员不是楷书郎，而是经生。英国国家图书馆藏敦煌写卷《老子变化经》（S. 2295）[⑤] 卷末注记：

> 大业八年（612）八月十四日经生王俦写；用纸四张；玄都玄坛道士覆校；装潢人××；秘书省写。

王俦是隋朝秘书省雇用的经生，为秘书省抄写道经。于大业八年

① （汉）刘向、刘歆撰，（清）姚振宗辑录，邓骏捷校补《七略别录佚文》，第54页。
② （汉）班固撰，（唐）颜师古注《汉书》卷十《成帝本纪》，第310页。
③ （唐）魏征等撰《隋书》卷二十八《百官志》，第796页。
④ （唐）魏征等撰《隋书》卷二十六《百官志》，第723页。
⑤ 图版见《英藏敦煌文献》，四川人民出版社，1995，索引号S. 2295。

（612）写《老子变化经》。经生王俦是抄写人，玄都玄坛道士是覆校人。玄都玄坛即长安玄都观。装潢人姓名脱落。据卷末注记"秘书省写"，虽然有道观道士校对写经，但最终属于官方写经。

《老子变化经》，撰人不详，约出于南北朝。秘书省写此道经，说明隋代已将《老子变化经》作为国家藏书。敦煌写经是隋代写本，属于此经的早期写本，而且是官方写本。写本情况：字体小楷，楷书精美，行款 17 字，乌丝栏，黄纸，是规范的敦煌写经。

唐代官方缮写人员是"楷书手"。秘书省掌管校写经籍图书，其中设有"楷书八十人"①，秘书省的职官亦多有善书者，唐贞观年间，虞世南任秘书监，褚遂良任秘书郎，皆为当时著名书法家。唐代中央官署机构集贤院、弘文馆、崇玄馆、国子监等也设有楷书手或者学生，是缮写经籍的人员。在地方官署，诸道采访使也有专职楷书手，缮写经籍。唐代根据楷书手书写的水平还建立有选拔和考核制度。贞元三年（787），秘书省建立了"楷书八年试优"的制度。②

崇玄馆具有专门缮写道经的职责，书写人员是学士、学生。在校写国家经籍中，崇玄馆实则是秘书省职责的扩展。崇玄馆是唐代从事道家经书研习的国家教学机构。崇玄馆，原为崇玄学，开元二十五年（735）建立，设有博士、学生，研习《老子》《庄子》《文子》《列子》等道家经典。天宝二年（743），崇玄学改称崇玄馆，改博士为学士。③ 这是唐玄宗尊奉老子和道教而设立的教学机构，具有专门缮写道经的职责。

崇玄馆的学士、学生于天宝八年（749）奉唐玄宗诏令缮写《一切道经》，这是一次规模较大的写经活动。《一切道经》先由崇玄馆缮写，然后分送诸道，再令诸郡转写。《唐大诏令集》之《令崇玄馆缮写道经分送诸道采访使诏》：

---

① （唐）李林甫等撰，陈仲夫点校《唐六典》卷十，中华书局，2019，第 298。
② （宋）王溥撰《唐会要》卷六十五，第 1125 页。
③ （宋）欧阳修、宋祁撰《新唐书》卷四十八《百官志》，第 1252 页。

天宝八载闰六月，大赦天下，制曰："今内出《一切道经》，
宜令崇玄馆即缮写，分送诸道采访使，令管内诸郡转写。"①

崇玄馆缮写的道经，成为诸郡转写的范本和官本。

集贤院的书写人员是写御书，缮写的御本四部书中包括道家经书。
集贤院是集贤殿书院的简称。开元十三（725）年，唐玄宗把丽正书院
改为集贤殿书院，设学士、直学士、侍读学士、修撰官，掌管经籍编
修、校写等事。其中有丞相一人，为学士，兼掌院事。集贤院隶属中书
省。② 张说（667~730），河南洛阳人，唐开元年间，任职尚书左丞相。
开元十三年（725），唐玄宗将丽正书院改为集贤殿书院，任命张说为
集贤院学士，知院事。

> 帝（玄宗）召说与礼官学士置酒集仙殿，曰："朕今与贤者乐
> 于此，当遂为集贤殿。"乃下制改丽正书院为集贤殿书院，而授说
> 院学士，知院事。③

集贤院的书写人员是写御书。相较于秘书省作为国家专门掌管经籍
的官署而言，集贤院是由宰相等文官兼任组成的临时机构。其中聚集了
大量文官和贤才，承担国家最大规模的经籍编修、校写工程。"书直及
写御书"，即书写人员及杂务人员，共有一百人。集贤院的书写人员是
由秘书省、昭文馆奉唐玄宗敕令，诏收擅长书写的人充任。唐玄宗对书
写人员的选拔也非常重视，还要亲自检查缮写的经籍，以观是否能书。
集贤院校写四部书，《唐六典》记载：

集贤（院）所写，皆御本也。书有四部：一曰甲，为经；二曰乙，为史；三曰景（丙），为子；

---

① （宋）宋敏求编《唐大诏令集》卷九，学林出版社，1992，第50页。
② （后晋）刘昫等撰《旧唐书》卷四十三《职官志》，第1851页。
③ （宋）欧阳修、宋祁撰《新唐书》卷一百二十五，中华书局，2011，第4408页。

四曰丁，为集。故分为四库，每库二人，知写书、出纳、名目、次序，以备检讨焉。四库之书，两京各二本，共二万五千九百六十卷，皆以益州麻纸写。其经库书钿白牙轴、黄带、红牙签，史库书钿青牙轴、缥带、绿牙签，子库书雕紫檀轴、紫带、碧牙签，集库书绿牙轴、朱带、白牙签，以为分别。**书直及写御书一百人**，开元五年十二月，敕于秘书省、昭文馆兼广召诸色能书者充，皆亲经御简。后又取前资、常选、三卫、散官五品已上子孙，各有年限，依资甄叙。至十九年，敕有官为直院也。①

据此，四部书中含有道家类写经的子部，其写本形式以益州麻纸为写卷，以紫檀木为卷轴，缠以紫色系带，扣以碧牙签，此即道家经书的御本。

集贤院缮写道家经书。天宝六年（747）正月，《颁示道德经注孝经疏诏》曰："仍令集贤院具写，送付所司，颁示中外。"② 唐玄宗御制《道德经注》是由集贤院抄写完成，再行颁布，其写本即御本。

官方的专职书写人员是为官方以至为皇帝书写道经的人，也是书写道经的一个重要群体。一般情况下，官方的专职书写人员抄写的经书是官方认可和需要的各类经籍，道家道教经书只是其中的一个组成部分。官方楷书手所抄写的包括道经在内的经书数量也是巨大的。但更为突出的特点是，他们的写经代表的是官方经籍的制作规格。

宋代掌管经籍的机构是三馆，缮写人员称"楷书"。三馆，宋初置，系官署名合称，包括昭文馆、集贤院、史馆，掌管国家经籍的收藏、校写和史书编修。设大学士，由宰相兼任。又设学士、校理、检讨、修撰等，亦以文官兼任。其中的事务人员有书直、楷书、书库、表奏官等，《宋史·职官志》记载三馆之职官，"孔目官、四库书直官八选，楷书七选，书直、书库、表奏官九选，守当官十选，并授勒留官后理；楷书补正名后理：并出簿、尉"③，其中从事缮写的事务人员称"楷书"。《宋史·选举志》记载，宁宗庆元中，"三馆、秘阁楷书，皆

---

① （唐）李林甫等撰，陈仲夫点校《唐六典》卷九，第280页。
② 李希泌主编《唐大诏令集续编》，上海古籍出版社，2003，第1382页。
③ （元）脱脱等撰《宋史》卷一百六十九《职官志》，中华书局，2011，第4045页。

本司试书札，中书复试，补受"①。缮写人员楷书的录用，先由三馆以书札考试其书写能力，再由中书复试，才能授以楷书的职事。宋代三馆也是由宰相等文官兼任组成的临时机构，就缮写国家经籍的职责而言，与唐代集贤院相似。宋太宗时期，崇文院收有三馆之书，"太宗始于左升龙门北建崇文院，而徙三馆之书以实之"②。神宗时期取消三馆馆职，崇文院归秘书省，"神宗改官制，遂废馆职，以崇文院为秘书省"③。

三馆缮写四部书，"真宗时，命三馆写四部书二本，置禁中之龙图阁及后苑之太清楼，而玉宸殿、四门殿亦各有书万余卷"④。三馆抄写道家经书，《宋会要辑稿》记载，仁宗景祐元年（1034）五月十五日，翰林院奏请三馆抄《庄子》以充公用。"翰林学士承旨盛度等言：内《庄子》并《冲虚真经疏》如监本无，即乞于《道藏》内借本，付三馆差人抄写。从之。"⑤ 据此，三馆为翰林院抄写道经。

据《永乐大典》，明代的官方书写人员称"誊写"⑥ 或"书写"⑦，掌管经籍的机构是翰林院。明太祖称帝之前一年，已于吴元年（1367）置翰林院，⑧ 系明代官方掌管制诰、修史和文籍等事的官署。翰林院有学士、侍读、典籍、修撰、编修等职，设有正字，从事校对文籍。缮写人员是事务人员，无官职。洪武十三年（1380），秘书监并入翰林院。翰林院掌管原在秘书监的文渊阁藏书。"明太祖定元都，大将军收图籍致之南京，复诏求四方遗书，设秘书监丞，寻改翰林典籍以掌之。永乐四年，帝御便殿阅书史，问文渊阁藏书"⑨。

翰林院掌管文渊阁藏书。杨士奇等编纂《文渊阁书目》，书目分三

① （元）脱脱等撰《宋史》卷一百五十九《选举志》，第 3735 页。
② （元）脱脱等撰《宋史》卷二百二《艺文志》，第 5032 页。
③ （元）脱脱等撰《宋史》卷二百二《艺文志》，第 5032 页。
④ （元）脱脱等撰《宋史》卷二百二《艺文志》，第 5032 页
⑤ （清）徐松辑《宋会要辑稿》第六十三册《职官六》，中华书局，1987，第 2522 页。
⑥ （明）孙承泽撰《春明梦余录》卷十二，《影印文渊阁四库全书》第 868 册，第 123 页。
⑦ 《永乐大典》卷八一九九，中华书局，1986，第 3816 页。
⑧ （清）张廷玉等撰《明史》卷七十三《职官志》，第 1787 页。
⑨ （清）张廷玉等撰《明史》卷九六《艺文志》，第 2343 页。

十九部，收藏以千字文排序，自"天"字至"往"字，凡二十号，藏书共计七千二百五十六种。① 三十九部列有道部，收藏在第十六号张字，收藏有道书一百九十九种。明宣宗时，文渊阁藏书"约二万余部，近百万卷，刻本十三，抄本十七"②，其中道书写本及缮写情况不详。

清代从事缮写的事务人员是"誊录"，掌管缮写经籍的机构是翰林院。为了编修《四库全书》在翰林院设立了四库全书馆。清代四库全书馆缮写《四库全书》，其中子部道家类系道家道教写经。现以《文渊阁四库全书》为例，说明四库馆缮写人员及写本情况。乾隆三十八年（1773）二月，设四库全书馆，③ 开设于翰林院。④ 初期，翰林职官多有查办《四库全书》之职事。四库馆设有总裁、总纂、纂修、缮书处、分校官、监造官等三百六十人。参加编纂的官员大多是清代著名学者。《清史稿·艺文志》记载：

> 高宗继试鸿词，博采遗籍，特命辑修《四库全书》，以皇子永瑢、大学士于敏中等为总裁，纪昀、陆锡熊等为总纂，与其事者三百余人，皆极一时之选，历二十年始告成。全书三万六千册，缮写七部，分藏大内文渊阁，圆明园文源阁，盛京文溯阁，热河文津阁，扬州文汇阁，镇江文宗阁，杭州文澜阁。命纪昀等撰全书总目，著录三千四百五十八种，存目六千七百八十八种，都一万二百四十六种。⑤

誊录比较稳定的来源是从乡试落第卷中挑取，⑥ 也有监生、进士、

---

① （清）钱大昕：《潜研堂文集》卷二九《跋文渊阁书目》，《续修四库全书》第 1439 册，上海古籍出版社，2002，第 37 页。
② （清）张廷玉等撰《明史》卷九六《艺文志》，第 2343 页。
③ （清）永瑢等：《四库全书总目》卷首，中华书局，2013，第 2 页。
④ （清）纪昀：《阅微草堂笔记》卷二十《滦阳续录》，《续修四库全书》第 1269 册，第 348 页。
⑤ 赵尔巽等撰《清史稿》卷一百四十五《艺文志》，中华书局，2015，第 4219 页。
⑥ 黄爱平：《四库全书编纂修研究》，中国人民大学出版社，1989，第 140 页。

举人、贡生等参加。《文渊阁四库全书》子部道家类的誊录人员如下。

蒋士增，誊录监生，抄写的经典有唐李筌注《阴符经解》一卷。誊录是《四库全书》编纂中抄写、缮写的职差，监生是在国子监肄业的生徒。监生是誊录的主要组成人员之一，在道家类文献的誊录人员中人数是最多的，有94人。

黄嵩龄，誊录进士，抄写的经典有宋褚伯秀撰《南华真经义海纂微》卷十五至卷十九，原书一百六卷。从事誊录的进士人数是最少的，只有1人，因为誊录在编书中对书写技能有较高的要求，而进士是科举人才，主要从事的是校勘工作而非书写，所以人数很少。

史殿荣，誊录举人，抄写的经典有宋林希逸撰《庄子口义》卷三至卷五，原书十卷。举人指乡试取录者，可于次年进京会试，亦可直接为官，有5人。

李全玉，誊录贡生，抄写的经典有宋林希逸撰《庄子口义》卷六、卷七，原书十卷。贡生，系从各省府、州、县学生员中挑选的成绩优秀或在学年久者，入北京国子监读书，称为贡生，又称贡监。贡生入监读书期满可以参加朝考授官，有4人。

以上缮写经书人员的本来身份分别是监生、贡生、举人、进士，系出自教育、科举，共有99人。而其作为誊录这一职差，是来自乾隆皇帝诏令纂修《四库全书》这项巨大的文献工程。誊录只是编修的一个基本步骤，此前有善本的收集、整理、校勘等事宜，此后还有缮写本的检校、复校、总校、总纂等程序。《文渊阁四库全书》于乾隆四十六年十二月完成，历时9年。《四库全书》是最后一部古代官修四部书。

纪昀等撰《四库全书总目》，著录三千四百五十八种，存目著录六千七百八十八种，共计一万二百四十六种。《四库全书》子部道家类系道经写本。首部道经是旧题黄帝撰、唐李筌注《阴符经解》一卷，共有道经45种。这只是道家道教类经书的很少一部分。《四库全书》子部道家类写经是清朝对道家道教类经书的一次遴选，所反映的是清朝统治者认为有助于儒家文化治理、有助于教化的道家道教类经书，并不是

对道教经典的系统编修。

《文渊阁四库全书》子部道家类经书所保留下来的写本规格是清代缮写的国家图书的规格。载体为开化榜纸，书高 31.5 厘米，宽 20 厘米。字体小楷，馆阁体，每叶 16 行，行 21 字，朱丝栏，板心高 22.3 厘米，宽 15.3 厘米。封面蓝色，装帧为包背装。就写本意义而言，这是在中国古代官方编修丛书中唯一保存完整的道教写经，系清代国家标准道经写本。

中国古代官署秘书省是掌管书写、校对国家经籍的常设机构，其中设有从事书写的事务人员楷书手。在他们的缮写经籍中包括了道家道教经书。隋代秘书省（监）职责最为完备。唐代秘书省的某些专门职责出现了分化。缮写道家道教经书以至道教经书总集《一切道经》，是由教育机构崇玄馆的学生承担，缮写四部书则由集贤院的写御书承担。以此看出唐代官方书写人员非常多，职责也各有专门分工。唐以后进入刻本时代，书写人员仍然延续其缮写经籍的职责。明初掌管经籍的官署机构由秘书监改为翰林院，书写人员是誊写。清代翰林院四库全书馆的书写人员是誊录，其中有大量人员是临时招募，已不是官方的专职事务人员。

四 书法家

书法家在其艺术创作中有不少道教写经精品。书法家对道教写经的字体、书体影响最大，因而也是道教写经的重要人物。

（一）郗愔

杨羲写经书法"祖效郗法"，郗法即是指郗鉴、郗愔父子的书法。郗愔年长杨羲十几岁，一生亦曾写有大量道经，是东晋郗氏士族写经的代表人物。

郗愔（313～384），字方回，高平金乡（今山东金乡）人。出身于高平郗氏士族，东晋太尉郗鉴长子。曾任镇军将军。东晋书法家。①

1. 郗愔道教写经及写本特点

《道学传》记载，"郗愔字方回，高平金乡人，为晋镇军将军，心尚道法，密自遵行，善隶书，与右军相埒，手自起写道经将盈百卷，于今多有在者"②。贾崇《华阳陶隐居内传》称，陶弘景"自云年十二时，于渠阁法书中见郗愔以黄素写太清诸丹法，乃欣然有志"。③

如上所述，郗愔写道经大概一百卷。其中有太清诸丹法，即关于金丹服食的太清丹经。按葛洪《抱朴子·金丹》著录"《太清丹经》三卷及《九鼎丹经》一卷《金丹经》一卷"④，据说是三国左慈传出，郗愔所写当是此一类丹经。写经的字体是隶书，写本载体中有黄素，即黄绢。梁陶弘景早年曾见到郗愔写经，并对其日后奉道产生了重要影响。至南朝陈马枢作《道学传》时，郗愔写经尚多有保存。

郗鉴书法，其字体在东晋书坛独具风格。陶弘景在编纂《真诰》中曾讲，杨羲写经"祖效郗法"，即效仿郗愔的字体和书写方法，可见郗氏书法的特点非常适合写经。郗愔最擅长的字体是章草，其次是今草和隶书。南朝宋羊欣《采古来能书人名》："高平郗愔，晋司空、会稽内史。善章草，亦能隶"⑤，唐张怀瓘《书断》"方回（郗愔字方回）章草入妙，草、隶入能"。⑥ 书家对郗愔书法的评价多在章草上，其特点是笔力雄健、造型廉棱，唐窦臮《述书赋》"回则章健草逸，发体廉棱。若冰释泉涌，云奔龙腾"。⑦ 笔画则纤细而富于变化，"其法遵于卫氏，尤长于章草。纤秾得中，意态无穷，筋骨亦胜"⑧。虽然书家少于

---

① （唐）房玄龄等撰《晋书》卷六十七《郗愔传》，第 1801 页。
② （宋）李昉等撰《太平御览》卷六百六十六，引（南朝陈）马枢《道学传》，中华书局，1964，第 2974 页。
③ （唐）贾崇撰《华阳陶隐居内传》，《中华道藏》，第 46 册，第 219 页。
④ 王明：《抱朴子内篇校释》卷四，第 71 页。
⑤ （南朝宋）羊欣：《采古来能书人名》，《法书要录》卷一，第 15 页。
⑥ （唐）张怀瓘：《书断》卷中，（唐）张彦远：《法书要录》卷八，第 277 页。
⑦ （唐）窦臮：《述书赋》卷上，（唐）张彦远《法书要录》卷五，第 181 页。
⑧ （唐）张怀瓘：《书断》卷中，（唐）张彦远：《法书要录》卷八，第 277 页。

对郗愔隶书的评价，但基本能看出郗氏善于用细笔，而且纤秾之间富于变化。郗氏的细笔隶书对上清经的造写产生了重要的影响，杨羲写经书法当是效法于此。

2. 郗愔写经的身份

郗愔写经的身份既是抄经人，也是书法家。在东晋书坛，郗愔书法亚于右军，而与庾翼、谢安齐名。南朝齐王僧虔《论书》称："郗愔章草，亚于右军。"郗愔最擅长的章草的书法成就不如王羲之。但是，王羲之书法艺术是一个不断发展成熟的过程，早年曾不如郗愔和庾翼，"羲之书初不胜庾翼、郗愔，及其暮年方妙"[①]。所以，世人以郗愔与庾翼齐名，后又以郗愔与谢安的书法齐名，"郗愔、安石（谢安），草、正并驱"[②]。东晋著名书法家大多出自士族，上述郗愔等四位书法家分别是郗、王、庾、谢氏士族书法家的代表人物，在东晋书坛占有重要地位。杨羲祖效郗法，实则反映出东晋士族在当时书坛的主导地位，以致对造写上清经的书体产生了重要影响。

郗愔大量抄写道经是其奉道的一种外在表现。郗愔奉道与天师道、早期上清派都有一定关系。《晋书·郗超传》："（郗）愔事天师道。"[③]而且郗氏士族中，郗愔、郗昙兄弟二人均奉天师道，南朝宋刘义庆《世说新语·排调》："二郗奉道，二何奉佛，皆以财贿。谢中郎云：'二郗谄于道，二何佞于佛。'"南朝梁刘孝标注曰："《中兴书》曰：郗愔及弟昙奉天师道。"[④] 又《晋书·何充传》："郗愔及弟昙奉天师道。"[⑤] 郗愔也是早期上清派的奉道之人，《真诰》记载，兴宁三年八月七日夕，右英王夫人降于杨羲，授书与许谧，云"欲以裴真人本末示郗者可矣"。陶弘景注："郗即愔也，小名方回。裴真人本末，即是《清灵传》也。"郗愔不仅与杨羲、许谧相识，而且是上清派的早期奉道之人。郗

---

① 《晋书》卷八十《王羲之传》，第 2100 页。
② （梁）庾肩吾：《书品》卷中，《法书要录》卷二，第 67 页。
③ 《晋书》卷六十七《郗愔传》，第 1803 页。
④ 余嘉锡撰《世说新语笺疏》下卷，中华书局，1983，第 814 页。
⑤ 《晋书》卷七十七《郗愔传》，第 2030 页。

愔抄写道经只是其奉道方式之一，按《晋书·郗愔传》：

> 会弟昙（郗昙）卒，愔无处世意，在郡优游，颇称简默，与姊夫王羲之、高士许询并有迈世之风，俱栖心绝谷，修黄老之术。后以疾去职，乃筑宅章安，有终焉之志①。

郗愔还修黄老之术，而且与姊夫王羲之同好此道。郗愔所奉黄老之术是一种服食道法，《世说新语·术解》：

> 郗愔信道甚精勤，常患腹内恶，诸医不可疗。闻于法开有名，往迎之。既来，便脉云："君侯所患，正是精进太过所致耳。"合一剂汤与之。一服，即大下，去数段许纸如拳大；剖看，乃先所服符也②。

服食道符是天师道的主要道术之一。联系郗愔抄写太清丹经，又服用道符，说明郗愔奉行的主要是服食一类的道术。

郗愔写经的主要社会身份是郗氏士族。郗愔曾任东晋镇军将军等军政要职，其父郗鉴是东晋郗氏士族的主要人物。郗鉴原是高平金乡人，西晋末年率宗族、同乡南迁，镇守合肥，郗氏宗族属于南迁的侨姓士族。郗鉴始终拥护东晋皇室，屡立战功，晚年任太尉。而且郗鉴郗氏与东晋第一士族王导王氏联姻，郗鉴之女郗璇嫁给王导从子王羲之。郗氏士族在东晋早期也成为高门大族。

故郗愔的写经身份是东晋奉道士族中的书法家，而且是对道教写经书法产生深远影响的书法家。

（二）王羲之

王羲之与杨羲写经虽无直接关系，但与奉道的许氏士族和郗氏士族

---

① 《晋书》卷六十七《郗愔传》，第 1802 页。
② 余嘉锡撰《世说新语笺疏》下卷，第 709 页。

关系非常密切。出身于东晋第一士族王氏士族的王羲之，不仅奉道，而且是东晋士族中道教写经的代表人物。

王羲之（321～379），字逸少，琅琊（今山东临沂）人，出身于琅琊王氏士族，任东晋右军将军等职。著名书法家，被后世誉为"书圣"。

1. 王羲之写《黄庭经》

文献记载首见于刘宋时期羊欣的《笔阵图》："（王羲之）三十七书《黄庭经》。"① 稍后晚出的刘宋何法盛《晋中兴书》云："山阴有道士养群鹅，羲之意甚悦。道士云：为写《黄庭经》，当举群相赠。乃为写讫，笼鹅而去。"② 王羲之所写《黄庭经》系《黄庭外景经》③，时间为东晋穆帝升平元年（357），时年三十七岁。王羲之写经是为换取山阴县道士的群鹅，写经换鹅遂成为书林佳话。

王羲之是《黄庭外景经》传世之后早期的抄写者。据王明先生考证，该经出于东晋成帝咸和九年（334）左右，王羲之写经距此经传世只有二十多年的时间。

作为东晋著名书法家，王羲之的墨宝为世所重。写经一事，山阴县道士主要是为获得王书墨宝。王羲之在书坛具有崇高的地位，刘宋羊欣《采古来能书人名》"博精群法，特善草隶，古今莫二"④，唐太宗李世民赞誉"详察古今，研精篆素，尽善尽美，其惟王逸少乎"⑤。从南朝书家，至唐代帝王，以王书为第一。

书林佳话写经换鹅亦是王羲之奉道的生动写照。《黄庭经》是上清派的早期经典之一，早于杨羲写上清经就已传世。王羲之写《黄庭经》，以其书法造诣，必然会对此经的早期传播产生重要影响。这也可以看作道教上清派早期有关经典在东晋士族中的传抄、流传。王氏士族

---

① （宋）李昉等编《太平广记》卷二百七，引（南朝宋）羊欣《笔阵图》，中华书局，1981，第 1579 页。

② 《太平御览》卷二三八，引刘宋何法盛《晋中兴书》，《四部丛刊》，第 41 册。

③ 任继愈主编《道藏提要》，第 150 页。

④ （唐）张彦远：《法书要录》，第 15 页。

⑤ 《晋书》卷八十《王羲之传》，第 2108 页。

是尊奉五斗米道即天师道的世家，《晋书·王羲之传》"王氏世事张氏五斗米道"。① 王羲之抄写《黄庭经》，在奉道的文化身份上，体现出王氏士族与天师道以及早期上清派经典的传播都有密切关系。

王羲之奉道还体现在与著名道教人物的交往。例如，与东晋高道许迈为友，羲之辞官后"与道士许迈共修服食，采药石不远千里"②。许迈去世后，王羲之为其作传。王氏士族中的奉道人物还有王献之，"献之遇疾，家人为上章，道家法应首过，问其有何得失"③。王献之是王羲之之子，家人为其上章治病，即是用五斗米道的道法。王献之还曾画五斗米道的道符，米芾《画史》记载："李公麟云：海州刘先生收王献之画符及神咒一卷，小字，五斗米道也。"均说明王献之尊奉五斗米道。

王羲之王氏士族是东晋侨姓士族。琅琊王氏西晋末年过江，为东晋政权的建立和巩固发挥了重要作用。王氏士族是东晋王氏、庾氏、桓氏、谢氏等士族中的第一大士族。王羲之父王旷，曾任淮南太守。其伯父王导，系王氏士族的主要代表人物、辅佐晋元帝司马睿建立东晋政权的奠基人之一。王羲之曾任右军将军、会稽内史等职。可以说，王羲之是东晋第一大士族中写经奉道的代表人物，是对中国书法艺术产生深远影响的著名书法家。

关于《黄庭经》写本，南朝梁陶弘景《与梁武帝论书启》记载，"《黄庭》《劝进》《像赞》《洛神》"为王羲之有名之迹，又云"不审此例复有几纸"④。虽未确指《黄庭经》是否纸本，但说明王羲之真迹多为纸写。褚遂良《右军书目》正书有五卷，其中"《黄庭经》六十行，与山阴道士"⑤。据此，王羲之传世写本《黄庭经》当是小楷六十行，纸书。

---

① 《晋书》卷八十《王羲之传》，第 2103 页。
② 《晋书》卷八十《王羲之传》，第 2101 页。
③ 《晋书》卷八十《王羲之传》，第 2106 页。
④ （唐）张彦远：《法书要录》卷二，第 53 页，第 50 页。
⑤ （唐）张彦远：《法书要录》卷三，第 88 页。

王羲之写经的重要贡献是在字体和书体，即小楷字体的成熟和王体书法的形成。中国古代写经的正体字先后有篆书、隶书、楷书三种基本字体。钟繇和王羲之是对楷书的成熟有重要贡献的书法家。汉末钟繇的楷书如《宣示表》《力命表》尚带有隶意，至东晋王羲之《黄庭经》《乐毅论》则已摆脱了隶意，使楷书成为一种更加成熟的正体，可谓"笔势精妙，备尽楷则"①。作为楷书著名的书体，王体具有健与秀的中和之美，为后世书家所效法临摹。楷书四大书体欧、颜、柳、赵亦多受王羲之影响，特别是赵孟頫，通过大量临写《黄庭经》而学王体，并有真迹存世。

关于王羲之书《黄庭经》法帖，是宋代以来的帖学悬案。王明先生据徐浩《古迹记》等文献考证，唐皇室所收藏王羲之书《黄庭经》真迹于唐开元五年（717）尚在，经唐天宝年间爆发的安史之乱，已佚失。② 具体佚失时间当在唐军潼关失守、叛军攻入长安之时，即天宝十五年（756）六月。唐代是以摹写方式保存王书，没有刻帖。法书刻帖始于北宋《淳化阁帖》，而未收有《黄庭经》。较早收有《黄庭经》的是南宋《宝晋斋帖》③、《澄清堂帖》④，且所收法帖之底本来源尚不可考，这样宋帖及其后的法帖就难以有与王羲之真迹直接相关的确凿证据。虽然如此，一般认为《黄庭经》帖大体还是保存了王书的特征，作为王羲之写经书法，仍对后世产生了深远影响。

2. 王羲之写《道德经》

史料首见于南朝宋虞和《论书表》：

> 羲之性好鹅。山阴昙礴村有一道士，养好鹅十余。王清旦乘小船故往，意大愿乐，乃告求市易，道士不与，百方譬说，不能得。

---

① 《唐褚河南拓本乐毅论记》，（唐）张彦远：《法书要录》卷三，第132页。
② 中国社会科学院科研局组织编《王明集》，第135页。
③ 图版见《宝晋斋帖》卷二，启功、王清宪主编《中国法帖全集》第11册，第54页。
④ 《澄清堂帖》卷十一，启功、王清宪主编《中国法帖全集》第10册，第240页。

道士乃言，性好道德，久欲写河上公《老子》，缣素早办，而无人能书。府君若能自屈，书《道德经》各两章，便合群以奉。羲之便住半日，为写毕，笼鹅而归。①

再者，《晋书·王羲之传》：

山阴有一道士，养好鹅，羲之往观焉，意甚悦，固求市之。道士云："为写《道德经》，当举群相赠耳。"羲之欣然写毕，笼鹅而归，甚以为乐，其任率如此。②

其中，王羲之写《道德经》当是主要史实。至于写经与山阴道士换鹅则是书林佳话，是对王羲之有深厚的道教文化背景与喜爱白鹅的一种文学表达，似不必过度追究是以写《道德经》还是《黄庭经》换取白鹅。王羲之出身于信奉张氏五斗米道之世家，河上公本《道德经》是五斗米道尊奉的主要经典之一，所以王羲之抄写《道德经》绝非牵强之事迹，《论书表》与《晋书》所记载当是可信之史实。

王羲之书河上公《老子》即《老子》河上公章句本。写本载体是缣素绢本。书《道德经》各两章，当是道经、德经各两章，共四章，写经是摘写而非全抄。

（三）褚遂良

褚遂良书写道经尚难以确证，但是褚遂良书写道经的传说和褚体书法对道教写经影响很大，故以褚遂良和褚体书家的视角，来考察褚体道教写经的问题。

褚遂良（596~658），字登善，河南人，唐初尚书右仆射、河南郡

---

① （唐）张彦远：《法书要录》卷二，第42页。
② （唐）房玄龄等撰《晋书》卷八十《王羲之传》，第2100页。

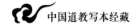

公。博学通识。书法家，工隶楷。传世法帖有《圣教序》《孟法师碑》等。①《旧唐书》《新唐书》有传。

1. 唐初书法家褚遂良及社会文化背景

北宋《宣和书谱》卷三著录褚写《大洞内祝隐文》。北宋米芾《宝章待访录》著录褚写《老子西升经》《黄庭经》。写本均已佚。

褚遂良是唐初书法家。学书师法王羲之，"遂良初师世南，晚造羲之，正书尤得旨趣"②。褚遂良擅长楷书，与虞世南、欧阳询、薛稷，被誉为初唐四家。褚遂良于贞观初年为秘书郎，③ 并宏（弘）文馆主。④秘书郎属秘书省职官，"掌四部图籍"，"凡课写功程，皆分判"⑤，即掌管校写四部经籍。弘文馆职责是"掌详正图籍，教授生徒"⑥。贞观时期，弘文馆是为唐太宗参议朝廷制度沿革、咨询政务的机构，同时也为生徒教授书法。唐初著名书法家虞世南、欧阳询等皆为弘文馆学士，故弘文馆也可以说是唐初朝廷著名书家汇集之处。褚遂良资历虽然晚于虞世南、欧阳询等人，能够职掌弘文馆说明其具有很高的学识和书法造诣。

褚遂良侍书于唐太宗李世民。按《旧唐书·褚遂良传》记载：

> 太宗尝谓侍中魏征曰："虞世南（558～638）死后，无人可以论书。"征曰："褚遂良下笔遒劲，甚得王逸少体。"太宗即日召令侍书。⑦

唐太宗酷爱王羲之书法，原来常与虞世南论书。在虞世南去世后，魏征

① （后晋）刘昫等撰《旧唐书》卷八十，第 2729 页
② 《宣和书谱》卷三《文渊阁四房全书》第 813 册，第 222 页。
③ （后晋）刘昫等撰《旧唐书》卷八十，第 2729 页。
④ （宋）王溥撰《唐会要》卷六十四，《宏文馆》，第 1114 页。
⑤ （宋）欧阳修、宋祁撰《新唐书》卷四十七《百官志》，第 1215 页。
⑥ （宋）欧阳修、宋祁撰《新唐书》卷四十七《百官志》，第 1209 页。
⑦ （后晋）刘昫等撰《旧唐书》卷八十，第 2729 页。

把褚遂良推荐给唐太宗。褚遂良擅长王羲之书体，因此太宗即日诏令侍书，也正是与其书法爱好相符合的。

褚遂良以擅长王体侍书，得到唐太宗李世民的信任和赞赏。唐太宗遣人广泛购求王羲之的书法真迹。献书很多，真假难辨。褚遂良则精于王书真迹鉴别，"太宗尝出御府金帛购求王羲之书迹，天下争赍古书诣阙以献，当时莫能辩其真伪，遂良备论所出，一无舛误"①。并以所见，作《右军书目》②，是研究王羲之书法的重要史料。

褚遂良晚年是唐太宗托付的顾命大臣，辅佐唐高宗李治。按《旧唐书·褚遂良传》，唐太宗李世民去世后，太子李治登基，是为唐高宗，改年号为永徽。褚遂良作为顾命大臣，官职爵位多有加封。其中永徽元年（650），进封河南郡公，永徽三年（652）监修国史，永徽四年为尚书右仆射。③ 褚遂良作为唐太宗、唐高宗两朝的重臣和著名书法家，在初唐以至整个唐代的书坛地位和社会影响是一般书法家难以企及的，故被后世书家誉为"一代教化主"。

传说褚遂良书写道经与李唐皇室尊老崇道的社会文化背有关。李唐皇室以老子为远祖，崇奉道教，故《老子经》及道教经典盛行于唐。又道教上清派在李唐时期发展到鼎盛，上清派经书也必然盛行。褚体楷书是唐初以至唐代官方书法的主流，故褚体道教写经具有相当深厚的社会文化基础。唐代敦煌道教写经的官方写本，以至后世托名褚遂良书道经，当以此为其历史渊源。

2. 褚体道教写经

（1）写经目录

褚遂良道教写经目录，唐五代文献未见著录。自褚遂良之后约五百年，至北宋末、南宋始见著录。故是否有褚遂良道教写经难以确论，以下仅是宋代文献中对传为褚遂良道教写经的记载情况。

---

① （后晋）刘昫等撰《旧唐书》卷八十，第 2729 页。
② （唐）张彦远：《法书要录》卷三，第 88 页。
③ （后晋）刘昫等撰《旧唐书》卷八十，第 2738 页。

①《黄庭经》

褚遂良书写道经，文献记载首见于北宋米芾（1051～1107）《宝章待访录》，"褚遂良书《黄庭经》，右闻绿绫所书，丁谓孙倩处。质在无锡民家，士多因邑官借出"①。自王羲之书《黄庭经》，书家所指此经即《黄庭外景经》，且多是临写王书。此经写本是米芾所闻知，而非亲见，故真伪未判。

②《老子西升经》

米芾《宝章待访录》著录，"《老子西升经》，褚遂良书，阎立本画。右在观文殿学士洛阳冯京处"。《老子西升经》撰人不详，约出于魏晋以后。②此经写本亦是米芾所知闻。

③《大洞内祝隐文》

北宋《宣和书谱》著录，唐褚遂良正书《大洞内祝隐文》。③此经当是《上清大洞真经三十九章》诵经玉诀内容之一。按北宋陈景元撰《上清大洞真经玉诀音义》著录《灭魔神慧玉清隐书内祝隐文》④，其简称应是《大洞内祝隐文》。又茅山宗坛本《上清大洞真经三十九章》，共六卷，卷一诵经玉诀中收有《大洞灭魔神慧玉清隐书》⑤经文，当是《大洞内祝隐文》经文，有600余字。故《大洞内祝隐文》实为《上清大洞真经三十九章》的摘抄。

④《阴符经》

《阴符经》，撰人不详，约成书于唐以前，⑥《中华道藏》收入太玄部。传褚遂良写《阴符经》，帖本首见于南宋初石邦哲刻《越州石氏帖》，南宋陈思《宝刻丛编》卷十三越州《石氏所刻历代帖》著录。南宋楼钥《攻媿集》卷七十二《跋褚河南阴符经》著录。以上文献距褚

---

① （北宋）米芾：《宝章待访录》，《影印文渊阁四库全书》，第813册，第60页。

② 《老子西升经》，《中华道藏》第8册，第227页。

③ 《宣和书谱》卷三，《文渊阁四库全书》，第813册，第222页。

④ （北宋）陈景元撰《上清大洞真经玉诀音义》，《中华道藏》第1册，第48页。

⑤ 《上清大洞真经三十九章》，《中华道藏》第1册，第6页

⑥ 《道藏提要》，第17页。

遂良生活的年代约五百年之久，褚遂良是否书写《阴符经》，因缺少相近年代的直接证据，尚难以确定。但是可以说明，褚遂良书法在南宋对《阴符经》的流传有很大影响。故褚遂良是否写《阴符经》，不做结论，而是基于褚遂良对宋本《阴符经》的影响，予以著录和探讨。

唐贞观六年（632）写《黄帝阴符经》。原收入《越州石氏帖》，草书，已佚。《宝刻丛编》，收录越州《石氏所刻历代名帖目录》，其中亦著录有"褚遂良草《阴符经》"，故原帖当有此草书本。楼钥《跋褚河南阴符经》著录，贞观六年奉敕书，五十卷，草书，石刻本。

唐贞观十四年（640）写《阴符经注》。《跋褚河南阴符经》称，楼钥亲见，小楷书，真迹。

唐永徽五年（654）写《阴符经》。《越州石氏帖》收入，小楷书，帖本。款署：

大唐永徽五年（654）岁次甲寅正月初五日，奉旨造。尚书右仆射监修国史上柱国河南郡臣褚遂良奉旨写一百廿卷。①

南宋陈思编纂《宝刻丛编》，收录越州《石氏所刻历代名帖目录》，其中亦著录有"褚遂良小字《阴符经》"，当系此帖。南宋楼钥《跋褚河南阴符经》著录，永徽五年奉旨写，一百二十卷，小楷，石刻本。

褚遂良写《阴符经》，先有《越州石氏帖》之收入，后有《攻媿集》之著录，而后在书法界产生了较大影响。

⑤《度人经》

《越州石氏帖》收入褚遂良书《度人经》，小楷书，帖本。陈思《宝刻丛编》著录《石氏所刻历代名帖目录》中褚遂良《度人经》，当系此帖。

以上看出，传为褚遂良书写道经，或者说褚体书家书写道经，在宋

---

① 图版见（宋）石邦哲：《越州石氏帖》，山东美术出版社，2015，第37页。

代影响最大的当是《阴符经》。南宋初《越州石氏帖》所收褚写《阴符经》是《阴符经》较早的传本之一。自《越州石氏帖》首先收入后，后世开始多有著录，以致产生其他褚体《阴符经》写本。

（2）字体

褚遂良最擅长的是楷书。褚体楷书主要是对王羲之书法的继承和发展。张怀瓘《书断》："少则服膺虞监，长则祖述右军。"[1] 褚遂良早年曾学虞世南书法，后学王羲之书法，并以学王书、鉴别世传王书真伪著称。

褚体楷书的基本特点，清代书法家王澍评价是"瘦劲"，"笔法瘦劲如铁线缩成"[2]，是一种肯定评价，但是也有对瘦体持批评的，以为虽有华美，而伤于疏瘦，张怀瓘《书断》：

> 若瑶台青锁，宵映春林，美人婵娟，不任罗绮。增华绰约，欧、虞谢之。其行、草之间，即居二公之后。显庆四年卒，年六十四。遂良隶、行入妙。亦尝师授史陵，然史有古直，伤于疏瘦也。[3]

清王澍则认为褚体由瘦劲而空明、清虚，在评价褚遂良传世代表作《雁塔圣教序》时讲：

> 《雁塔》之笔力瘦劲，如百岁枯藤，空明飞动，渣滓尽而清虚来。想其格韵超绝，直欲离纸一寸，如晴云挂空，仙人啸树，故自飘然不可攀仰。[4]

总之，褚体"祖述右军"而笔画"瘦劲"。王书是健与秀的中和，褚书则是在此基础上发展出劲瘦清虚之美。

---

① （唐）张怀瓘：《书断》，见（唐）张彦远《法书要录》卷八，第286页。
② （清）王澍：《竹云题跋》，卷三《影印文渊阁四库全书》第684册，第679页。
③ （唐）张怀瓘：《书断》，见（唐）张彦远《法书要录》卷八，第286页。
④ （清）吕世宜：《爱吾庐题跋》引王澍语，见《爱吾庐汇刻》，厦门大学出版社，2010，第192页。

　　唐永徽之后，褚体盛行。褚体是唐代前期官方缮写经籍包括官方道教写经的标准书体。唐代敦煌遗书中的官方写本字体多受褚体影响。例如敦煌写经《唐玄宗御注道德经》（P. 3725），系开元年间国子监、礼部校写，具有明显的褚体风格。褚体书法的意义在于"真正启开李唐楷书之门户者"①，被誉为"唐之广大教化主"②。

　　总之，褚遂良书法对道教写经的贡献在于褚体楷书。在存世敦煌写卷的官方写经和存世法帖中，褚体楷书具有很高的艺术价值。这一书体代表的是唐代官方经书的书体。虽然现存法帖难以确定是否为褚遂良所书，但是褚体楷书对道教写经书体的贡献是可以充分肯定的。

（四）赵孟頫

　　赵孟頫（1254～1322），字子昂，号松雪道人、水精宫道人，浙江吴兴（今浙江湖州市）人，元代著名书法家、文学家③，著有《松雪斋集》。

1. 赵孟頫写经身份和社会文化背景

　　赵孟頫一生写经，勤奋不已。有文献记载的写经，第一部是至元二十八年（1291）写《黄庭经》，最后一部是至治二年（1322）年写《灵宝经》，即赵孟頫最晚是从 37 岁开始有写经传世，至 69 岁去世的那一年仍然笔耕不辍。文献记载的赵孟頫最早和最晚的这两部写经作品都是道教写经，以此可看出他对道教写经的重视和专注。

　　赵孟頫在书法艺术上崇尚古法，"本师二王，而出入北海"④，深受东晋王羲之、王献之和唐代李邕的影响，集晋唐书法之大成。这在写经上表现为赵孟頫在临写王羲之小楷书《黄庭经》方面下了很大功夫，以研习"王体"的笔法，赵孟頫写《黄庭经》均是临写王羲之书《黄

---

① 朱关田著《中国书法史·隋唐五代卷》，南京：江苏教育出版社，2012，第 69 页。

② （清）刘熙载：《艺概》卷五，《续修四库全书》第 1714 册，第 541 页。

③ （明）宋濂撰《元史》卷一百七十二《赵孟頫传》，中华书局，1976 年，第 4018～4022 页。

④ （清）孙岳颁等撰《佩文斋书画谱》卷七十九，引（明）李日华《六研斋三笔》，《影印文渊阁四库全书》第 822 册，第 418 页上。

庭经》。传世王羲之书《黄庭经》是小楷书法的著名法帖，在楷书字体的成熟和书法艺术方面都有着重要贡献。赵孟頫以此作为楷书临摹的范本，笔法深受王羲之的影响。

作为元代著名书法家以至书坛领军人物，赵孟頫精研各体，以小楷最为出色。元代书法家鲜于枢评价其书法："子昂篆、隶、正、行、颠草俱为当代第一，小楷又为子昂诸书第一。"① 其运笔圆转遒丽，结字严谨秀美，神韵风度娴雅，而且用笔清楚、酣畅，世称"赵体"，对后世书法和字体的发展都产生了深远的影响。由于笔法精熟，书写速度极快，相传他能日作楷书万字，"下笔神速如风雨"。赵孟頫尤其擅长小楷的书法特色与贯通儒道释经典的学识相结合，一生在写经领域辛勤耕耘，创作了大量的写经精品。

在文化身份上赵孟頫自称"三教弟子"②，在道教写经中又自称"太上弟子"，赵孟頫以抄写、赠送道经的形式，与道教人士多有交往。他于延祐七年（1320）为杭州福神观主持崔汝晋书《道德经》，款云："延祐七年孟秋七月望日，太上弟子吴兴赵孟頫为崔汝晋书于松雪斋。"③赵孟頫对儒道释三教思想兼收并蓄，交友于儒家官僚、饱学之士，并与佛教、道教界人士相师友，且谙熟儒道释经典，涉猎广泛，对儒家经学，"治《尚书》，尝为之注，多所发明"④。写经作品以佛教、道教写经为多，"手写释、道书，散之名山甚众"⑤。

赵孟頫为宋皇室后裔，宋太祖子秦王赵德芳之后。南宋灭亡后，奉元世祖征召事元，至元仁宗延祐三年（1316），拜翰林学士承旨、荣禄大夫。

① （清）卞永誉撰《式古堂书画汇考》卷十六，引鲜于枢《题赵孟頫书〈过秦论〉》，《影印文渊阁四库全书》第 827 册，台湾：商务印书馆，1983，第 713 页。
② （清）陆心源撰《仪顾堂题跋》卷十五，《续修四库全书》第 930 册，上海古籍出版社，2002，第 170 页下。
③ （清）王杰等编《秘殿珠林石渠宝笈续编》乾清宫藏五，《续修四库全书》第 1069 册，上海古籍出版社，2002，第 204 页下。
④ （元）杨载：《大元故翰林学士承旨荣禄大夫知制诰兼修国史赵公行状》，李修生主编《全元文》第 25 册，江苏古籍出版社，2001，第 586 页。
⑤ （元）杨载：《大元故翰林学士承旨荣禄大夫知制诰兼修国史赵公行状》，第 587 页。

简言之，赵孟頫是习摹王书的元初书坛领军人物，亦是自称三教弟子的宋皇室后裔。由于对道教的推崇和道经的谙熟，有大量道教写经作品。

2. 赵孟頫道教写经目录及存世真迹

据存世写本和文献记载，赵孟頫道教写经种类较多，著录[①]如下。

①洞真上清经

《大洞玉经》，二卷。《大洞玉经》[②] 为《大洞真经》传本之一。《大洞真经》全称《上清大洞真经三十九章》，成书于东晋，传说东晋兴宁年间（363～365）南岳魏夫人授予杨羲。此经系古《上清经》之首经，道教上清派的根本经典。《正统道藏》收入洞真部本文类。赵孟頫写本有：

大德九年（1305）写本[③]；

延祐三年（1316）写本[④]；

延祐四年（1317）写本[⑤]。

②洞玄灵宝经

《洞玄灵宝自然九天生神章经》。一卷，南朝刘宋时已出。《正统道藏》收入洞玄部本文类。赵孟頫延祐七年（1320）写本[⑥]。

《灵宝度人经》。全名《太上洞玄灵宝无量度人上品妙经》，系古灵宝经之一。早期《度人经》一卷，出于刘宋陆修静以前。《正统道藏》所收为六十一卷本，收入洞真部本文类，赵孟頫写本有：

皇庆元年（1312）写本[⑦]；

---

① 著录参照王卡先生《中华道藏经分类目录》，见《中华道藏》第49册，第3页。同一种道经的不同写本，按抄写时间排序著录，写经年代不详者附后。

② 任继愈主编《道藏提要》，第4、5页。

③ 《中国古代书家小楷精选·元赵孟頫小楷精选（二）》，江西美术出版社，2013，第1页。

④ （明）汪砢玉：《珊瑚网书录》卷八，《影印文渊阁四库全书》第818册，第118页。

⑤ （明）宋濂撰《宋学士全集》卷四十五，《四部丛刊初编》集部第315册，上海商务印书馆，1918，第364页。

⑥ 中国古代书画鉴定组编《中国法书全集》第9册，第559页。

⑦ （清）陆心源撰《仪顾堂题跋》卷十五，第170页。

延祐七年（1320）写本①；

至治二年（1322）写本②。

③三洞经教

《太上老君说常清静经》。简称《常清静经》，一卷。撰人不详，《道藏提要》认为"盖出于唐代"③。《正统道藏》收入洞真部本文类。赵孟頫写本有：

至元二十九年（1292）写本④；

大德八年（1304）写本⑤；

大德末年、至大初年（1306～1309）写本。

④太玄部

《老子》，二卷。"相传为春秋末老聃所著，实则成书于战国时期"⑥。道教尊奉《老子》为基本经典，称为《道德真经》。《正统道藏》收入洞神部本文类。赵孟頫写本有：

至元三十年（1293）写本⑦；

皇庆元年（1312）写本⑧；

延祐三年（1316）写本⑨；

延祐六年（1319）写本⑩；

---

① （清）孙岳颁等撰《佩文斋书画谱》卷七十九，《元赵孟頫度人经》引《宋学士集》，第 420 页上。

② （清）孙岳颁等撰《佩文斋书画谱》卷七十九，《元赵孟頫书灵宝经》引（元）袁桷《清容居士集》，第 418 页。

③ 任继愈主编《道藏提要》，第 271 页。

④ 周海珍主编《历代小楷集萃》（宋元卷），中国书店，2015，第 155 页。

⑤ （清）顾文彬、（民国）顾麟士撰《过云楼书画记·续记》卷一，江苏古籍出版社，1999，第 8 页。

⑥ 任继愈主编《道藏提要》，第 286 页。

⑦ （清）孙岳颁等撰《佩文斋书画谱》卷七十九，引（明）宋濂《宋学士文集》，第 419 页下。

⑧ （民国）裴景福：《壮陶阁书画录》卷四，学苑出版社，2006，第 143 页。

⑨ 图版见中国古代书画鉴定组编《中国法书全集》第 9 册，第 425 页。

⑩ （明）汪砢玉：《珊瑚网书录》卷八，第 118 页。

延祐七年（1320）写本①。

《道德宝章》。又名《蟾仙解老》，一卷。系《老子》注本，南宋葛长庚（白玉蟾）撰。《正统道藏》未收，清代《四库全书》收入子部道家类。《中华续道藏》初辑第七册收录明摹刊赵孟頫写本。②

《列子》。又称《冲虚至德真经》，三卷。《列子》乃魏晋间成书，系后人托名战国时人列子而作。③唐玄宗天宝元年封列子为"冲虚真人"，其书称《冲虚至德真经》。《正统道藏》收入洞神部本文类。《石渠宝笈》卷二八著录：赵孟頫节书《列子》。④

《阴符经》。一卷。撰人不详，《道藏提要》认为系"唐以前古籍"。《正统道藏》收入洞真部本文类。《秘殿珠林石渠宝笈续编·乾清宫藏五》著录：赵孟頫书《阴符经》一卷。⑤

⑤太清部

《周易参同契》。原作三卷。东汉炼丹术士魏伯阳撰，被道教徒奉为"丹经之祖"。《正统道藏》太玄部收有注本八种。赵孟頫写本有：

至大三年（1310）写本⑥；

赵孟頫晚年写《茅山正本参同契》⑦。

《金碧古文龙虎妙经》。据王明先生考证，《古文龙虎经》出于唐末五代道士，⑧《正统道藏》太玄部收入注本两种。有赵孟頫延祐元年（1314）写本⑨。

《黄庭经》。赵孟頫临写王羲之书《黄庭经》，为《黄庭外景经》。

———————

① （清）王杰等编《秘殿珠林石渠宝笈续编》乾清宫藏五，第204页下。

② 龚鹏程、陈廖安主编《中华续道藏》初辑第七册，台湾：新文丰出版公司，1999年。

③ 任继愈主编《道藏提要》，第288页。

④ （清）张照等编《石渠宝笈》卷二八，《影印文渊阁四库全书》第825册，第158页。

⑤ （清）王杰等编《秘殿珠林石渠宝笈续编》乾清宫藏五，第203页。

⑥ （清）孙岳颁等撰《佩文斋书画谱》卷七十九，《元赵孟頫楷书参同契》转引明李日华《六研斋三笔》，第418页上。

⑦ 裴景福：《壮陶阁书画录》卷六，第183页。

⑧ 胡孚琛主编《中国道教大辞典》，中国社会科学出版社，第355页。

⑨ （明）汪砢玉：《珊瑚网书录》卷八，第19页。

原作三卷。撰人不详，王明先生认为《外景经》盖出于东晋成帝咸和九年（334）左右。①《正统道藏》本题作《太上黄庭外景玉经》，收入洞玄部本文类。《黄庭经》王羲之法帖与《正统道藏》本文句多有不同。赵孟頫临写本有：

至元二十八年（1291）写本②；

皇庆元年（1312）写本③；

延祐五年（1318）写本④；

故宫博物院藏赵孟頫写《黄庭经》⑤，写本年代不详。

⑥道法众经

《玉枢宝经》，全称《九天应元雷声普化天尊玉枢宝经》，一卷。出于北宋末或南宋⑥。《正统道藏》收入洞真部本文类。《佩文斋书画谱》卷七九著录：元赵孟頫书《玉枢经》。⑦

在上述写经中，存世的赵孟頫道教写经真迹有 5 种，即

至元二十九年（1292）写《太上老君说常清净经》⑧，美国弗利尔美术馆收藏；

大德九年（1305）写《高上大洞玉经》⑨，天津市艺术博物馆藏；

延祐三年（1316）写《老子》⑩，故宫博物院藏；

延祐七年（1320）写《洞玄灵宝自然九天生神章经》⑪，故宫博物院收藏；

---

① 王明：《黄庭经考》，见《王明集》，第 109 页。
② （清）吴其贞：《书画记》卷三，《续修四库全书》第 1066 册，第 75 页。
③ （清）顾文彬、（民国）顾麟士撰《过云楼书画记·续记》卷一，第 3 页。
④ （明）叶盛撰《叶氏菉竹堂碑目》卷五，见《丛书集成初编》，商务印书馆，1935，第 53 页。
⑤ 中国古代书画鉴定组编《中国法书全集》，第 9 册，第 460 页。
⑥ 任继愈主编《道藏提要》，第 10 页。
⑦ （清）孙岳颁等撰《佩文斋书画谱》卷七十九，第 422 页上。
⑧ 周海珍主编《历代小楷集萃》（宋元卷），第 155 页。
⑨ 《中国古代书家小楷精选·元赵孟頫小楷精选（二）》，第 1 页。
⑩ 中国古代书画鉴定组编《中国法书全集》第 9 册，第 425 页。
⑪ 中国古代书画鉴定组编《中国法书全集》第 9 册，第 559 页。

赵孟頫写《黄庭经》①（写经年代不详），故宫博物院藏。

赵孟頫一生抄写了大量的道教经典，有的道教经典如《黄庭经》《老子》《灵宝度人经》等还多次抄写。应当说，在中国古代著名书法家中，赵孟頫是道教写经作品最多的书法家之一，而且多有真迹保存下来。据初步整理，道教写经作品至少有 12 种，26 件。实际上远不止文献记载的这些，正如《赵文敏公行状》所述，赵孟頫"手写释、道书，散之名山甚众"。②

上述赵孟頫道教写经对道教经书"三洞四辅"③中的洞真部、洞玄部和太玄部、太清部等经书都有涉及，而且多是道教的主要经典。其中《玉枢宝经》《道德宝章》在宋元之际尚属新出道经，赵孟頫也曾抄写，说明他对当时的新出道经也有相当的掌握。以此我们可以看出，赵孟頫之所以对传承道教经典做出了重要贡献，与其谙熟道教各部经书的素养是密不可分的。

3. 赵孟頫道教写经规格

①字体

赵孟頫道教写经字体以小楷、行楷为主，世称"赵体"。赵孟頫在书法艺术上崇尚古法，"本师二王，而出入北海"④，深受东晋王羲之、王献之、唐代李邕的影响，集晋唐书法之大成。这在写经上表现为赵孟頫在临写王羲之小楷书《黄庭经》方面下了很大功夫。关于笔法，赵孟頫在《兰亭跋》中讲："盖结字因时相传，用笔千古不易。"⑤对古代笔法的深刻认知和精熟掌握，使赵孟頫在字数多、篇幅长的写经实践中，创作形成了"赵体"。"赵体"具有艺术水准高、运笔流畅、字体稳定等特点，

---

① 中国古代书画鉴定组编《中国法书全集》第 9 册，第 460 页。
② （元）杨载：《大元故翰林学士承旨荣禄大夫知制诰兼修国史赵公行状》，第 587 页。
③ 三洞：洞真部、洞神部、洞玄部，四辅：太玄部、太平部、太清部、正一部，见（唐）孟安排集《道教义枢》卷二"三洞义"，引（南朝宋）陆修静《三洞经书目录》，（隋）孟法师《玉纬七部经目》，《道藏》第 24 册，第 812 页。
④ （清）孙岳颁等撰《佩文斋书画谱》卷七十九，引（明）李日华《六研斋三笔》，《影印文渊阁四库全书》第 822 册，第 418 页上。
⑤ 中国古代书画鉴定组编《中国法书全集》，第 9 册，第 345 页。

非常适用于写经和抄写古籍。在书法艺术领域，这种推崇古法的价值取向和卓越的书法艺术成就，使赵孟頫成为元初书坛崇尚复古书法风格的主要代表人物，而道教写经即为"赵体"书法作品的重要组成部分。

②行款

单行。据存世作品，赵孟頫在道教写经中，行字数没有非常严格的标准，写卷本大多为每行 20 ~ 23 字，这与唐代官方写卷本行 17 字的严格标准有所不同。例如，临写《黄庭经》，行 21 ~ 22 字；延祐三年（1316）书写《老子》，行 18 ~ 19 字；至元二十九年（1292）书写《太上老君说常清静经》，行 23 字；至大初年书写《太上老君说常清静经》，行 20 ~ 22 字；《高上大洞玉经》，行 21 字；《洞玄灵宝九天生神章》，行 12 字格，书写 10 字，前 5 字顶格写，后 5 字空一字格写。

双行。赵孟頫书《道德宝章》，《中华续道藏》初辑收录明摹刊元赵孟頫写本，此写本规格为经文单行，行 12 字规格，注文双行，行 24 字规格。

栏格。赵孟頫写经中的栏格，如大德九年（1305）写《高上大洞玉经》，乌丝栏；皇庆元年（1312）写《五千言》，乌丝栏；延祐三年（1316）写《老子》，乌丝栏（纵 23 厘米，横 1.7 厘米）。赵孟頫书《老子》的乌丝栏与唐代写经中乌丝栏规格相类似，但有所不同，长度多出约 3 厘米，宽度基本一致。

③图文

赵孟頫道教写经中有的是经图相接、字画相配。老子像在赵孟頫道教写经配图中是重要的题材。例如皇庆元年（1312）写《五千言》，写经是以宋李公麟绘《老子授经图》与赵孟頫书《五千言》拼合而成，图后附经文。图中老子坐像，关尹肃容拜跪。延祐三年（1316）写《老子》，卷前赵孟頫白描老子立像，后写经文。大德末、至大初年（1306 ~ 1309）写《太上老君说常清静经》，卷前有赵孟頫白描老子坐像，后写经文。再者，写经绘有道教炼养图，至元二十八年（1291）写《黄庭经》，绘《炼液图》于前，临书王羲之《黄庭经》在后。

④载体及色彩

赵孟頫道教写经的文献载体主要是纸和绢。就纸张的色彩来说，有黄纸和白纸。例如，故宫博物院藏赵孟頫写《黄庭经》、大德九年（1305）写《高上大洞玉经》、延祐三年（1316）写《老子》、延祐七年（1320）写《洞玄灵宝自然九天生神章经》，俱为黄纸写卷。再者，皇庆元年（1312）写《五千言》、至大三年（1310）写《周易参同契》，是白宋纸。绢又有黄绢和素绢。至元二十九年（1292）写《太上老君说常清净经》为黄绢写卷。赵孟頫节书《列子》为素绢本。

⑤载体形制

载体形制有卷子和笺本。卷子是赵孟頫道教写经使用较多的载体形制。高度一般约一尺（25～35厘米），长度不定。已知赵孟頫道教写经最长的卷子是延祐七年（1320）写《洞玄灵宝自然九天生神章经》，黄纸写卷，纵34厘米，横1231.5厘米，是罕见的古代道教写经长卷。笺本有宋笺本和高丽笺本。延祐七年（1320）写《道德经》，纵七寸八分，横九尺二寸八分，宋笺本[①]；赵孟頫书《阴符经》，纵七寸，横一尺五寸[②]，高丽笺本。

赵孟頫道教写经以小楷写卷为主，且传世作品俱为精品佳作。小楷写卷是六朝至唐五代写经和书籍的主要形式。宋元时期，书籍发展已进入刻本册装广泛应用的时代，写卷已不是书籍的主流形式，但是作为一种写经形式仍然在使用，并成为书法作品的一种基本形式。赵孟頫道教写经大量采用小楷写卷，其写本规格与晋唐写卷大致相同，体现出崇尚晋唐写卷的写本风格。

4. 赵孟頫道教写经在中国道教写经发展中的地位和贡献

①传承大量道教经典。如上所述，赵孟頫写经对道教"三洞四辅"经典多有涉及，又有宋代新出道经，对传承道教经典有着重要贡献。其

---

① （清）王杰等编《秘殿珠林石渠宝笈续编》乾清宫藏五，第204页下。
② 《秘殿珠林石渠宝笈续编》乾清宫藏五，第203页。

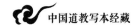

写经不只是书法艺术创作，还与道教界友人、好道之士收藏和自身崇尚道教经典有关。赵孟頫抄写道经之多，实为中国历代书法家所罕见。

②写本具有很高的历史价值。宋元时期的传世道教写经稀少，赵孟頫道教写经真迹成为这一时期珍贵的存世文本。从道教写经发展来看，先秦至宋元存世写本较少，明清写本较多。现在公认的 5 种赵孟頫道教写经真迹虽然数量不是特别多，却是继敦煌道教写经（主要是唐代写经）之后，能够保存至今的具有一定数量和较高历史价值的道教写经文本。例如，赵孟頫于大德九年（1305）写《高上大洞玉经》，是已知现存最早的《高上大洞玉经》写本。

③崇尚晋唐写卷的写经形制。晋唐道教写经以写卷为主，唐代是道教写经的高峰，写经的主要形制是黄纸写卷。唐以降，经书抄写的主要形制开始由写卷向册装书转变，这是受到了雕版印刷术和册装书被广泛应用的影响。当然写卷作为写经的一种基本形制，唐代以来，一直延续至今。赵孟頫写经的载体形制以写卷为主，卷、笺并用，体现了他更崇尚晋唐古法，为写卷作为写经形制的流传做出了贡献。

④道教写经书法艺术的一座丰碑。自魏晋以来，楷书一直是写经和书籍中的正体。魏晋钟繇、王羲之，唐代欧阳询、褚遂良、颜真卿、柳公权等书法家对楷书的发展做出了重大贡献，并且创立了各具风格的书体。赵孟頫的赵体较以上晋唐书体晚出，实为楷书书法艺术在元代的又一重要发展。在以上书体中，虽有王羲之书《黄庭经》、传为褚遂良书《阴符经》等道经存世，但俱为法帖，而非真迹。在著名楷书书体中，赵体是存世道教写经真迹最多的书体，可为书法艺术和文献研究提供第一手资料。就小楷字体而言，赵体既继承了晋唐写经体的风格，又深刻影响了明代台阁体、清代馆阁体。在清代《四库全书》的缮写中，包括子部道家类写本在内，我们可以看到赵体对馆阁体的深刻影响。

在中国古代道教写经的发展中，赵孟頫对道教经书传承和写经书体等方面都做出了杰出的贡献。赵孟頫道教写经的价值和意义不仅在于精湛的书法艺术水平，还为我们研究道教写经以至再造善本写经提供了重要的史料和数据。

其他有道教写经作品存世的书法家，如张即之（1186~1263），字温夫，和州（今安徽和县）人，任司农寺丞，南宋书法家。[1] 他写有《太上洞玄灵宝无量度人上品妙经》[2]，写本为黄纸，册页装，共116页，每页纵30.7厘米，横14.1厘米，小楷书，每页4行，行10字。[3] 再如文徵明（1470~1559），初名璧，字征明，长洲（今属江苏苏州）人，任温州太守，明代文学家、书法家、画家。[4]《太上老君说常清静经》是文徵明晚年时期的作品。写本为黄纸，纵20.9厘米，横11厘米，乌丝栏格，每页8行，行18字，小楷书。卷首画老子站像，卷尾款署："嘉靖丁酉七月十有二日，焚香敬书，徵明。"[5]

书法家道教写经人物小结。中国古代书法家对道教写经的影响有两个主要的传统。一是郗体隶书，主要是对道教上清派写经的影响。二是王体小楷，对官方经籍写本的影响。褚体书法和赵体书法则是对王体书法的继承和发展。从写经字体来看，由于是书写小字，两种书体都善于用细笔以及具有纤秾的变化。其区别则是，郗体书法及道教教内写经注重用笔之锋芒锐利，王体及官方写经注重用笔之秀美端庄。二者从书体的起源上均具有道家文化的底蕴，这与郗氏和王氏均是奉道世家的文化背景有着重要的关系。

五　帝　王

古代帝王也有道教写经作品传世，出于推崇道教或者对书法的爱好

---

① （元）脱脱等撰《宋史》卷四百四十五，第13145页。

② 图版见中国古代书画鉴定组编《中国法书全集》第8卷，文物出版社，2011，第338~366页。写经原稿为故宫博物院收藏。

③ 故宫博物院网站 http://www.dpm.org.cn/collection/handwriting/228397.html.

④ （清）张廷玉等撰《明史》卷二百八十七《文徵明传》，中华书局，2011，第7361~7363页。

⑤ 图版见中国古代书画鉴定组编《中国法书全集》第13卷，文物出版社，2009，第114~117页。写经原稿为天津博物馆收藏。

而有写经活动。

（一）唐玄宗

唐玄宗李隆基（685～762），亦称唐明皇，生于洛阳，先天元年至天宝十五年（712～756）在位。系继睿宗李旦之后，唐朝第六代帝王。李旦第三子，母窦皇后。唐玄宗在位前期，任用姚崇、宋璟等贤相，励精图治，开创了开元盛世。但是在位后期，宠信李林甫、杨国忠等奸臣，政治腐败，导致了安史之乱，唐朝由盛而衰。① 唐玄宗是中国历史上崇道最为著名的帝王。

1. 唐玄宗写《老子经》的身份和社会背景。

《旧唐书·惠文太子传》记载：

（开元）十四年（726），（李范）病薨。上哭之甚恸，辍朝三日，为之追福，手写《老子经》，彻膳累旬，百僚上表劝喻，然后复常。开元十四年，命工部尚书、摄太尉卢从愿册赠王为惠文太子，陪葬桥陵②。

唐玄宗为惠文太子李范写《老子经》，既有君臣之义，也有手足之情。李范是李隆基同父异母的兄弟。李范③（686～726），本名李隆范，避讳玄宗改名。唐睿宗李旦第四子。受封岐王，系唐宗室大臣。李范在辅助李隆基平定叛乱、巩固政权中，立功并受到信任，兄弟感情笃深。开元十四年（726），正是玄宗执政早期，励精图治，唐朝走向鼎盛之时。李范于开元十四年去世，给李隆基以很大的悲痛。李隆基写经为其追福，并追封惠文太子。这既是李唐宗室生活领域的一件大事，更是玄宗对宗室忠臣的一种真切哀悼。至于写《老子经》为李范追福，也说明

---

① （后晋）刘昫等撰《旧唐书》卷八《玄宗本纪》，第165页。
② （后晋）刘昫等撰《旧唐书》卷九十五《惠文太子传》，第3017页。
③ （后晋）刘昫等撰《旧唐书》卷九十五《惠文太子传》，第3016页。

玄宗崇道，特别推崇《老子经》。这与李唐皇室尊老子为远祖、推崇《老子经》是一致的。到玄宗执政时期，崇道达到鼎盛。

2.《老子经》写本概况

唐玄宗写《老子经》即《道德经》，时间是开元十四年，较之开元二十一年（723）作《道德经注》，早七年，较之开元二十三年（735）作《道德经疏》早九年。写本情况，据唐代张说《集贤院谢示道经状》：

> 右：臣伏见圣札，金字八分，写《道经》两卷，以为惠文太子三七追福，天毫发彩，宸翰腾辉，色丽风云，光逾日月。伏惟陛下孝弟之至，通于神明，俯念天伦，用资幽赞，当兹炎暑，服此勤劳，事绝古今，感深名教。臣忝司右职，载考前王，未有亲亲之至，楷隶之美，如此之备也，足以作则贻范，垂之无穷。伏望宣付史馆，以光典策，无任诚恳惭惶之至①。

《道经》即《老子经》，两卷。信札写本。金字，当是用金粉书写。字体八分，即隶书。《旧唐书·玄宗本纪》称"善八分书"②。《书小史》云：唐玄宗"工八分章草，丰茂英特。"③ 唐窦蒙注《述书赋》云："开元天宝皇帝，仁孝慈和，兼负英断，好图画，少工八分书及章草，殊异英特。"④ 唐玄宗善八分，是著名的帝王书法家。

唐玄宗手书此经，张说所见。张说是丞相兼集贤院学士，即掌管集贤院的主官。集贤院是唐朝学者人才聚集之处，也是唐朝四部书编撰缮写之处。张说建议玄宗将手书《道德经》命史馆编录史册，以弘扬典策。虽然是张说的建议，但也可以反映出唐玄宗执政时期具有很强的文

---

① 张说：《集贤院谢示道经状》，（清）董诰等编《全唐文》卷二百二十四，中华书局，1983，第2259页。

② （后晋）刘昫等撰《旧唐书》卷八《玄宗本纪》，第165页。

③ （宋）陈思撰《书小史》卷一，《影印文渊阁四库全书》第814册，第214页。

④ （唐）张彦远：《法书要录》卷六，引唐窦臮撰，窦蒙注《述书赋》2016年，人民美术出版社，第199页。

化意识。御书《道德经》写本已然是国家的重要典册。唐玄宗通过书写及以后的注疏和刊定、颁布等措施，使《道德经》成为唐代国家经典。

（二） 宋高宗

宋高宗赵构（1107～1187），字德基，生于东京汴梁（河南开封）。南宋开国皇帝，1127～1162年在位，宋徽宗赵佶之子、宋钦宗赵桓之弟。精于书法，善真、行书，著有《翰墨志》。

1. 赵构写《道德经》及历史背景

南宋绍兴二十六年（1156），宋高宗赵构写《道德经》赐临安（杭州）天庆观。《咸淳临安志》记载：

> 绍兴二十六年，有旨重建（天庆观），赐田五百亩，除其赋……有真宗皇帝御制赐守臣王钦若诗，高宗皇帝御书《老子道德经》石刻。[①]

赵构御书《道德经》和重建天庆观，都有着赵宋皇室崇道的历史背景。北宋早期，宋真宗赵恒在崇道活动中，制造了所谓天书三篇，其中就有《道德经》，《宋史·礼志》记载：

> 先是，大中祥符元年（1008）正月乙丑，帝谓辅臣曰："朕去年十一月二十七日夜将半，方就寝，忽室中光曜，见神人星冠、绛衣，告曰：来月三日，宜于正殿建黄箓道场一月，将降天书大中祥符三篇。朕竦然起对，已复无见，命笔识之。自十二月朔，即斋戒于朝元殿，建道场以伫神贶。适皇城司奏，左承天门屋南角有黄帛

---

① （南宋）潜说友：《咸淳临安志》卷七十五《宫观天庆观及卢壮夫记》，《影印文渊阁四库全书》第490册，第764页。

曳鸱尾上，帛长二丈许，缄物如书卷，缠以青缕三道，封处有字隐隐，盖神人所谓天降之书也。"王旦等皆再拜称贺。帝即步至承天门，瞻望再拜，遣二内臣升屋，奉之下。旦跪奉而进，帝再拜受之，亲奉安舆，导至道场，付陈尧叟启封。帛上有文曰："赵受命，兴于宋，付于眘。居其器，守于正。世七百，九九定。"缄书甚密，抉以利刀方起。帝跪受，复授尧叟读之。其书黄字三幅，词类书《洪范》《老子道德经》，始言帝能以至孝至道绍世，次谕以清净简俭，终述世祚延永之意。①

制作天书的崇道活动，进而发展为在天下州县建造天庆观。"大中祥符二年（1009）十月甲午，（宋真宗）诏诸路州、府、军、监、关，县择官地建道观，悉以'天庆'为额。民有愿舍地材创盖者亦听。"②宋真宗的崇道活动不仅通过"天书"神化皇权，还将赵宋皇室的祖先制造成圣祖尊神，又于"大中祥符五年（1012）十月壬申，诏圣祖名曰，上曰元，下曰朗，不得斥犯……癸酉，诏天下州、府、军，监天庆观并增置圣祖殿"③，将尊奉赵氏祖先的圣祖殿增置于天庆观。宋真宗的崇道活动无论是以《道德经》为"天书"，还是崇奉赵氏圣祖，集中在天庆观的修建上，都具有神化赵氏皇权的政治目的。之后，宋代皇室修建天庆观或有关崇道活动，多与此相关。被宋真宗奉为天书的《道德经》，至宋徽宗也极为重视，被加以尊崇，"政和七年（1117）十二月辛未，御笔：太上老君所著《道德经》，世以诸子等称，未称尊崇之礼。可改为《太上混元上德皇帝道德真经》"④，并

---

① （元）脱脱等撰《宋史》卷一百四《礼志》，第 2539 页。
② （南宋）杨仲良：《皇宋通鉴长编纪事本末》卷二十，《续修四库全书》第 386 册，第 153 页。
③ （南宋）杨仲良：《皇宋通鉴长编纪事本末》卷二十，《续修四库全书》第 386 册，第 146 页。
④ （南宋）杨仲良：《皇宋通鉴长编纪事本末》卷一百二十七，《续修四库全书》第 387 册，第 352 页。

作《道德真经解义》。

宋高宗下旨重建天庆观及圣祖殿，并赐御书《道德经》，也正是继承宋真宗、宋徽宗通过崇道活动，达到神化赵氏皇权的政治目的。

2. 写经概况

① 《道德经》

绍兴二十六年（1156）御书，赐临安天庆观。写本载体及字体不详。

② 《黄庭经》

宋高宗赵构临王羲之《黄庭经》，写经载体未知，小楷书。清梁清标《秋碧堂法书》，收入《黄庭经》帖，"每半开高 30.5 厘米，宽 14 厘米"，半开 6 行，每行 21、22 字，小楷。[1] 张伯英《法帖提要》评价："黄庭临褚摹本，秀健有丰致，与南雪斋所刻迥殊，知此真彼伪也。"[2]

③ 《度人经》

乾道二年（1166），御书《度人经》一卷，赐临安大涤山洞霄宫。写经载体未知，墨书。[3]《咸淳临安志》记载有 3 处：

> 洞霄宫，大涤山。在县西南一十八里。汉武帝元封三年，创公坛于大涤洞前，为投龙祈福之所。唐高宗时，迁于前谷，为天柱观。光化二年，钱王更建。国朝大中祥符五年，漕臣陈文惠公尧佐，以三异奏，一池泉涌，一祥光现，一枯木荣。赐额为洞霄宫，仍赐田十五顷，复其赋，后毁于兵。绍兴二十五年，旨赐钱重建。乾道二年（1166）太上皇帝（赵构）、太上皇后乘舆临幸，御书《度人经》一卷以赐。

> 及上脱屣万几，颐神物表，遂以干道二年，自德寿宫行幸山

---

① 图版见（清）梁清标辑《秋碧堂法书》，启功、王清宪主编《中国法帖全集》第 14 册，第 148 页。

② 张伯英：《法帖提要》，《张伯英碑帖论稿》第 3 册，河北教育出版社，2006，第 52 页。

③ 《咸淳临安志》卷七十五《洞霄宫》，《影印文渊阁四库全书》第 490 册，第 771 页。

中。驻跸累日，敕太官进蔬膳，亲御翰墨，书《度人经》以赐。

高宗皇帝曾手书《度人经》以镇清真之场。

宋高宗赵构的写经崇道活动主要是用以神化赵宋皇室，为巩固其统治服务。有时写经是临习书法，或者闲暇时书写以赐道观。宋代也是帝王推崇道经道教的时代。值得注意的是，北宋时期道教经藏版本的发展出现了巨大的变化。宋真宗大中祥符年间敕令编撰的《大宋天宫宝藏》还是写本道藏，至宋徽宗政和年间编纂的《政和万寿道藏》已开刻本道藏之先河。故南宋高宗的道教写经活动，已处于刻本道经的时代。

（三）清圣祖

清圣祖爱新觉罗·玄烨（1654～1722），清朝第四位皇帝，清世祖爱新觉罗·福林第三子。[①] 年号康熙，在位 61 年（1661～1722），是中国历史上在位时间最长的皇帝。清圣祖帝执政时期，平定三藩，收复台湾，亲征噶尔丹，击败入侵雅克萨城的沙俄军队，捍卫了国家的统一和领土完整。政治上加强中央集权，经济上注意休养生息。奠定了清朝兴盛的根基，开创了康乾盛世。康熙皇帝非常注重学习汉文化，勤于书法翰墨，有大量的写经作品。

1. 主要写经活动

（1）清圣祖写《常清静经》[②]

清圣祖于康熙四十二年写《常清静经》，款署"康熙四十二年，岁在癸未，春三月十八日，临赵孟頫书"，其中款署时间正是生日。按

---

① （清）赵尔巽等撰《清史稿》卷六《圣祖本纪》，第 165 页。
② （清）张照、梁诗正等撰《秘殿珠林》卷一，《影印文渊阁四库全书》第 823 册，第 491 页。

《清史稿·圣祖本纪》，生日是"顺治十一年（1654）三月戊申"①，即顺治十一年三月十八日。写经时间康熙四十二年（1703）三月十八日，是四十九岁生日。《常清静经》是道教养生的经典之一，清圣祖生日写道经显然是自己年近五旬，为健康长寿而祈福。

就写经的文化身份来说，清圣祖推崇儒家程朱理学，褒扬佛教，虽然书写道经，但并不崇奉道教，而只是一种祈福的文化活动。从一定程度上体现出对道教养生文化的吸收和认可。清圣祖对儒释道的态度是兼容并蓄，在次序上，以儒为主，佛在道先。例如："康熙十九年（1680），以御书手卷赐日讲起居注诸臣。学士叶方蔼《太极图说》，詹事沈荃《心经》，侍读学士张玉书《庄子·说剑篇》。"②圣祖时年26岁，以御书儒家《太极图说》、佛教《心经》、道家《庄子·说剑篇》，分别赐三位讲述经史、记录言行的近臣。说明儒释道兼容并蓄的思想在圣祖青年执政时期就已形成。

就康熙年间而言，清圣祖生日三月十八日是清宫的万寿节，即为皇帝祝寿的节日。主要风俗是，清王室亲王和朝廷大臣、文武官员要举行为皇帝祝寿的朝拜活动。③清圣祖的道教写经也为万寿节增添了一个祈福健康长寿的活动。

（2）清圣祖写《道德宝章》

清圣祖于康熙五十四年（1715）书《道德宝章》，款署"康熙五十四年，夏六月，临赵孟頫书"。《道德宝章》是赵孟頫书写道经的著名法书之一。写道经的一个重要目的是研习书法，虽然清圣祖非常推崇董其昌的书法，有大量的御临书法作品，以至影响到清初的书风也是崇尚董其昌书法，但是在写道经时多临写赵孟頫写经。在《秘殿珠林》著录的圣祖12种道教写经中，有4种款署是"临赵孟頫书"，临董其昌的只有1种。因为就道教写经而言，赵孟頫是传世道教写经最多的著名书

---

①　（清）赵尔巽等撰《清史稿》卷六《圣祖本纪》，第165页。
②　（清）王士禛：《池北偶谈》卷二，《影印文渊阁四库全书》第870册，第28页。
③　（清）昭梿：《啸亭续录》卷一《万寿节》，《续修四库全书》第1179册，第604页。

法家。其写经作品自元初皇帝就被视为珍品开始收藏，一直延续到清代皇室亦是如此，写经作品大多收藏在都城北京。故在书写道经、研习书法时，赵孟頫写经是最为珍贵的法书范本，故多有临写之作。上述生日所写道经，也是临写赵孟頫写经。圣祖酷爱书法，是清代帝王中善书者。存世有康熙写字图，再现了书写时的情景。

清圣祖开创了清代帝王写经的传统。就道教写经而言，并不是写经以奉道，而是在推崇儒家程朱理学为主的基础上，对道教文化的认可，以此作为延寿祈福的活动，或者用以研习书法。之后雍正、乾隆等清代帝王多有沿袭。其中乾隆帝的道教写经，《秘殿珠林》著录有《太上护命妙经》等8种。[①]

2. 写经写本概况

清圣祖道教写经较多，据《秘殿珠林》著录[②]，具体如下。

（1）太玄部道经

①《道德宝章》

又名《蟾仙解老》，一卷，系《道德经》注本，南宋葛长庚（白玉蟾）撰。《正统道藏》《中华道藏》均未收，当入太玄部经书。清代《四库全书》收入子部道家类。《中华续道藏》初辑第七册收录明摹刊赵孟頫写本。[③]

御书本系临赵孟頫写本，一册，罗纹笺本，墨书。款著"康熙五十四年，夏六月，临赵孟頫书"。计五十九页，页高一尺有余，广一尺二寸有余。

（2）三洞经教部道经

①《常清净经》

---

① （清）张照、梁诗正等撰《秘殿珠林》卷一，《影印文渊阁四库全书》第823册，第498~500页。

② （清）张照、梁诗正等撰《秘殿珠林》卷一，《影印文渊阁四库全书》第823册，第489~491页。

③ 龚鹏程、陈廖安主编《中华续道藏》初辑第七册。

全称《太上老君说常清静妙经》，一卷。撰人不详，约出于唐代。[①]《正统道藏》收入洞真部本文类，《中华道藏》收入三洞经教第6册第001号。

康熙四十二年御书本，系临赵孟頫写本。赵孟頫写《常清净经》，存世有至元二十九年（1292）写本。[②] 御书本一卷。素绢本，高九寸五分，广四尺二寸。墨书。款署"康熙四十二年，岁在癸未，春三月十八日，临赵孟頫书"。前画老君像，后画灵官像。

康熙五十二年（1713）写本，一册。青笺本，五页，页高八寸七，广八寸。泥金书。款署"康熙五十二年岁次癸巳，七月上旬书，康熙字"。

无纪年写本，一册。青笺本，计五页，页高九寸，广七寸五分。泥金书，无款，无印。前画老君像，后画徐甲像。

②《北斗经》[③]

全称《太上玄灵北斗本命延生真经》，一卷。撰人不详，约出于唐末宋初，[④]《正统道藏》收入洞神部本文类，《中华道藏》收入三洞经教第6册第102号。

一册。宣德笺本，计二十九页，页高九寸五分，广七寸五分。墨书。无款署，后有"康熙御笔之宝"玺。

③《南斗经》

全称《太上说南斗六司延寿度人妙经》，一卷。撰人不详，约出于唐宋。[⑤]《正统道藏》收入洞神部本文类，《中华道藏》收入三洞经教第6册第104号。

御书本系临赵孟頫写本，一册。素绢本，计二十二页，页高七寸八分，广七寸。墨书。款署"康熙四十一年四月，临赵孟頫书"。卷前画

---

① 任继愈主编《道藏提要》，第271页。
② 周海珍主编《历代小楷集萃》（宋元卷），第155页。
③ 《太上玄灵北斗本命延生真经》图版，http://www.dpm.org.cn/ancient/special/180729.html，故宫博物院网址。
④ 任继愈主编《道藏提要》，第272页。
⑤ 任继愈主编《道藏提要》，第272页。

老君像，后画灵官像。

④《赤文洞古经》

《正统道藏》洞真部玉诀类收有《太上赤文洞古经注》一卷，金代全真道士长筌子注。《中华道藏》收入三洞经教第 6 册第 27 号。

康熙四十一年（1702）御写本，一卷。素绢本，高一尺，广三尺一寸。墨书。款署"壬午夏，临赵孟頫书"。

（3）道法众术类道经

①《玉枢宝经》

全称《九天应元雷声普化天尊玉枢宝经》，一卷。出于北宋末或南宋初。[1]《正统道藏》收入洞真部本文类，《中华道藏》收入道法众术第 31 册 010 号。

康熙四十一年（1702）写本，一册。素绢本。计三十九页，页高一尺二寸，广八寸。墨书。款署"康熙壬午六月，敬书"。前画九天像，后画灵官像。

②《真武经》

全称《元始天尊说北方真武妙经》，撰人不详。《正统道藏》收入洞真部本文类，《中华道藏》收入道法众术类第 30 册第 36 号。

康熙四十二年（1703）写本，一册。素绢本，十六页，页高一尺二寸，广八寸。墨书。款署"康熙四十二年三月，敬书"。前画元始天尊像，后画马天君像。

③《伏魔广济经》

经名全称不详。写经中画关帝像、灵官像，系道法众术类道经。

康熙四十一年（1702）写本，一册。素笺本，十七页，页高九寸广七寸。墨书。款署"康熙四十一年岁次壬午，夏五月十三日，敬书"。前画关帝像，后画灵官像。

康熙四十三年（1704）写本，一册。素笺本，计十七页，页高八

---

① 任继愈主编《道藏提要》，第 10 页。

寸八分，广七寸。墨书。款署"康熙四十三年岁次甲申，夏五月十三日，敬书"。前画关帝像，后画灵官像。

清圣祖所写道经，按《中华道藏》经目分类，多是三洞经教类和道法众术类。道经的成书年代多是唐宋时期。经书内容多涉清静无为养生，或祈福祛灾。写经底本多有赵孟𫖯道教写经。写经载体多样，素绢本较多，字体多临赵孟𫖯小楷，墨书为主，亦有泥金书。清圣祖书写道经，已不是像唐宋帝王写经崇道那样为皇权政治服务，而是为了养生祈福，或者研习书法，只是一种文化生活中的自我修养。

第三章
道教写经的写本及道藏的制作

一　写经载体及有关问题

道教写经载体主要有简、帛、纸等几种类型。道教写经作为中国古籍的一个重要组成部分，写经载体与中国古代文献载体的发展演变基本一致。

（一）竹简道经写本

简，本义是指窄而长的竹片，即竹简。窄而长的木片是木简，也称简。使用简作书，不晚于殷代。从字源上讲，甲骨文的"册"字是指把简编连起来以作书。[①] 殷人用简，《尚书·多士》记载，"惟殷先人，有册有典"。[②] 战国时期，简已经广泛使用，汉代达到鼎盛。至南北朝，约公元 3 ~ 4 世纪，简才被纸张取代。[③]

战国竹简道家写经，如湖北荆门郭店楚墓竹简《老子》，系战国时期道家写经。"现存 71 枚，分三组。甲本：共有竹简 39 枚，竹简两端

---

① 中国社会科学院考古研究所编辑《甲骨文编》卷二，中华书局，1982，第 87 页。
② （唐）孔颖达等撰《尚书正义》卷十六，（清）阮元校刻《十三经注疏》，中华书局，1982 年，第 220 页。
③ 王明：《简和帛》，《考古通讯》1955 年第 2 期，第 57 页。

均修削成梯形，简长 32.3 厘米，编线 2 道，编线间距为 13 厘米；乙本：共有 18 枚，竹简两端平齐，简长 30.6 厘米，编线两道，编线间距 13 厘米；丙本共存 14 枚，竹简两端平齐，简长 26.5 厘米，编线两道，编线间距 10.8 厘米。"① 这一类竹简写本是专门用以抄写书籍的。

汉代竹简道家写经，如湖北江陵张家山汉墓出土竹简《庄子·盗跖》②，西汉写本，现存 44 枚，简长 30 厘米，其长度与郭店楚墓战国竹简《老子》基本相同。再者河北定县八角廊汉墓出土竹简《文子》③，西汉写本。安徽阜阳双古堆汉墓出土竹简《庄子·杂篇》④《行气》⑤，均为西汉初期写本。

（二）帛书道经写本

帛是蚕丝织品的通称。中国养蚕制作丝织品的历史已有五千年。古代用于抄写书籍的帛称帛书，又称作缣帛、缣素、绢本等。已知以丝织品帛作为文献载体的较早记载是在春秋早期。《晏子春秋》记载，齐景公谓晏子曰，"昔吾先君桓公，予管仲狐与谷，其县十七，著之于帛，申之以策，通之诸侯，以为其子孙赏邑"⑥，按齐桓公是春秋五霸之首，公元前 685～前 643 年在位。⑦ 齐桓公令人以帛书记录封赏管仲之事，是已知以帛作书的较早记载。战国以后，帛书已经通行，至东汉达到鼎盛，作为常用文献载体，在南北朝被纸张取代，但是作为一种贵重的书

---

① 荆门市博物馆编《郭店楚墓竹简》，文物出版社，1998，第 1 页。
② 中国国家图书馆、中国国家古籍保护中心编《第一批国家珍贵古籍名录图录》，国家图书馆出版社，2008，00046 号。
③ 中国国家图书馆、中国国家古籍保护中心编《第一批国家珍贵古籍名录图录》，国家图书馆出版社，2008，00079 号。
④ 中国国家图书馆、中国国家古籍保护中心编《第一批国家珍贵古籍名录图录》，国家图书馆出版社，2008，02398 号。
⑤ 中国国家图书馆、中国国家古籍保护中心编《第一批国家珍贵古籍名录图录》，国家图书馆出版社，2008，02400 号
⑥ 吴则虞：《晏子春秋集释》卷七，中华书局，1962。
⑦ （汉）司马迁撰《史记》卷三十二《齐太公世家》，中华书局，2011，第 1485～1494 页。

写材料一直沿用至今。

1. 西汉帛书写经

如马王堆汉墓帛书《老子》甲本、乙本，为西汉道家写经。《老子》甲本高约 24 厘米，《老子》乙本高约 48 厘米。[①] 再如，湖南长沙马王堆汉墓出土的《却谷食气》[②]，亦是帛书。

2. 东汉缣素道教写经

早期道经写本的传世，《后汉书·襄楷传》中有记载，写本载体是"缥白素"[③]。注曰："缥，青白也，素，缣也"，以青白为色，即青白色的缣素。具体来说，关于"缥"，其注"青白也"，按《说文解字》："缥，帛青白色也"[④]，所谓缥，即一种青白色的帛。这与帛的颜色通常是白色、黄色有所不同。关于"素"，按注"素，缣也"，缣素同义。《说文》："缣，并丝缯也"，缣是由双丝沿经纬方向织成。具体来说，"缥白素"实质是青白色的双丝织物，通常称缣素。东汉缣素本《太平经》也正是处于简帛盛行的时代。

3. 魏晋之际绢本道教写经

魏晋之际，帛和得受绢本《三皇文》。[⑤] 绢的字义，《玉篇·系部》曰："绢，生缯也"[⑥]，《广韵·线韵》曰："绢，缣也"[⑦]。故绢是用生丝双丝沿经纬方向织成，适用于书画。帛和"立坛委绢"，写经画符，所用书写材料即是如此。

---

① 国家文物局古文献研究室编《马王堆汉墓帛书》，第 1 册，第 1 页。

② 中国国家图书馆、中国国家古籍保护中心编《第一批国家珍贵古籍名录图录》，00117 号。

③ （南朝宋）范晔撰，（唐）李贤等注《后汉书》卷三十，第 1084 页。

④ （汉）许慎撰，（清）段玉裁注《说文解字注》十三篇，上海古籍出版社，1995，第 649 页。

⑤ 王明：《抱朴子内篇校释》卷十九，第 336 页。

⑥ （南朝梁）顾野王撰《玉篇》卷二十七，于玉安、孙豫仁主编《字典汇编》第 11 册，国际文化出版公司，1993，第 124 页。

⑦ （北宋）陈彭年等编修《广韵》卷四，见周祖谟校《广韵校本》上册，中华书局，2011，第 411 页。

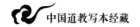

4. 西晋缣素道教写经

葛洪《抱朴子》著录的西晋道士郑隐藏书有260种，一千一百八十四卷，其中所见二百余卷，是缣素写本。[①] 写经篇幅都较短，即葛洪所称"短书缣素所写者"。用贵重的缣素说明郑隐对所缮写经书的重视。郑隐缮写、收藏的经书及书目，是有文献记载的第一部大规模道教经书总集。这说明，早期道教的经书在西晋已经达到较大规模，而且经书载体是缣素。

东晋书法家王羲之为山阴道士书《道德经》，所用写经材料是缣素。[②]

与王羲之同一时代的东晋书法家郗愔，以黄色缣素书写太清丹经。贾崇《华阳陶隐居内传》称，陶弘景"自云年十二时，于渠阁法书中见郗愔以黄素写太清诸丹法，乃欣然有志"。[③] 写经所用黄素，即黄色缣素。

东晋道教灵宝派用"缯"书写道经。按《说文解字》，"缯"与"帛"同义，都是指丝织品的通称。"缯，帛也。从糸，曾声。""帛，缯也。从巾，白声。"从字源上相比较而言，"缯"清楚地表达了以丝作为原料，帛形象地表达了以巾为织成品，而且未染色之前是白色。

传说早期道教灵宝派以红色缯书写道经，这与六朝道教用丝织品写经的情况较为相符，因此也一并著录参考。《太上洞玄灵宝五符序》[④] 约出于魏晋，所述灵宝五符天文用红色缯书写，"书以南和丹缯"。传说符文大禹得之，后又为吴王所得，谓"一卷赤素书"，赤素书与丹缯相同。只有一卷，应是篇幅短小的写经。《太极左仙公请问经》是六朝古《灵宝经》之一，[⑤] 所述《道德经》《灵宝经》《三皇经》《上清经》等各类经书是以红色缯书写。"《仙公请问经》云：《道德上下经》及

---

① 王明：《抱朴子内篇校释》卷十九，第332页。

② （唐）张彦远：《法书要录》卷二，引（南朝宋）虞和《论书表》，第42页。

③ （唐）贾崇：《牟阳陶隐居内传》《中华道藏》第46册，第219页。

④ 《太上洞玄灵宝五符序》，《中华道藏》第4册，第54页。

⑤ 任继愈主编《道藏提要》，第527页。

《洞真玄经》《三皇天文》《上清众篇咏》等，皆是太上所撰而为文，书于南和之缯，故曰题素也。"① 缯与素同为丝织品，故道教写经书于红色缯，又称"题素"。

南北朝以后，以帛书为总称的丝织品已经不是写经的主要载体，而是被纸张代替。但是帛书不像竹简那样基本上消失了，而是作为贵重的书写材料，一直沿用至今。例如美国佛利尔美术馆收藏赵孟頫书《太上老君说常清净经》②，系元代绢本，纵 29 厘米，横 58 厘米。再如清圣祖写经多用素绢本，有《南斗经》《常清净经》等。③

（三）纸本道经写本

纸最初是由旧的蚕丝纤维制成，即用动物纤维造纸。《说文解字》云"纸，絮一苫也。从系氏声"④，絮即旧的丝线，苫即竹帘，用以捞取水中丝絮的纤维。西汉时已开始制造麻纸，原料主要是旧布和绳头，即以植物纤维为原料造纸。东汉时，蔡伦以渔网为原料制造麻纸，对造纸技术进行了革新，使麻纸可以推广使用。

蔡伦，字敬仲，东汉桂阳（湖南耒阳）人。汉和帝时任中常侍，汉安帝元初元年（114），为龙亭侯。《后汉书》有传。蔡伦发明造纸技术的时间是东汉元兴元年（105），《后汉书》记载：

> 自古书契多编以竹简，其用缣帛者谓之为纸。缣贵而简重，并不便于人。伦乃造意，用树肤、麻头及敝布、鱼网以为纸。元兴元年（105）奏上之，帝善其能，自是莫不从用焉，故天下咸称"蔡侯纸"⑤。

---

① （北宋）张君房辑《云笈七签》卷七，《三洞经教部》，《中华道藏》第 29 册，第 74 页。
② 《太上老君说常清净经》图版，http://www.360doc.cn/article/1461125_31398505.html，美国佛利尔美术馆藏。《中国法帖全集》第 12 册，第 198 页。
③ 《秘殿珠林》卷一，《影印文渊阁四库全书》第 823 册，第 489～491 页。
④ （汉）许慎撰，（清）段玉裁注《说文解字》十三篇，第 659 页。
⑤ （南朝宋）范晔撰，（唐）李贤等注《后汉书》卷七十八《蔡伦传》，第 2513 页。

　　蔡伦将造纸一事上奏汉和帝刘肇，受到称赞，并推广使用。但是"蔡侯纸"的名称似应晚于元兴元年（105），因为蔡伦封为龙亭侯是在元初元年（114）。蔡侯纸是用旧渔网制作而成。张华《博物志》曰："汉桓帝时，桂阳人蔡伦，始捣故鱼网造纸。"[①] 渔网的原料来自麻，价格低廉，易于取材。宋代书法家米芾讲"六合纸自晋已用，乃蔡侯渔网遗制也。网，麻也"[②]。东汉蔡伦改进造纸术以后，纸张作为书籍的载体不断得到推广，至南北朝成为书籍的主要载体。据曹之先生《古籍版本学》，中国古籍常用纸有以下同几个种类。一是麻纸，"以苎麻、大麻为原料制成"；二是树皮纸，"以楮树皮、藤树皮等为原料制成"；三是竹纸，"以毛竹、苦竹等为原料制成"。[③] 中国古籍用纸可分为三个历史阶段："唐代以前为第一阶段，这个阶段以麻纸为主；从宋到明代中期为第二阶段，这个阶段以树皮纸和竹纸为主；从晚明到清代为第三阶段，这个阶段以竹纸为主。"[④]

　　道教写经是中国古籍的一个组成部分，纸本是南北朝以来道教写经的主要载体，其用纸情况基本与中国古籍用纸的历史发展规律相一致。

1. 荆州白笺

　　已知最早的纸本道教写经是杨羲等上清派道士写经，用纸是荆州白笺。[⑤]

　　这是一种产地为荆州的白纸。这种纸的原料制作尚不能详考，但是产地荆州可以为解这种纸提供一定的线索。蔡伦居住故地是荆州桂阳郡耒阳县，在南朝刘宋时期是盛产纸张的地方。刘宋盛弘之《荆州记》

---

① （唐）徐坚等：《初学记》卷二十一，引（晋）张华《博物志》，董治安主编《唐代四大类书》，清华大学出版社，2003，第1776页。

② （北宋）米芾：《评纸帖》，黄宝虹、邓实编《美术丛书》二集，第2辑，神州国光社，1936，第305页。

③ 曹之：《古籍版本学》，第535～537页。

④ 曹之：《古籍版本学》，第538页。

⑤ （梁）陶弘景编撰《真诰》卷十九，第236页。

记载："枣（耒）阳县百许步蔡伦宅，其中具存（臼），其旁有池，即名'蔡子池'。伦，汉顺帝时人，始以鱼网造纸。县人今犹多能作纸，盖伦之遗业也"①，故刘宋时期蔡伦家乡荆州耒阳县一直流传蔡侯纸的制作。麻纸即以渔网造纸，虽然随着造纸技术的发展，刘宋时期耒阳县人造纸的原料未必只用渔网，但是这种麻纸的制作技术应当基本不变，故称"伦之遗业"。再从纸张制造的发展背景来看，魏晋南北朝时期，纸张的主要原料是麻，因此麻是荆州白笺较为可能的原料。东晋荆州白笺始自东汉蔡侯纸。

纸张作为文献的载体在魏晋南北朝时期逐步推广使用。就纸张的色彩来说，白纸的使用已经比较广泛。② 至东晋末年确立了以黄纸作为官方文书的标准用纸，标志性的事件是 404 年桓玄在掌握朝政期间，颁令"今诸用简者，皆以黄纸代之"③。也就是说杨羲写上清经等道经使用白纸在当时是一种较为普遍使用的纸张，但在此后 40 年，东晋朝廷就明确规定以黄纸作为官方标准用纸了。

2. 麻纸

麻纸是唐代道教写经的主要用纸，敦煌道教写经多是用麻纸书写。例如，法国国家图书馆藏敦煌本《御注老子道德经》（P. 3725），系开元年间礼部、国子监校写《唐玄宗御注道德经》，用黄麻纸。《新唐书·艺文志》记载，"太府月给（集贤院）蜀郡麻纸五千番"④，用来书写包括道家类在内的四部书。又《旧唐书·经籍志》记载，开元年间，四部书"皆以益州麻纸写"⑤，益州麻纸与蜀郡麻纸是一种纸。

3. 藤纸

藤纸也是官方缮写经籍的常用纸。例如，《唐会要》记载，贞元三

---

① （南朝宋）盛弘之，《荆州记》，（唐）徐坚等：《初学记》卷二十一。引董治安主编"唐代四大类书"，清华大学出版社，2003，第 1776 页。

② 王菊花等：《中国古代造纸工程技术史》，第 139 页。

③ （宋）李昉编《太平御览》卷六百五，见《四部丛刊》三编子部，第 48 册。

④ （宋）欧阳修、宋祁撰《新唐书》卷五十七，第 1422 页。

⑤ （后晋）刘昫等撰《旧唐书》卷四十七，第 2082 页。

年（787），秘书监刘太真奏请唐德宗李适："供（秘书省）麻纸及书状藤纸一万张，添写经籍。其纸写书足日，即请停。"①

4. 楮纸

唐代已用楮纸写经，国家图书馆藏敦煌写卷 BD. 05520《无上秘要》卷五十二，经检测是楮纸写本。②

5. 瓷青纸

明代有瓷青纸写经，如江西省图书馆藏明代写经《太上洞玄灵宝无量度人上品妙经》一卷③，用纸为瓷青纸。瓷青纸是一种树皮纸，一般是由桑皮④为原料，经染以靛蓝色制成。瓷青是由于其颜色如瓷器的青釉得名，五代已有此造纸技术，其名称瓷青纸或磁青纸，使用时间始于明代宣德年间（1426～1435）。⑤

6. 金线榜纸

清代《四库全书》的北四阁是用"金线榜纸"，《纂修四库全书档案》记载：

> 现办《四库全书》，俱用金线榜纸，若添写三分，仍照前项纸色，恐致牵混，且恭绎谕旨，此书分贮各处，许多士编摩誊录，在于广布流传，与天府珍藏，稍有不同，拟用坚白太史连纸刷印红格，分给缮写，以示区别。⑥

金线榜纸又称开化榜纸，⑦《四库全书》中的子部道家类用纸也是如此。开化榜纸是一种树皮纸，当是以楮皮为基本原料制作。产自浙江省开

---

① （宋）王溥撰《唐会要》卷六十五，1125 页
② 潘吉星：《中国造纸史》，第 186 页。
③ 图版见国家图书馆编《中华典籍聚珍》，浙江古籍出版社，2009，名录 01991。
④ 王菊花等：《中国古代造纸工程技术史》，第 339 页。
⑤ 王菊花等：《中国古代造纸工程技术史》，第 259 页。
⑥ 张书才主编《纂修四库全书档案》，上海古籍出版社，1997，第 1616 页。
⑦ 黄爱平：《四库全书纂修研究》，北京，中国人民大学出版社，1989，第 140 页。

化县。①

《四库全书》中南三阁用纸是坚白太史连纸。②《纂修四库全书档案》记载有"坚白太史连纸"，其中的子部道家类用纸也是如此。这是一种竹纸，以竹穰为原料制成。③ 清代乾隆年间《连城县志》记载："纸以竹穰为之……又有连史、官边、烟纸、夹板等纸。"④ 又清代杨澜《临汀汇考》："连邑纸有连史、官边、烟纸、高帘、夹板等名，皆以竹穰为之。"⑤ 连史纸是福建连城县出产的一种上品纸。坚白太史连纸是连史纸的一种。

南三阁用纸或许不止一种，《文澜阁志》称《文澜阁四库全书》用纸为"泾县白棉纸"，潘吉星先生《中国造纸史》讲称《四库全书》用纸是"泾纸"⑥，泾纸是一种皮纸，最初以青檀皮为原料，后来以青檀皮为主，又配入楮皮或稻草。"泾纸洁白柔韧、平滑受墨，清代时供作内府及官府用纸。"⑦

7. 罗纹纸

罗纹纸。康熙五十四年，清圣祖御书《道德宝章》系罗纹笺本。⑧ 罗纹纸是清代官纸局生产的宫廷纸类，康熙年间宫廷使用较多。⑨ 清代罗纹纸有两种纹理，一种是帘纹，一种是罗纹。⑩ 在造纸技术中，"罗"本来是指汉代人们用蚕丝或马尾做的抄纸器，即罗面纸模。⑪ 汉以后，罗面纸模逐渐被用竹制作的帘面纸模取代。"罗"抄出的纸张上有纹理，称罗纹。帘抄出纸张上的纹理，称帘纹。罗纹比帘纹更加细密。清

① （明）陆容：《菽园杂记》卷十三，中华书局，1985，第157页
② 黄爱平：《四库全书纂修研究》，北京，中国人民大学出版社，1989，第155页。
③ 曹之：《古籍版本学》，第544页。
④ （清）李龙官等修纂《连城县志》卷四，厦门大学出版社，2008，第89页。
⑤ 王菊花等：《中国古代造纸工程技术史》，第319页。
⑥ 潘吉星：《中国造纸史》，第361页。
⑦ 潘吉星：《中国造纸史》，第361页。
⑧ 《秘殿珠林》，《影印文渊阁四库全书》第823册，第490页。
⑨ 王菊花等：《中国古代造纸工程技术史》，第342页。
⑩ 王菊花等：《中国古代造纸工程技术史》，第342页。
⑪ 潘吉星：《中国造纸史》122～124页。

代的罗纹纸先是用竹帘抄纸制作，具有帘纹，然后再压出罗纹以作装饰。①

　　以上是现存或者有文献具体记载的道教写经载体。在道教教内，对写经材料有专门论述。至晚出于唐初的道经《洞玄灵宝三洞奉道科戒营始·写经品》讲：

　　　　凡有十二相，以造真经：一者金简刻文，二者银版篆字，三者平石镌书，四者木上作字，五者素书，六者漆书，七者金字，八者银字，九者竹简，十者壁书，十一者纸书，十二者叶书。②

所述道经的十二相，即道教写经的十二个种类，主要是从写经的材料上说的。其中写本载体有金、银、石、木、素、竹、壁、纸、叶，计九种，字形材料有漆、金、银，计三种，合计十二种。而较为常见的如上所述是素帛、竹简、纸三种。道书中所讲金简、银版以造真经，多是体现出道教珍秘其书的文化特点，而在实际中是很少见到的。

二　写经字体及有关问题

　　道教写经的基本字体有篆书、隶书、楷书和道符。其中前三种字体也是中国古籍的常见正体字。道符是道教独特的字体，同时与篆书、隶书有着密切的联系。篆书笔画圆转，字形较长。篆书分为大篆和小篆，战国时期使用的文字是大篆，秦朝统一的文字是小篆。隶书笔画方折，字形扁阔，形成于秦，盛行于汉。楷书笔画平直，字形方正，形成于东汉末年，盛行于隋唐，沿用至清代，一直是中国古籍的通用正体字。③

---

① （清）徐康《前尘梦影录》卷二，王云五主编《丛书集成初编》第1562册，上海商务印书馆，1936，第10页。
② 《洞玄灵宝三洞奉道科戒营始》卷二，《道藏》第24册，第749页中。
③ 曹之：《古籍版本学》，第508、509页。

道符就字体而言是隶书或篆书的变体，有时配有图像，是一种特殊的字体。道符的产生不晚于东汉，是方士或道士书写使用的一种特殊文字符号。

（一）篆书

出土于湖北荆门郭店的战国楚墓竹简《老子》①，现存 2064 字，字体为篆书，楚国古文字。这是迄今为止所见年代最早的《老子》抄本，因此竹简保存的篆书也是已知《老子》写本中最古老的字体。其字体典雅、秀丽，系书法精品之作。

小篆作为通用字体，汉代被隶书替代，以后较少使用。但是在一些重要经典的制作上仍会使用篆书。据《旧唐书·司马承祯传》，上清派宗师司马承祯受唐玄宗之命，以三体写《老子经》，"承祯颇善篆隶书，玄宗令以三体写《老子经》，因刊正文句，定著五千三百八十言为真本以奏上之"②。篆书是三体中的一体。司马承祯善篆书，创造出一种书体，称"金剪刀书"。《太平广记》记载，"（司马承祯）攻篆，迥为一体，号曰金剪刀书"③。其书当是运笔圆转，笔锋锐利。再如，元代书法家赵孟頫亦曾篆书《道德经》。④

（二）隶书

著名的马王堆汉墓帛书《老子》甲本、乙本，西汉早期写本，是最早的隶书道家写经之一。《老子》甲本，字在篆隶之间，《老子》乙本，是成熟的隶书字体。⑤ 湖北江陵张家山三三六号汉墓出土竹简《庄子·盗跖》，西汉早期写本，隶书。⑥ 安徽阜阳双古堆汉墓出土竹简

① 荆门市博物馆编《郭店楚墓竹简》，第 1 页。

② （晋）刘昫等《旧唐书》卷一百九十二，第 5128 页。

③ （宋）李昉等撰《太平广记》卷二十一，第 143 页。

④ 骆兆平、谢典勋编著《天一阁碑帖目录汇编》，上海辞书出版社，2012 年，第 49 页。

⑤ 国家文物局古文献研究室编《马王堆汉墓帛书》，文物出版社，1980，第 1 册，第 1 页。

⑥ 中国古代书画鉴定组编《中国法书全集》第 1 册，图版 56，湖北省荆州博物馆藏。

《庄子》，西汉早期写本，隶字书写规范。河北定州八角廊村汉墓出土竹简《文子》①，西汉中期写本，笔画波磔，字形扁阔，隶字精美。

隶书是汉代的通用字体，魏晋时期被楷书取代。东晋时道教上清派用隶字造写经书，在当时来说也是一种古体。东晋上清派道士杨羲以隶书造写上清经［详见第二章一（三）杨羲］。

其他隶书写经还有宋代米芾隶书《道德经残句》②、元代吴叡隶书《老子道德经卷》③、清代郑簠隶书《太上感应篇》④ 等。

（三）楷书

1. 王体

楷书成为通用正体字是在魏晋时期。已知最早的楷书道教写经是东晋王羲之书《黄庭经》⑤。王羲之写经的重要贡献是在字体和书体，即小楷字体的成熟和王体书法艺术［详见第二章四（二）王羲之］。

2. 欧体

欧体楷书是唐初书法家欧阳询的书体，在北宋早期较为流行，也应用到道教写经之中。北宋道教学者陈景元擅长欧体小楷，校写道书数量极多［详见第二章一（十一）陈景元］。

3. 褚体

褚体楷书，即唐初书法家褚遂良的小楷字体，是唐代道教写经的一种重要书体［详见第二章四（三）褚遂良］。

4. 赵体

赵体小楷，是元代著名书法家赵孟頫的小楷书体［详见第二章四（四）赵孟頫］。

---

① 中国古代书画鉴定组编《中国法书全集》第 1 册，图版 75，河北省文物研究所藏。
② 《绍兴米帖》卷九，宋拓本，《中国法帖全集》第 5 册，第 257 页 。上海图书馆藏。
③ 刘九庵编著，茅子良校订《宋元明清书画家传世作品年表》，上海书画出版社，1997 年。故宫博物院收藏。
④ 《中国书画图目》第 11 册，浙 4—077，浙江省博物馆收藏。
⑤ 《黄庭经》宋拓本，《中国古籍珍本名录图录》，10015 号。上海图书馆藏。

5. 敦煌写经体

敦煌道教写经的字体，主要是小楷，书写年代大多是唐代。书写风格是多样的，其中有三种很有特点的书体。

一是官方楷书手、生员写经体，近似褚体，如国子监校写的《唐玄宗御注道德经》（P. 3725）。唐前期官方的楷书手、生员多受褚体影响，或临习褚体。褚遂良是唐初著名书法家，是在皇宫教授书法的文官重臣。唐太宗对褚遂良非常信赖和赏识，不仅任命褚遂良为弘文馆主，教授生员书法，还托付褚遂良为顾命大臣，辅佐唐高宗李治。褚体书法在唐代官方影响很大。

二是道观经生写经体，近似王体。如大弘道观经生许子颙抄写的《太上正一阅紫录仪》（P. 2457）。道观的经生在道观为道士或奉道之人写经，不属于官方的文职人员，一般不会受当朝书法家的教授和官方对书写能力的考核。经生一般是研习在社会、民间影响最大，是最受认可的书体，以为写经谋生之用。王羲之的书法在唐代社会影响是最大的，写经用这一书体就会受到民间以至官方的高度认可。

三是道士写经体。道士写经要写好两类字体，一是楷书，即通用正体字；二是道符，即道教经书特有的字体。就道士书写楷书而言，往往兼有篆书、隶书笔法，如敦煌道士索道士写《老子道德经五千文》（P. 2584）① 等。这与道教书写道符的传统有关。作为道教经书独特的文字道符，其基本组成是篆书、隶书的变体，以及图像。从经书内容来说，道符是经书中最重要的内容。故道士写经不仅要写好通用正体字楷书，更要写好、画好道符。从这个方面讲，道教写经人物应当同时擅长篆书、隶书、楷书。

敦煌道教写经之外，亦有唐代著名写经书法作品传世，如传为钟绍京写《灵飞经》②，是唐人写经体的代表作。

---

① 图版见 http://idp. nlc. cn/database/oo_scroll_h. a4d？uid = 188090307614；recnum = 59719；index = 5。

② 图版见中国古代书画鉴定组编《中国法书全集》第 4 册，第 354 页。

6. 馆阁体（台阁体）

馆阁体（台阁体）是明清时期官方认定的，在文书、经籍、科举试卷中使用的正体字。笔画方整、刻板，优点是易于辨认阅读，缺点是缺少艺术个性和变化。不过对于经籍的缮写、阅读来说，馆阁体也是一种重要的书体。馆阁体明代称台阁体。台阁是东汉朝廷官署的称谓，《后汉书》记载："光武皇帝愠数世之失权，忿强臣之窃命。矫枉过直，政不任下，虽置三公，事归台阁。"注曰："台阁，谓尚书也。"① 东汉之台阁与唐代之尚书省、明代之中书省相当，故明代使用台阁体的是中书省等朝廷官署。擅长书写的专职文官是中书舍人。② 台阁体在清代称馆阁体，名称中"馆"的出现当是指四库全书馆、翰林院等机构。馆阁体这一官方书体在民间也产生了很大影响，清代民间书籍的抄写也大量使用馆阁体。馆阁体的使用者是明清朝廷官署中的书写人员，其服务的对象是皇帝，或是完成朝廷的文职事务。

明清时期，朝廷官署中的书写人员以馆阁体（台阁体）缮写经籍，其中有一定数量的道家道教经书。例如，明代翰林学士沈度是台阁体的主要代表人物，写有《太上三光注龄资福延寿妙寿经》③ 等 6 种道经。《文渊阁四库全书》即用馆阁体缮写，其中子部道家类写本有《阴符经解》等 45 种，④ 书写基本工整，但是字品一般。书写人员是四库全书馆招募的"誊录"。

（四）道符

道符是道教经书中的独特字体，有的经书本身就是用道符书写。道符在道经中是一种符号传承，既是一种字体，也是一种图像。其字体和图像在道经中是基本稳定的，与篆书、隶书、楷书作为一种字体的传承

---

① 《后汉书》卷四十九《仲长统传》，引仲长统著《昌言》之《法诚篇》，第 1657 页。
② 《中国书法史》元明卷，第 205 页。
③ 《太上三光注龄资福延寿妙寿经》，http://www.dpm.org.cn/ancient/special/179809.html。
④ 《影印文渊阁四库全书》第 1055 ~ 1061 册。

相似。写本道经与刻本道经中的道符字体形态大体一致，略有差别。我们以两个道教文献群为基础进行考察。一是《正统道藏》明代刻本，二是敦煌道经，主要是唐代写本。我们首先对《正统道藏》中的早期道经道符的字体形态做一基本考察，然后再结合敦煌道教写经残卷中保存的道符进行比较，以期从写本与刻本相结合的角度，探讨早期道经中道符字体形态的基本情况。

1.《太平经》中的道符

早期道教经书《太平经》，约成书于东汉。《正统道藏》本卷一百四至一百七，每卷是一篇复文①，共四篇，即由道符写成。敦煌本有《太平经目录并序》（S.4226），无道符。

复文，一般是指异体字。南朝梁刘勰《文心雕龙·练字》："暨乎后汉，小学转疏，复文隐训，臧否大半。"② 周振甫注： "复文，犹异体字。"汉代写本《太平经》已佚，现存明代道藏本《太平经》是刻本，不是写本，但是字体、字形还是能够基本保留下来。《太平经》中的复文是隶书的变体，笔画方折与隶书相同。相对正体隶书的变化是，笔画、偏旁、字形多有重复书写，是一种复字；字形正方而非扁阔。从字形上说明，《太平经》的复文产生于东汉，是以隶书为基础而演变的道符。

《太平经》虽然是最早的道经之一，但是复文的字体采用的是汉代隶书的变体，字体与成书时代相同，相对而言字体的使用并不古老。之后六朝成书的道经虽然成书晚于《太平经》，但其中道符是篆书的变体，使用的字体却比隶书古老，这是因为晚出道书选择了更为古老的字体造写经书。

2. 三皇经中的道符

《三皇文》，三卷，成书于魏晋之际，已佚。至南朝增益为《洞神

---

① 王明编《太平经合校》，中华书局，2014，第487~523页。
② 张国庆、涂光社：《文心雕龙集校、集释、直译》，中国社会科学出版社，2015，第710页。

三皇经》十四卷。① 现存《正统道藏》本《洞神八帝妙精经》约出于东晋，为《洞神三皇经》十四卷之一。从中可以看出东晋南朝时《三皇文》的传本的主要内容，实际就是 92 枚道符。这些道符是大字符文，传说是"三皇以前鸟迹之始大章者也"②，应当是鸟形篆书一类的符文，但是实际上这一特点并不明显，可能是因为刻本字符未能很好地把写本字符的笔画保存下来。道符的笔画多是隶书的变体，也有部分篆书的变体。每枚道符是由几个小字道符组成的大字道符，字形狭长。与灵宝经道符的正方字形不同。

《五岳真形图》一卷与《三皇文》都是早期三皇经的主要经典，约成书于魏晋之际。现存《正统道藏》本、《云笈七签》本。道藏本题名《洞玄灵宝五岳古本真形图》，约出于魏晋之际，是早期传本之一。其内容是以山水图像为主，还有 16 个道符。

道藏本之中有两个传本。第二个传本称道符为"鸟迹以前籀文"③。籀通"籀"，又名大篆，指周太史史籀创造的字体。这里喻指非常古老的道符。④ 故籀文在道教文化中的使用当是指体现道术的字符。从道符笔画来看，以隶书的笔画为主，较细，且取象鸟形，也有少量篆书笔画。每个籀文道符是由几个小字道符组成的大字道符，字形狭长。道藏本中的第一个传本，就非常形象地展现了籀文道符隶书笔画取象鸟形的特点，这可能是因为第一个传本笔画较粗，在由写本变成刻本流传时能够较多地保留原貌。

敦煌本三皇经系列经典有《陶弘景五法传授仪》（P. 2559）⑤，成书于南朝梁。《正统道藏》未收。其中的道符即为现存道教写经中较早的

---

① 任继愈主编《中国道教史》，第 130、131 页。
② 任继愈主编《中国道教史》，第 132 页。
③ 《洞玄灵宝五岳古本真形图》，《中华道藏》第 4 册，第 357 页。
④ 汉语大字典编辑委员会编《汉语大字典》，湖北长江出版集团，2010，第 3221、3676 页。
⑤ P. 2559 图版，国际敦煌项目，http://idp. nlc. gov. cn/database/oo_scroll_h. a4d？uid = - 17351027898；recnum = 59689；index = 6。

道符之一，是由隶书方折笔画和篆书圆转笔画组成，笔画取象鸟形。隶书部分是复字道符。敦煌本与道藏本三皇经道符的笔画基本相似。但是敦煌本道符中小字道符的布局较为松散。

3. 上清经中的道符

《上清大洞真经三十九章》成书于东晋，原本一卷，是上清经首要经典。现存有《正统道藏》本，无敦煌本。道藏本六卷，刻有 39 个玉符，分别配在 39 章每章末尾，是上清经的主要道符。玉符以隶书笔画为多，且笔画极具重复，亦有少量篆书笔画，笔画分布均匀细密。玉符是由多个小字道符组成的大字道符，多有隶书复字。字形狭长。

《上清玉珮金珰太极金书上经》，撰人不详，约出于东晋。早期上清经之一。有《正统道藏》本。敦煌写经 P. 2409① 系此经残卷，保存道符 9 个。属隶书及变体，复字道符，字形狭长。道藏本与敦煌本字体相似，但是敦煌本中有少数几个字是楷书。再者敦煌本笔画有一定的弯曲倾斜，且较为松散，而道藏本笔画极具方折平整，且非常细密均匀。写本的自然与刻本的刻板，各自特点鲜明。

4. 古灵宝经中的道符

《正统道藏》本《太上洞玄灵宝五符序》，即《灵宝五符经》，② 约成书于魏晋之际。其中"五方符命"③，即为五个大字道符。有《正统道藏》本，无敦煌本。道符的基本笔画为篆书圆转的笔画较多，隶书方折的笔画较少，字形是由多个小字道符组成的大字道符，呈正方形。这种篆书隶书变体写成的复字道符是早期道符的一种基本形式。虽然《灵宝五符经》中也有篆文变体的小字道符《皇人太上真一经诸天名》，但还不是主要字体形式。其后晚出的《元始五老赤书玉篇真文天书经》，在字体形式上由复字道符向单字道符转变。

---

①　图版见 http：//idp. nlc. cn/database/oo_scroll_h. a4d？uid = 188101291714；recnum = 59503；index = 4。

②　陈国符：《道藏源流考》，第 62 页。

③　《太上洞玄灵宝五符序》，《中华道藏》第 4 册，第 79 页。

《太上灵宝无极大道自然真一五称符上经》，有《正统道藏》本，敦煌本。敦煌写经 P. 2440① 系此经残卷。其中"东胜符"是篆书变体，以圆转笔画为主。保持了早期灵宝经的字体特点。而此经的道藏本"东胜符"② 则是隶书变体，以方折笔画为主。说明此经在流传过程中发生了字体的变化，可能是由写本改为刻本时造成。敦煌写经更好地保存了道符的早期书写形态。

约出于东晋的《元始五老赤书玉篇真文天书经》，是东晋南朝灵宝经中最重要的一部道经。其中的道符主要是五篇真文，以"秘篆文"③书写，亦是早期道教的一种道符。有《正统道藏》本，无敦煌本。秘篆文是篆书的一种变体。从保存下来的秘篆文来看，笔画主要是篆书圆转的笔画，同时多取象云状的曲线，是云的象形字。字形正方，而非篆书的狭长。每一个秘篆道符都是单字。此外，还有五帝化生符、五老符命，与《灵宝五符经》相似，是篆隶变体的小字道符组成的复字大符。其字形与《灵宝五符经》相似。

《太上洞玄灵宝灭度五炼生尸妙经》系早期灵宝经，约成书于东晋。有《正统道藏》本，敦煌本。敦煌写经 P. 2865④ 系此经残卷，有四组天文，以篆书笔画为主，单字道符，正方形。与《正统道藏》本相似，亦与道藏本《洞玄灵宝五老赤书真文》字体相似。

简言之，从东汉和六朝道经中保存的道符来看，有两种类型，一是隶书方折笔画及变体较多，多见于《太平经》《三皇经》《上清经》；二是篆书圆转笔画及变体较多，多见于灵宝经。笔画的形象、取象有两种，一是取象鸟形的三皇经，二是取象云状的灵宝经。道符的字形有两种，一是狭长方形，二是正方形。在道符的组成上，早期道经中道符一

---

① 图版见 http://idp. nlc. cn/database/oo_scroll_h. a4d? uid = 188104795511；recnum = 59534；index = 5。
② 《太上灵宝无极大道自然真一五称符上经》，《中华道藏》第 4 册，第 194 页。
③ 《元始五老赤书玉篇真文天书经》，《中华道藏》第 3 册，第 3 ~ 9 页。
④ 图版见 http://idp. nlc. cn/database/oo_scroll_h. a4d? uid = 188110502012；recnum = 60046；index = 5。

般是复字道符，即由几个小字道符组成大字道符。单字道符出现在东晋南朝灵宝经，是指"真文""天文"一类，由于是单字，字数较多。

敦煌道教写经以书写的字体较好地保存了早期道符的原貌。

约成书于唐初的《洞玄灵宝三洞奉道科戒营始》，其中"写经品"对写经字体的使用有一个基本的总结：

> 或古或今，或篆或隶，或取天书玉字，或象云气金章，八体六书，从心所欲。①

唐初的字体，古体字是指篆、隶，今体字指楷书，而"天书玉字""云气金章"，是灵宝经中的秘篆文，是篆书笔画取象云状曲线的变体。

至于"八体六书"是对秦代通用字体"八体"和王莽新朝时期校定的字体"六书"的总称。②《云笈七签》：

> 一曰大篆，二曰小篆，三曰刻符，四曰虫书，五曰摹印，六曰署书，七曰受书，八曰隶书。王莽时，使司徒甄丰校定文字，复有六书：一曰古文，孔子壁中书；二曰奇字，古文异书；三曰篆书；四曰佐书，即隶书；五曰缪篆，所以摹印；六曰鸟篆，翻言也。③

八体六书是对东汉以前通用字体的总结，主要是篆书和隶书。其中篆书是一大类，比较复杂，按不同的历史阶段和用途又有所不同，秦代统一文字的正体字是小篆。

因此，"写经品"对道教写经字体的总结是比较全面的，但是对道符的总结是着重从《灵宝经》的角度来讲的，这主要体现在道符的总

---

① 《洞玄灵宝三洞奉道科戒营始》卷二，《道藏》第24册，第749页中。
② （汉）许慎撰，（清）段玉裁注《说文解字注》卷十五，上海古籍出版社，1995，第758～761页。
③ （北宋）张君房辑《云笈七签》卷七，《道藏》第22册，第40页下。

结上侧重所谓"天书",即取象云状的《灵宝经》中的道符。

综上所述,道家道教写经的基本字体在东晋已经基本形成。其中,篆书以秦代统一文字的小篆为通用正体字,隶书盛行于汉代,楷书形成于魏晋。这三种字体与道家道教写经与中国古籍书写时使用的正体字是基本一致的。道教写经特有的字体道符基本形成体系是在东晋,以东晋《上清经》《灵宝经》的成书为标志,加上在此之前成书的《太平经》《三皇经》等道经,道教形成了以隶书篆书变体为基础的道符字体。东晋以前的道家道教经存世很少,以唐代写本为主的敦煌道教写经保存了楷书、道符这两种字体较为丰富的写本资料,使我们能够以书写真迹来了解唐代及以前道教写经字体的基本情况。

三 行款

行款,又称行格、行字。[①] 在写卷本中,指每纸的行数、每行栏格的尺寸和每行的字数。在册页本中,行款是指每半页的行数和每行的字数。竹简写本经书是竹片的编连,帛书是一整张,不存在每页行数的问题。行款主要体现为每行的尺寸标准和每行的字数。

竹简写经中,竹简本身就起到行格的作用。就具体一部写经来说,竹简是有标准的,但是竹简类写经没有相对一致的行格标准,竹简宽度一般在 0.7~1 厘米之间,长度一般在 20~40 厘米之间不等。行字数也无明确标准,例如郭店楚墓竹简《老子》,每行 28~32 字,即每行 30 字左右。[②]

帛书写经已有行格,如马王堆汉墓帛书《老子》甲本、乙本,均是朱丝栏,宽 7~8 毫米,[③] 属于较窄的行格,而长度则视帛的大小而定。由于帛书是整张书写,也就不存在页数及每页行数的问题。帛书写

---

① 曹之:《中国古籍版本学》,第 502 页。

② 荆门市博物馆编《郭店楚墓竹简》,文物出版社,1998,第 1 页。

③ 《中国美术全集》第 54 册,人民美术出版社,2006,图版三八。

经每行字数要视缣帛的尺寸大小，无标准的字数。如帛书《老子》甲本高 24 厘米，行 35 字左右，乙本原高 48 厘米，行字数未知。

纸卷写经是由一页一页的纸张粘接而成的，有了明确的行款标准。如敦煌写经《本际经》卷四（P.2369），是标准的敦煌写经，每页 28 行，行格宽 1.8 厘米，长 19.5 厘米，每行 17 字。这一行款来源于佛教写经，南宋赵彦卫《云麓漫钞》："释氏写经，一行以十七字为准。国朝试童行诵经，计其纸数，以十七字为行，二十五行为一纸。"① 至于佛教写经 17 字行款起于何时，北宋释智圆著《闲居编》："自古书经，行以一十七字为准。故古疏分释诸经，咸以行数为计，以行约数亦可知。故皇朝策试之式，计其纸数，盖以十七字为行，二十五行为纸也。"② 这就是说大约汉魏时期汉译佛经出现时，就已使用这一行款标准译写佛经。这一行款标准也被道教写经采用，在唐代敦煌道教写经中，多是以此为行字标准。有时为了严格按照这一标准，书写人员以空格的形式使每行保持 17 字规格。如《太上洞玄灵宝业报因缘经》（BD.5767），写本遵循行 17 字规格，颂每句 7 字，抄写中每行上下各抄 7 字，中间空 3 字。再如《太玄真一本际经卷六》（P.2860），严格按行 17 字规格抄写，经文中有 7 行颂文，均是中间空 3 个字，使每行仍按 17 字的规格抄写。

册页本的写经同一写本的行款有确定的标准，但各种册页本整体上没有相对一致的行格。册页写经有的延续传统行款，如四川省图书馆藏明抄本《抱朴子》③，行 17 字。这一抄本与传统纸卷写经 17 字的行款是一致的。清代《四库全书》是官方制定行款，每半页 8 行，行 21 字④。其中子部道家类写本也以此为行款。

---

① （南宋）赵彦卫撰，傅根清点校《云麓漫钞》卷三，中华书局，1996，第 49 页。
② （北宋）释智圆著《闲居编》第九，《续藏经》第 101 册，新文丰出版公司，1976，第 82 页。
③ 中国国家图书馆、中国国家古籍保护中心编《第一批中国古籍珍本名录图录》，08633 号。
④ 《影印文渊阁四库全书》第 1 册，第 24 页。

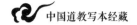

四　写经色彩

（一）字体色彩

字体色彩有黑、黄、红黑双色、丹青双色等。

墨书黑字。墨书黑色是标准色，从郭店竹简到《四库全书》，道教写经字体的基本色彩是墨书黑色。

泥金黄字。泥金书写的字体色彩为黄色，如宋代龙虎山上清正一宫道藏，"粉黄金为泥书之"①，再如清圣祖写《太上玄灵北斗本命延生真经》②，泥金楷书，均为黄色字体。

红黑双色。红字用以抄写经文、黑字用以抄写注文。敦煌写经《老子道德经义疏》（S. 6044 + BD. 14677），经文红笔书写，注文墨书。再如敦煌写经《老子道德经义疏》（P. 3592）③，经注文红字，疏解黑字。国家图书馆藏唐写本《老子道德经五千文义疏》④，经文红字，注文黑字。还有一种情况，墨书黑色为道经真迹，红色为整理者字体的色彩。陶弘景整理《真诰》，所抄写、校注字体是红色，原三君手书为墨书黑色，"《真诰》中凡有紫书大字者，皆隐居别抄取三君手书，经中杂事各相配类，共为证明，诸经既非聊尔可见，便于例致隔，今同出在此，则易得寻究"，"又此六篇中有朱书细字者，悉隐居所注，以为志别。其墨书纽字，犹是本文真经始末"。⑤

---

① （清）娄近垣编撰，张炜、汪继东校注《龙虎山志》卷一六，（元）虞集《龙虎山道藏铭并序》，第315页。

② 《太上玄灵北斗本命延生真经》，图版见 http://www.dpm.org.cn/ancient/special/180729.html。

③ 图版见 http://idp.nlc.cn/database/oo_scroll_h.a4d? uid = 188115770115；recnum = 60949；index = 4。

④ 中国国家图书馆、中国国家古籍保护中心编《第一批中国古籍珍本名录图录》，00172号。

⑤ （梁）陶弘景编撰《真诰》卷十九，《中华道藏》第2册，第237页。

丹青双色。早期《太平经》的字体色彩，"吾书中，善者悉使青下而丹目，合乎吾之道，乃丹青之信也"①。即经目字体是红色，经目以下文字是青色。

（二）栏格色彩

栏格一般是朱丝栏或乌丝栏。朱丝栏出现较早，如马王堆汉墓帛书《老子》、早期《太平经》，即为朱丝栏。再如清乾隆年间《文渊阁四库全书》写本，朱丝栏，红框白口。② 这样的纸张白色、栏格红色，能够很好地衬托出写经字体的黑色。边栏是粗线，行格是细线，纸墨鲜明、清晰美观，不仅起到整齐书写的作用，还能有很好的装饰效果。

以唐代写本为主的敦煌道教写经基本都是乌丝栏。因写经字体也是黑色，乌丝栏与字体同色，为使字体色彩更鲜明，边栏与行格一样较细，主要是起到整齐书写的作用。加之写卷纸张为黄色，这种黄纸墨书的色彩具有沉稳庄重、富丽堂皇的效果。

（三）载体色彩

写经载体一般是白色、黄色。

白色，如杨羲写经用荆州白笺，再如《文渊阁四库全书》子部道家类，用白色榜纸。

黄色，如马王堆帛书《老子》。敦煌写经一般是黄麻纸。竹简、泥金纸写经为黄色。

青色，如上述东汉《太平经》写本"缥白素"，是青白色。再如瓷青纸写本，明沈度书《太上三光注龄资福延寿妙寿经》③ 等 6 种道经是青色。

---

① （南朝宋）范晔撰，（唐）李贤等注《后汉书》卷三十，第 1084 页。
② 《影印文渊阁四库全书》第 1 册，第 6 页。
③ 《太上三光注龄资福延寿妙寿经》，http://www.dpm.org.cn/ancient/special/179809.html，故宫博物院网址。

黑色，江西省图书馆馆藏明代写本《太上洞玄灵宝无量度人上品妙经一卷》①，纸张黑色。清圣祖写《元始天尊说北方真武妙经》②，黑漆蜡笺纸。

碧绿色，五代吴越王钱氏所建道藏，"碧纸银书，悉成卷轴"③，是碧纸写卷。

五色，以五色缯书写道符秘文，是道教教内写经的一种方式。道教灵宝经称，将秘篆文书写于五色缯，以与五方、五行相对应。

综合以上，道教写经字体墨书黑色，载体为黄色或白色，是道教写经的主色，这与中国古籍写本的一般特征是一致的。早期道教教内写经如丹青色之《太平经》、五色之《灵宝经》秘篆文，其色彩的意义不只是在文本的制作，且与五行思想相结合，并赋予了道教文化的内涵。

五　道教写经规格

以写经载体为基础，并参考写经形制和字体，存世道教写经主要是以下几种规格类型。

（一）竹简道教写经规格

在竹简上书写道经，为先秦两汉时期的主要写本形式。著名的竹简写经如郭店楚墓竹简《老子》，为战国时期写本。"现存 71 枚，分三组：甲组存 39 枚，简长 32.3cm，存 1000 余字；乙组存 18 枚，简长 30.6cm，存 260 字左右；丙组存 14 枚，简长 26.5cm，存 380 字"④，每

① 周建文等主编《江西省图书馆馆藏珍本古籍图录》，江西人民出版社，2010，第 184 页。
② 《元始天尊说北方真武妙经》，http://www.dpm.org.cn/ancient/special/180728.html，故宫博物院网址。
③ （宋）金允中编《上清灵宝大法》卷二十四，《中华道藏》第 34 册，第 156 页。
④ 中国国家图书馆、中国国家古籍保护中心编《第一批国家珍贵古籍名录图录》，00013 号。

行 28～32 字，篆书。

（二）帛书道教写经规格

帛书写经是在缣帛一类的丝织物上写经，系先秦两汉时期的主要写本形式。著名的帛书写经如马王堆汉墓帛书《老子》甲本、乙本，为西汉早期写本。

《老子》甲本高约 24 厘米，朱丝栏 7～8 毫米，[①]，每行 35 字左右，墨书，字在篆隶间，接近小篆，共 464 行。[②]

《老子》乙本抄在一幅大帛上，帛书原高约 48 厘米，朱丝栏 7～8 毫米，墨书，隶体，共 252 行。[③]

（三）纸卷道教写经规格

纸卷亦称写卷，是由纸张首尾粘连而成。纸卷缠绕在短棒上，称为卷轴写经。写卷盛行于唐代，代表写经是敦煌写卷，写经规格为黄麻纸、卷子装、小楷书。例如敦煌写经《唐玄宗御注道德经》（P.3725）[④]，以其是礼部、国子监所出，是唐代国家经籍制作的规格。纸张规格：纵 25.8 厘米，横 118.7 厘米；存三纸，前两纸每纸纵 25.8 厘米，横 50.5 厘米；第三纸纵 25.8 厘米，横 17.7 厘米，尾部被裁去上下两角；第一纸虽然首部残损，但仍基本具足 28 行。优质黄麻纸。乌丝栏规格：共有乌丝栏 66 行，单行 1.8 厘米×19.5 厘米；天头、地角各约 3 厘米。字体规格：墨书，小楷，经文每字占约 1.5 厘米×1.8 厘米，注文每字占约 1.1 厘米×1.8 厘米，字间距较大。行款：由于是唐玄宗御注，注文用的是敦煌写经的标准行款 17 字。经文行 13、14 字，经注连书则 13～18 字之间字数不等。每行经注连书时注文单行小字。

---

① 《中国美术全集》第 54 册，图版三八。
② 国家文物局古文献研究室编《马王堆汉墓帛书》第 1 册，第 1 页。
③ 国家文物局古文献研究室编《马王堆汉墓帛书》第 1 册，第 1 页。
④ 《唐玄宗御注道德经》（P.3725），http://idp.nlc.gov.cn/database/oo_scroll_h.a4d? uid＝－17323774838；recnum＝61129；index＝5。

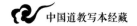
（四）符书道教写经规格

道符是不同于正体字的特殊字体，因此把含有道符的经书写本作为写经的一种规格。道符的字体一般都大于写卷中的楷书经文，故其字形及书写规格与经文楷书不同。就道符来说，有复字道符，字形较大，有单字道符，字形较小。在敦煌道经写卷中可见到道符的书写规格。

敦煌写卷《太上灵宝无极大道自然真一五称符上经》（P.2440）收有4个大字道符。其中的"东胜符"是篆书变体，复字道符，字形狭长，墨书。一个大字道符占有4行乌丝栏。

敦煌写卷《太上洞玄灵宝灭度五炼生尸妙经》（P.2865）有4组道符，以篆书笔画为主，系单字道符，墨书，字形正方。1个道符占有大约4个楷字的正方形面积。2行乌丝栏用于写1行道符，每行道符8个，均匀分布。

以上两种道符的书写规格是为了与敦煌写卷中的小楷行款17字的书写规格在占用书写面积上保持一致，使道符与小楷字体在乌丝栏上下界线得以整齐地排列。

（五）册页道教写经规格

册页包括蝴蝶装、包背装、线装本等。《文渊阁四库全书》即为包背装，有统一的写本规格，同时也是其中子部道家类写本的规格。书写用白色开化榜纸。[①] 书高31.5厘米，宽20厘米，书版心高22.3厘米，宽15.3厘米，朱礴红格，半页8行，行21字，墨书，小楷，馆阁体，鱼尾下标注书名、卷次及页数，红框白口。[②] 书以绢作封面，色彩不同，以相区别。道家类所属的子部为蓝色，其他三部为经部绿色、史部红色、集部灰色。

综合以上，道教写经的基本载体是简、帛、纸。纸又以麻纸和皮纸

---

① 曹之：《中国古籍版本学》，第153页。
② 《影印文渊阁四库全书》第1册，第1页。

为上等。写经载体的色彩主要是黄色和白色。形制以卷子和册页为基本装帧形式。基本字体是篆、隶、楷，道符，字体标准色彩是墨书黑字。栏格主要是乌丝栏和朱丝栏。

道教写经的鼎盛时期是唐代，其写经规格是敦煌道教写经中唐代写本的基本规格，即小楷书黄麻纸写卷。我们以此为基础，进一步探讨唐代道藏的制作。

六　唐代道藏的制作

道教认为，"夫经，皆须作藏"，藏既是指做好收藏，同时也是指入藏。唐代道经已经记载有写经作藏的方法。

首先是写经的载体，在道经中写经载体的种类十分丰富，"凡有十二相，以造真经：一者金简刻文，二者银版篆字，三者平石镌书，四者木上作字，五者素书，六者漆书，七者金字，八者银字，九者竹简，十者壁书，十一者纸书，十二者叶书"。① 其中真正实用者，在唐代是用纸书，即黄麻纸。

写经的字体，主要有楷书、篆书和隶书，"或古或今，或篆或隶，或取天书玉字，或象云气金章，八体六书，从心所欲"。② 在唐代道教写经基本上都是楷书，篆书和隶书已较少使用。

抄写完成的经卷，要进行包裹收藏，"凡经，每一部，或五卷、十卷，皆须著裠。凡裠，有五种。一者锦绮，二者织成，三者绣作，四者纯綵，五者画绘。皆内安裹及带如法，皆书题曰某经"③。这里的"裠"，并不是指皮衣、皮制品，而是包裹、包帙的通称。所讲五种包裹，是五种丝织品。包裹外还要题上经名，以便于辨认查找。敦煌道教写经尚无发现有完整的包帙。

---

① 《洞玄灵宝三洞奉道科戒营始》卷二《写经品》，《中华道藏》第42册，第10页。
② 《洞玄灵宝三洞奉道科戒营始》卷二《写经品》，《中华道藏》第42册，第10页。
③ 《洞玄灵宝三洞奉道科戒营始》卷三《法具品》，《中华道藏》第42册，第15页。

经卷包裹好，放入经函收藏。经函的种类也很多，"经函，凡有十二种。一者雕玉，二者纯金，三者纯银，四者金缕，五者银缕，六者纯漆，七者木画，八者彩画，九者金饰，十者宝装，十一者石作，十二者铁作。大小任宜"①。经函以第七种即木制品更加实用。

经函放入经橱收藏。经橱的制作原料有多种，"凡经厨，有六种。一者宝装，二者香饰，三者金银隐起，四者纯漆，五者沉檀，六者名木"②。经橱也是以木制品为实用，一般是沉檀木。经橱制作的基本要求是：

> 凡造经藏，皆外漆，内装沉檀，或表里纯漆，或内外宝装，或表里彩画，或名木纯素。各在一时，大小多少，并随力办。或作上下七重，或三重，并别三间或七间，安三洞四辅，使相区别。门上皆置锁钥，左右画金刚神王。悉须作台安，不得直尔顿地。③

经橱的建造基本结构是七层，每层三间；或是三层，每层七间。然后是安置橱门、锁和钥匙。还要为经橱作台，不能使经橱直接触地，并且涂漆加以保护，作画进行装饰。经橱做好之后，将"三洞四辅"经书分类放入其中。

> 凡藏，有二种。一者总藏，二者别藏。总藏者，三洞、四辅，同作一藏，上下或左右前后作重级，各安题目三洞宝经藏。别藏者，三洞、四辅，各作一藏。凡有七种：一者大洞真经藏，二者洞玄宝经藏，三者洞神仙经藏，四者太玄经藏，五者太平经藏，六者太清经藏，七者正一经藏。皆明题目，以相甄别，若次安之。若各藏，如并藏法，皆安经台，或天尊殿，当阳左右间，左三洞、右四辅，每藏皆作台举之，不得正尔顿地，巾帕裹蕴如法。置几案、香

---

① 《洞玄灵宝三洞奉道科戒营始》卷三《法具品》，《中华道藏》第 42 册，第 15 页。
② 《洞玄灵宝三洞奉道科戒营始》卷三《法具品》，《中华道藏》第 42 册，第 15 页。
③ 《洞玄灵宝三洞奉道科戒营始》卷三《法具品》，《中华道藏》第 42 册，第 15 页。

炉，龙璧烧香，明灯存念，并须得所。藏之大小，皆在时之所制，不复为常。①

　　道教认为，将经藏、经橱、经台安装好以后，放入天尊殿，即道观的主殿，以为供养、诵经、讲经等科仪法事活动之用。

　　需要补充说明的是，收藏经书的器具上还可以加上玉、丝织品等装饰，"凡经箧、函筒、简、襆囊等，各随时制造，珠玉、锦绮、罗谷，各任力所为也"②。与经橱存贮功能相近的还有经架，"凡经架，有十种。一者玉作，二者金作，三者银作，四者沉水（檀），五者紫檀，六者白檀，七者黄檀，八者名木，九者纯漆，十者金银隐起，或金玉珠彩装校。皆须作函藏举，勿得随宜顿地"③。从实用出发，经架也应多是木制，主要是檀木，当与经橱类似。

　　把敦煌本《一切道经》残卷与有关道教文献、历史文献结合起来考察，我们基本上可以恢复唐代道教写经作藏的方法——以黄麻纸为经书载体，以墨书小楷为写经正体，以卷子为装帧形式，以沉檀木为原料制作经函和经橱，收藏经书和道藏。经橱分作七层，每层再分作三个小间，收藏《一切道经》三洞四辅，共七部经书。写经作藏的要求是"书写精妙，纸墨鲜明，装潢条轴，函筒藏举"。敦煌道观地处西北，道藏形态或许有着当地自身的特点，但是其基本样貌当是如此。以敦煌本《一切道经》的写经规格为标志，道教写本经书在唐代开元年间进入了历史发展的鼎盛时期。

七　唐代四部书子部道家类的制作

　　唐代官方制作四部书，其中也包括一定数量的道家道教写本。其写

---

① 《洞玄灵宝三洞奉道科戒营始》卷二《写经品》，《中华道藏》第 42 册，第 10 页。
② 《洞玄灵宝三洞奉道科戒营始》卷三《法具品》，《中华道藏》第 42 册，第 15 页。
③ 《洞玄灵宝三洞奉道科戒营始》卷三《法具品》，《中华道藏》第 42 册，第 15 页。

本的基本情况统一于四部书的写本规格,具体从属于子部之中。唐代开元年间四部书的制作规格,《旧唐书·经籍志》记载:

> 开元时,甲乙丙丁四部书各为一库,置知书官八人分掌之。凡四部库书,两京各一本,共一十二万五千九百六十卷。皆以益州麻纸写。其集贤院御书,经库皆钿白牙轴,黄缥带,红牙签,史书库钿青牙轴,缥带,绿牙签,子库皆雕紫檀轴,紫带,碧牙签,集库皆绿牙轴,朱带,白牙签,以分别之[①]。

又《新唐书·艺文志》记载:

> 既而太府月给蜀郡麻纸五千番,季给上谷[②]墨三百三十六丸,岁给河间、景城、清河、博平四郡兔千五百皮为笔材。两都各聚书四部,以甲、乙、丙、丁为次,列经、史、子、集四库。其本有正有副,轴带帙签皆异色以别之[③]。

综合以上,子部道家类写经当是益州(蜀郡)麻纸,卷子装,小楷,墨书,并且用雕紫檀轴、紫带、碧牙签以装帧,用包帙予以收藏。四部书经、史、子、集颜色各异,若以装帧用的卷轴而论,有白、青、紫、绿四色,子部道家类为紫色卷轴。唐代道教制作道藏,与官方制作四部书及其中的子部道家类写经在纸张、形制、字体、用墨等方面是基本一致的,在经书的装饰上会有所不同。这都反映了唐代丛书写本所具有的时代特点。

---

① (后晋)刘昫等撰《旧唐书》卷四十七,第2082页。
② 上谷,古地名,秦置上谷郡,唐为易州,据唐李吉甫撰《元和郡县志》。今为河北易县。
③ (宋)欧阳修等撰《新唐书》卷五十七,第1422页。

第四章
中国古代道教写本经藏的社会文化功用和价值

中国古代道教写本经藏既有其在教内的功用和价值，也有重要的社会文化功用和价值。作为道教教内的经藏写本，对于道教教派的产生、传承和发展来说具有特殊重要的意义。作为中国古籍写本的一个组成部分，对传承中国传统文化发挥着重要的作用。

一　道教教派建立的基本条件

经书是道教教派形成的基本条件之一。东汉和六朝创立的早期道教教派，其制作经书的形式即为写经。例如，上清派的创立始于杨羲造写《上清经》，杨羲又传与许谧、许翙抄写。三位上清派创始人的写经即"三君手书"。可以说，上清派是典型的以造写经书而创立道派。写经的这一传统，使上清派的高道在道教经书和书法上往往都有很高的造诣并做出很大的贡献。如南朝梁陶弘景编纂《真诰》等道书，并与梁武帝讲论书法；唐司马承祯受唐玄宗之命刊定并且三体书写《道德经》，其篆书独创一体，被誉为"金剪刀"书；李含光受唐玄宗之命楷书补写上清经。早期上清派是非常重视写经和经书传承的一个道派。再如，六朝灵宝派创立始于葛巢甫造写《灵宝经》，"构造灵宝，风教大行"①。

---

① 　（梁）陶弘景编撰《真诰》卷十九，第237页。

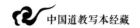

东汉张陵在西蜀创立五斗米道，也有"造作道书"① 之举。

二 道教教派传承、经戒传授的基本方式

在道教教派的传承中，写经具有作为盟信、承载道法的作用，并且师徒之间有一定的传授仪式。以郑隐传授葛洪丹经为例，早期丹鼎派道士郑隐写有大量道经，丹经是其中最重要的一组道经。在郑隐与其弟子葛洪的丹经传承中，传授写本丹经即重要的一个环节，《抱朴子内篇·金丹》记载了丹鼎派自汉末左元放至东晋葛洪的传承。② 葛洪因为亲事其师郑隐，而亲见郑隐抄写包括丹经在内的大量道经。郑隐与葛洪以立坛盟受的仪式传授《太清丹经》三卷、《九鼎丹经》一卷、《金液丹经》一卷，并有口诀。以此可知，晚至东晋，丹鼎派道士已经用抄写的丹经作道派传承之用。

唐代敦煌道教写经以实物形式保存了敦煌地区教派传承中的经戒传授。王卡先生总结唐代道士经戒道箓的传授阶次，"大致为初入道弟子授清信戒律、正一盟威法箓；其次授太玄部道德经箓，其次洞渊神咒经箓，其次洞神三皇经箓，其次洞玄灵宝升玄经箓、灵宝中盟经箓，最后洞真上清经箓"③。《敦煌道教文献研究》之《传授经戒人员表》详细列出了传授经戒的道士姓名、道经和盟文，其中多为敦煌县道士，传授写经为《老子道德经五千文》《洞玄灵宝天尊说十戒经》，并分别有盟誓文。例如，敦煌写卷 P. 2347 记载，大唐景龙三年（709），阎履明与唐真戒师徒传授《道德经》的盟誓文：

> 大唐景龙三年（709）岁次己酉五月丁巳朔十八日甲戌，沙州敦煌县洪闰乡长沙里女官清信弟子唐真戒，年十七岁，甲午生。既

---

① （晋）陈寿撰《三国志》卷八《张鲁传》，第 263 页。
② 王明：《抱朴子内篇校释》卷四，第 71 页。
③ 王卡：《敦煌道教文献研究》，第 33 页。

耳目贪于声色，身心染于荣宠，常在有欲，无由自返。伏闻老子以无极元年七月甲子日将欲西度，而关令尹喜好乐长生，欲从明君受一言之经。老子曰：善哉，子之问也。吾道甚深，不可妄传。生道入腹，神明皆存，百节开孔，六甲相连，徘徊身中，错综无端，胎息守中，上与天连，行之立仙，拜为真人。传不得法，殃及其身，身死名灭，下流子孙。真戒既宾人无识，窃好不已，专志颙颙，实希奉受。今依具盟科法，赍信誓心。诣三洞法师北岳先生阎履明，求受《道德五千文经》，修行供养，永为身宝。断金为盟，违科犯约，幽牢长夜，不敢有言。①

又传授《十戒经》盟誓文：

大唐景龙三年（709）岁次己酉五月丁巳朔十八日甲戌，沙州敦煌县洪闰乡长沙里冲虚观女官清信弟子唐真戒，年十七岁。但为宾人无识，既受纳有形，形染六情，六情一染，动之弊秒，惑于所见，昧于所著世务，因缘以次而发，招引罪垢，历世弥积，轮回于三界，漂浪而忘返，流转于五道，长沦而弗悟。伏闻天尊大圣演说十戒十四持身之品，依法修行者，可以超升三界，位极上清。真戒性虽愚昧，愿求奉受。谨赍法信，谨诣北岳先生阎履明，奉受十戒十四持身之品，修行供养，永为身宝，恐盟负约，长幽地狱，不敢蒙原。②

阎履明，盟誓文中称"三洞法师"，据《三洞奉道科诫仪范》，"受《上清经》总一百五十卷"，称"上清玄都大洞三景弟子、无上三洞法师"。③三洞法师是得受经箓最高阶次上清经箓的人，故阎履明是经戒

---

① 王卡：《敦煌道教文献研究》，第166页。
② 王卡：《敦煌道教文献研究》，第134页。
③ 《三洞奉道科诫仪范》卷二，《中华道藏》第42册，第36页。

道箓传授的最高阶次的道士。

唐真戒，敦煌县冲虚观女官。盟誓文中称"清信弟子"，受"十戒十四持身之品"。据《三洞奉道科诫仪范》，"清信弟子。右受天尊十诫十四持身，或十二可从、六情等诫，得加此号"①，清信弟子得受经戒道箓初级阶次的《十戒经》。盟誓文中称受"道德五千文经"。据《三洞奉道科诫仪范》，"《老子道德经》二卷、《河上真人注》上下二卷、《想尔注》二卷、《五千文朝仪》一卷、《杂说》一卷、《关令内传》一卷、《诫文》一卷。右受，称高玄弟子"②。高玄弟子得受《老子道德经》等经箓，是阶次较低的道士或女官，盟誓文中未提及，只称清信弟子。

在唐代道教经戒传授中，得受经箓的道士或女官抄写道经是其中重要的一个环节。"科曰：道士、女官所受经诫法录，皆依目抄写，装演入藏，置经堂、静室或阁，如法具龙璧幡信真文，朝夕供养礼忏。不得辄轻慢泄秽，传借他人，常当诵念转读。"③ 也就是说，道士女官所受经书是自己抄写的，而不太可能是其师为弟子抄写经书。其师提供的是经书的目录和样本。敦煌写卷 P. 2347 中，唐真戒得受《道德经》《十戒经》，并有盟誓文署其姓名，此经戒写本即为唐真戒所得本。这当是唐真戒抄自其师阎履明所收藏的经书。

在道经以抄写作为主要制作方法的时代，写经在经戒道箓的传授中发挥着重要的作用，是道士要亲自手工完成的功课。教派的传承和写经的传承是同时进行的。

三　道士讲诵经书、宣扬道法的重要文本

讲诵经书是早期道教重要的科仪之一，道教以经藏为科仪之法具，

---

① 《三洞奉道科诫仪范》卷二，《中华道藏》第 42 册，第 32 页。
② 《三洞奉道科诫仪范》卷二，《中华道藏》第 42 册，第 33 页。
③ 《三洞奉道科诫仪范》卷二，《中华道藏》第 42 册，第 36 页。

系科仪之本。"凡法具，供养之先，道士、女冠威仪之本，不可阙也。并备诸经，但在观中，及私房内供养之者，总名法具。"① 就经像系统而言，是先有经再有像，"凡造像，皆依经"②。说明早期道教对经藏是非常重视的，而写经作藏是使用经藏以造像和进行科仪的前提条件。

道教对写经作藏一个重要的目的就是为了科仪之用，"书写精妙，纸墨鲜明，装潢条轴，函笥藏举，烧香礼拜，永劫供养，得福无量，不可思议"。③ 因而早期道教写经作藏是一项主要的法事活动。礼经的科仪主要集中在诵经仪和讲经仪。

1. 诵经仪

《三洞奉道科戒营始》约成书于南北朝末至唐初，记载道教有"诵经仪"，在诵经仪中，道士分为法师和唱人。法师诵经，唱人赞咏三洞宝经、天尊众圣。内容大致是上香、礼经、开经、诵经、收经、敛净、赞咏等。诵经时可推请法师一人，上座诵经其仪式如下。

> 初入堂，祝漱如法，三上香，绕经一周，复三上香，各依位，拱手或执简端身，唱人各恭敬。
>
> 至心稽首太上无极大道。
>
> 至心稽首三十六部尊经。
>
> 至心稽首玄中大法师。
>
> 唱，平坐如法。行净水讫，一人持香旋行。熏诤讫，行经，复持香熏经，乃唱赞咏如法，咒曰：宿命有信然，弱器谓之无。皆欲眼前见，过目则言悠。大贤明道教，惨戚悯顽夫。哀哀念子苦，勤勤令我忧。次唱，静念如法。各放手简，着几案上，平坐接手，叩齿三十六通，冥目存思五色云气覆满一室，青龙、白虎、狮子、玄龟、朱雀、凤凰备守前后，仙童玉女、五帝灵官、神仙兵马、九亿

---

① 《洞玄灵宝三洞奉道科戒营始》卷四，《中华道藏》第 42 册，第 17 页。
② 《洞玄灵宝三洞奉道科戒营始》卷二，《中华道藏》第 42 册，第 9 页。
③ 《洞玄灵宝三洞奉道科戒营始》卷二，《中华道藏》第 42 册，第 10 页。

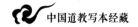
万众营卫左右，便摇身三过，祝曰：寂寂至无宗，虚峙劫刃阿。豁落洞玄文，谁测此幽遐。一入大乘路，孰计年劫多。不生亦不死，欲生因莲华。超凌三界涂，慈心解世罗。真人无上德，世世为仙家。次唱一切诵，各念无上尊七遍讫，唱请转法轮，乃一时开经。若别推一人，上座诵经，便唱请法师升高座。法师起，执简当经像三礼，从南西北向上座，左转东向叩齿，有思如法。下座，还从南面下，三拜。此洞玄法。余洞真、洞神，各依本法。若修行经法者，复各案本科，今不复具。读经竟，收经一人，行水洒净，复持香旋行。敛净总讫，赞咏如法，唱人各恭敬，三上香，执简平立，至心归命太上三尊、十方众圣。高德一人叹经启愿，详夫三洞宝经，万天胜范，结飞玄之气，成云篆之章，义冠无生，文垂永劫。故天地持之以分判，日月因之以运行，鬼神敬之以变通，人民奉之以开度。是以咏之者，则形陟绛霄；闻之者，乃神生碧落。莫不人天仰赖，生死依凭，为群品之津梁，实众真之户牖。不可得而言者，其大乘之蕴乎。甲等今为某事，转某经若干卷若干遍尔。其开函演奥，则响彻三千；执卷吟玄，乃声闻五亿。当愿侍香金媛，结香字于天中；典经玉郎；进经文于简上。即使愆消昔劫，福降今辰，存亡喜开泰之恩，动植悦生成之德。以兹胜善，遍采装严，三涂罢楚毒之劳，九夜绝辛酸之苦，暨乎悠悠庶品，蠢蠢群生，俱乘六度之舟，并上三清之岸。愿转经已后，万善扶持，千灾荡减，至心稽首正真三宝。愿转经已后，福被幽明，功沾远近，至心稽首正真三宝。愿以此转经功德，资被群生，离苦解脱，至心稽首一切众圣。若常修经法，当旋行诵太极经赞七首、灵书四天王颂四首，及真文八景赞、上经歌颂，今不复具。

　　科曰：凡读诵经，依此仪。违，夺算二千四百。[1]

---

[1] 《洞玄灵宝三洞奉道科戒营始》卷四，《中华道藏》第42册，第17页。

天宝年间，唐玄宗敕令让诸郡抄写《一切道经》，用以持诵。对此，唐玄宗还亲自劝导持诵，实则也是皇帝诏令。诸郡道观在持诵道经时当是以此为基本规范。

2. 讲经仪

在讲经仪中道士分为法师、弟子、唱人。法师解释经文，弟子迎请、送回法师，唱人唱诵经文。其文如下。

> 法师盥漱，冠带如法。弟子持香花，拜请导引，一如科说。法师登经像前席，端立执香炉当心讫，唱人各恭敬，归依大道。当愿众生解悟正真，发无上心，归依经法。当愿众生智慧洞开，深广如海，归依玄师。当愿众生辨幽释滞，并弘正道。法师登阁道平立，唱平坐如法。待法师三上香竟，复唱静念如法。又存念讫，唱，赞咏如法。咒曰：寂寂至无宗，虚峙劫刃阿。豁落洞玄文，谁测此幽遐。一入大乘路，孰计年劫多。不生亦不死，欲生因莲华。超凌三界涂，慈心解世罗。真人无上德，世世为仙家。次唱请转法轮，复唱一切诵，普诵无上尊七遍。都讲便叙经唱经，法师皆约敕座下，礼经一拜。按文解释罢，讲作安和，乐未央声。每讲罢，法师执香炉捻香，愿以此讲经功德，庄严皇帝太子、诸王公侯牧伯、州县令长、天下人民、讲经信士、见在法徒、一切众生、三涂苦辈，借此善根，悉得体解大乘，归心正道，咸出爱河，俱游法海。更唱人各恭敬，至心归命太上三尊、十方众圣。愿皇帝百福庄严，万善云集，至心稽首正真三宝。以此讲经功德，资被群生，离苦解脱，至心稽首，礼得道众圣。依法，弟子香花送法师至本处，礼拜如法。
>
> 科曰：凡讲经，皆依此法。违，夺算一千二百。①

道教诵经、讲经，不仅是对于道门之中的法师和弟子而言，对于道

---

① 《洞玄灵宝三洞奉道科戒营始》卷四，《中华道藏》第42册，第18页。

门之外的人也劝其读诵经文，宣扬道法。《要修科仪戒律钞·写经钞》讲："若复有人，纸墨缣素，刻玉镂金，抄写素治，装裱缲轴，流通读诵，宣布未闻，当知其人，已入道分，名书金格，列字玉篇。"[1] 而读诵经文的文本，即来自抄写制作的道经。

写经不仅是在道教教派建立和传承中发挥着重要作用，而且还有在道门内外宣扬道法教义的重要功能。道教通过科仪法事活动，讲诵所抄写的道经，向教内道士及教外信众宣扬道法，使道士恪守经戒教义，使更多的信众闻知、信奉道法。

四　道士或奉道之人用以祈福

道士抄写道经的一个重要功用是为生者或亡者祈福。就道教信仰而言，以得道长生为宗旨，道士追求的是得道成仙。故道教写经的祈福也是如此，表现为写经为生人祝福长寿安康，为亡者资益冥福。道教之外也有人写经祈福，多是奉道崇道之人。

道教弟子通过写经为亡师资益冥福，是源于追求得道升仙的道教信仰。如英国国家图书馆藏敦煌写经《本际经卷二》（S.3135）卷尾注记：

> 仪凤三年（678）三月廿二日，三洞女官郭金基奉为亡师敬写《本际经》一部，以此胜福资益亡师，惟愿道契九仙，神游八境。[2]

唐代女道士郭金基为亡师写《本际经》，以资益亡师冥福。三洞女官是得受经箓的高级阶次的女道士。以此知郭金基亡师亦是道门中的高道大德。

---

① 《要修科仪戒律钞》卷二，《道藏》第6册，第924页。
② 王卡：《敦煌道教文献研究》，第197页

道士还有为祖先写经资益冥福。敦煌县道士马处幽、马抱一叔侄为七代先亡写经以资冥福。法国国家图书馆藏敦煌写经《无上秘要》（P. 2861）卷末注记：

> 开元六年（718）二月八日，沙州敦煌县神泉观道士马处幽，并侄道士马抱一，奉为七代先亡、及所生父母、法界苍生，敬写此经供养。①

古代崇道的帝王皇室也有写经祈福活动。上元二年（675），唐高宗李治、皇后武则天御制《一切道经》为太子李弘资益冥福。英国国家图书馆藏敦煌写卷《一切道经序》与《老子十方像名经》（S. 1513）即其中的一个残卷。序文如下。

> 盖闻紫仙握契，括妙有而敷仁；青童赞历，周泰无而运道。开三元之秘检，着迹琅函；藻八会之灵编，刊功石笥。银书耀彩，盈宝印于丹房；锦字流文，焕神珠于玄阁。示迷途之归往，拯暗壑之沦滑，广洽譬于衢樽，普照均于堂镜。孝敬皇帝，前星赋象，贞列纬于干枢；少海澄瀚，莫名区于震域；问安视膳，体恭孝以端仪；抚军监国，服仁爱而凝范。学昭通敏，非受论于春卿；识综沉几，自含章于秋礼。今者黄离遽殒，碧题玄虚。翔鹤可羁，奄促游仙之驾；鸡鸣载乡，无复入谒之期。瞻对肃成，惨凝烟于冑序；循临博望，予苦月于宾阶。拂虚怅而摧心，俯空筵而咽泪，与言鞠育，感痛难胜。故展哀情，为写《一切道经》卅六部。龙经宝偈，还开垂露之书；凤篆英词，更入飞云之篆。九宫秘册，鏊金版而无遗；五岳真筌，窥琳房而毕备。所愿以兹妙业，式佑储灵，捴万福以扶维，严十仙而警卫。靡流星之琳旆，上星甸以游

---

① 　王卡：《敦煌道教文献研究》，第 222 页。

衿；驭驰日之琼轮，下日门而弭节。镇升光碧之宇，常安泰紫之庭。天地之所包含，阴阳之所播植。并乘六辨，俱出四迷①。

序文中"孝敬皇帝"即太子李弘。是唐高宗与武后所生长子，上元二年（675）病逝。故御制《一切道经》卅六部，以祈冥福。

写经是为哀悼太子，"故展哀情，为写《一切道经》卅六部"。高宗与武后感念太子之孝，"问安视膳，体恭孝以端仪"。序文叙述太子为父皇"抚军监国"。② 又据《旧唐书·高宗本纪》，咸亨二年（671），高宗幸东都，留太子弘于京监国。③ 但是，整篇序文主要是以武后的语气写的。④ 据汤用彤先生考证，序文中"与言鞠育"，指太子之母，即皇后武则天。

写经是为太子祈祷佑护冥福。序文中"以兹妙业"即指写《一切道经》，"式佑储灵"，以及后文道教神仙、福地之语，即以道教信仰为太子祈祷佑护冥福。序文对道经语词之运用极为丰富，且为教内称经书之语，如"龙经""宝偈""垂露之书""凤篆""英词""飞云之篆""九宫秘册""金版""真筌"等。而"琳房毕备"是指炼丹房中写经、藏经之完备。故序文当是由道士参与撰写。

李唐皇室尊崇道教，不仅在社会生活领域以写经为宗族祈福，以至在政治和社会文化的意义上为国祈福，为巩固李唐统治服务。洛阳弘道观经生许子颙为唐玄宗写经即是。法国国家图书馆藏敦煌写卷《太上正一阅紫录仪》（P.2457）卷末注记：

开元廿三年太岁乙亥九月丙辰朔十七日丁巳，于河南府大弘道观。敕随驾修祈禳保护功德院，奉为开元神武皇帝写《一切经》，

---

① 王卡：《敦煌道教文献研究》，第 230 页。
② 王卡：《敦煌道教文献研究》，第 230 页。
③ （后晋）刘昫等撰《旧唐书》卷五《高宗本纪》，第 95 页。
④ 汤用彤：《从一切道经说到武则天》，见《汤用彤学术论文集》，中华书局，1983，第 350 页。

用斯福力保国宁民。经生许子颢写，修功德院法师蔡茂宗初校，京景龙观上座李崇一再校，使京景龙观大德丁政观三校。①

经生许子颢与两京道观的道士是为唐玄宗校写《一切道经》。写经的目的正如卷末注记所讲，是"用斯福力保国宁民"。把写经赋予这样一种祈福的意义，是与唐玄宗推崇道教密切相关的。唐玄宗不仅继承李唐皇室的传统，尊奉老子为远祖，还以老子圣人之道保国宁民。缮写《一切道经》是唐玄宗尊奉老子、推崇道教的一个重要内容。

五 道士、道教宫观用以收藏道书

道教写经的一个直接功用就是为了收藏经书。道士或道观的经生抄写道经，可以充实道观的经书收藏。尤其是在写本书籍时代，要收藏一种经书，只能通过抄写来完成。即使到了刻本时代，通过写经而收藏一种经书仍然是一种既简便易行，又成本较低的方式。

早期道教，道士多珍秘其书，不轻易示人，道士的经书常常是自己亲手抄写完成。西晋道士郑隐写经，收藏有道教经书一千二百卷，包括金丹经、三皇文，以及"服饵、炼养、符图、算律"② 等经书。由于郑隐珍秘其书，弟子大多不能见到这些道经。即使服侍郑隐写经的葛洪也只是看到一部分约有二百余卷，"又许渐得短书缣素所写者，积年之中，合集所见，当出二百许卷，终不可得也"③。郑隐写经的数量还是相当多的，具体经书目录尚不可考。

再如，陈景元是北宋著名道士、道教学者，他的写经主要是校写道教经书，以为书籍收藏和治学之用。《宣和书谱》记载，陈景元"凡道

---

① 王卡：《敦煌道教文献研究》，第 219 页。
② 陈国符：《道藏源流考》，第 103 页。
③ 王明：《抱朴子内篇校释》卷一九，第 332 页。

书皆亲手自校写","凡手自校正书有五千卷"。① 虽然具体校写的道经书目未知，但是作为道教著名学者，校写五千卷中当包括大量的道书。陈景元辞官归隐庐山，"行李无他物，百担皆经史也"。② 陈景元校写经书之多、藏书之完备使其在当时颇具声望，"所居以道、儒、医书，各为斋馆而区别之，四方学者来从其游，则随所类斋馆，相与校雠，于是人人得尽其学，而所藏号为完书"③。由于收藏之丰富完备，他为所收藏的道家书、儒家书、医家书分别建立斋馆，即藏书楼。而且由于陈景元是校写道书，故其藏书多是经过校勘的善本，十分有助于治学之用。因此斋馆成为四方学者前来校书、治学的汇集之地。游学之人中还包括大臣王安石、王珪等，为宋代儒学、文学大家。陈景元的写经藏书，已不仅仅是在道门中使用，而是成为学者之公器。

写经也有是为供道观收藏之用的。《乾隆龙溪县志》记载，南宋端平年间，颜耆仲、颜颐仲二人到福州九仙观抄写道经五百六十四函，并收藏在道观。④ 乡人感念二人功德，在道观藏经处旁边为其立祠。

六 古代国家文化治理的一项重要内容

编纂、制作和使用书籍，并以此确立官方倡导的思想文化，是古代国家文化治理的重要内容。作为古代书籍的重要组成部分，道家道教经书也一直被纳入国家重大书籍制作工程之中。一种情况是，道教经书专门集结成丛书即道藏，就写本道藏而言，主要是在唐代和北宋。另一种情况是道家道教经书被编入以四部书为主要书目体系的官方大型综合丛书之中，这种情况大多是采用写本的形式。

---

① 《宣和书谱》卷六，《文渊阁四库全书》第 813 册，第 239 页。
② 《宣和书谱》卷六，《文渊阁四库全书》第 813 册，第 239 页。
③ 《宣和书谱》卷六，《文渊阁四库全书》第 813 册，第 239 页。
④ （清）吴宜燮：《乾隆龙溪县志》卷十一，《中国地方志集成·福建府县志辑》第 30 册，第 107 页。

（一）古代官方写本道藏的制作和使用

最具代表意义的是唐玄宗天宝年间诏令崇玄馆缮写的《一切道经》。唐玄宗将崇玄馆写本确定为官方写本，并诏令以此写本在诸郡转写、持诵，作为唐代官方倡导的思想文化。

1.《一切道经》的编纂、缮写和持诵

唐玄宗执政时期，大力推行《一切道经》的编纂、缮写和持诵。《混元圣纪》记载，天宝八年① （748）闰六月诏曰：

> 玄宗妙本，实备微言，垂范后学，将弘至化。朕所以发求道之使，远令搜访，因闻政之余，亲加寻阅。既刊论谬，爰正简编，必有阐扬，以崇劝道。令内出《一切道经》，宜令崇玄馆即缮写，分送诸道采访使，令管内诸郡转写。其官本便留采访使至郡，亲劝持诵②。

（1）编纂《一切道经》

天宝八载诏令说，唐玄宗曾经派人广泛搜访道经，为编纂《一切道经》收集道教经书。说明编纂《一切道经》的时间是在天宝八年之前，或者就在开元年间，如《文献通考》讲，"开元中，列其书为藏"。而且在闻政之余，亲自查阅，实为督促编纂道书。编纂完成之后，收藏于皇宫。也就是说，《一切道经》是在唐玄宗诏令以至亲自查阅、督促下，经过搜访、刊定、编纂，而入藏皇宫。

（2）缮写《一切道经》

编纂之后，多次缮写。一是开元二十三年写《一切道经》，敦煌写经中有一残卷，即《正一阅紫录仪》（P.2457）。但是这还不是敦煌郡的抄

---

① 天宝八年，《混元圣纪》原文"天宝七载闰六月"，误。按天宝七载（747）无闰月，据《唐大诏令集》卷九记载为"天宝八载闰六月"。

② （宋）谢守灏撰《混元圣纪》卷九，《中华道藏》第46册，第105页。

本，而是两京之地的道观专门为唐玄宗的一次崇道活动而制作的写本，之后由京师流传到了敦煌。二是唐玄宗天宝八年诏令缮写《一切道经》，是一次规模很大的写经活动。《一切道经》先由崇玄馆缮写，崇玄馆是唐朝天宝年间从事道家经书研习的国家教学机构，也具有专门缮写道经的职责。然后再分送诸道诸郡转写，唐朝开元末共有 15 道 328 府州。① 缮写之后，官本即崇玄馆写本，留在诸道采访使所在郡的太一观，诸郡写本则留在本郡，这样诸道诸郡都有《一切道经》的写本。三是天宝十年（751），唐玄宗敕令写《一切道经》以赐道教宫观。"天宝十载，写《一切道经》五本，赐诸观"②，诸观指太清宫、兴唐观、东明观、龙兴观，③ 系京师道教宫观。四是按唐朝国家典制写《一切道经》。国忌日，即唐朝历代帝王和祖先的忌日，官方在道观设斋，并请道士写《一切经》（即《一切道经》），官方施物，道士施钱。"若官设斋，道、佛各施物三十五段，供修理道、佛，写《一切经》；道士、女道士、僧、尼各施钱十二文。"④ 国忌日也在佛教寺庙设斋，请僧尼写佛经《一切经》。以此看来，唐玄宗时期，《一切道经》的抄本数量很多，在两京和各州郡都进行过抄写活动。

（3）持诵《一切道经》

唐玄宗天宝八年敕令让诸郡抄写的《一切道经》，也是诸郡用以持诵的本子。对此，唐玄宗还亲自劝导持诵，实则也是皇帝诏令。唐初道教有"诵经仪"⑤，内容大致是道士上香、礼经像、执简、唱诵、收经、敛净等，诸郡道观在持诵道经时当以此为基本规范。

开元、天宝年间关于《一切道经》的崇道活动，自始至终是在唐玄宗诏令以至亲自参与下进行的。天宝八年诸郡缮写《一切道经》，使天下诸郡均有朝廷编纂的基本统一的官方写本道藏，以此作为道士持诵

① 谭其骧主编《中国历史地图集》第五册，中国地图出版社，1996，第 2 页。
② （宋）钱易撰，梁太齐笺证《南部新书溯源笺证》，中西书局，2013，第 114 页。
③ （北宋）王钦若等编《册府元龟》卷五十四，《帝王部·尚黄老》第二，第 604 页。
④ （唐）李林甫撰，陈仲夫点校《唐六典》卷四，第 127 页。
⑤ 《洞玄灵宝三洞奉道科戒营始》卷四，《中华道藏》第 42 册，第 17 页。

道经的文本。作为道教经书总集的《一切道经》，无论是编纂、转写、持诵使用的规模，还是受到朝廷的重视程度，均达到了历史的鼎盛阶段。

2. 唐玄宗以《一切道经》教化人心

从政治意义上讲，唐玄宗推崇《一切道经》、进行崇道活动，是为了使李唐皇室是老子圣人之后的观念深入人心，从而巩固其统治地位，并且以《一切道经》和老子圣人之道来教化人心。

唐玄宗天宝八年诏令缮写《一切道经》，又见于《唐大诏令集》之《令崇玄馆缮写道经分送诸道采访使诏》：

> 天宝八载闰六月，大赦天下，制曰：今内出《一切道经》，宜令崇玄馆即缮写，分送诸道采访使，令管内诸郡转写。其官本便留采访使郡太一观持诵。圣人垂训，盖先乎道，学者崇本，必有其师[①]。

《唐大诏令集》与《混元圣纪》所记为同一事，而更加翔实，指出诸郡转写是为了持诵"圣人垂训"。这很明确地说明了当时缮写《一切道经》的实际社会功用。所谓圣人是指老子，唐初即被李唐皇室奉为远祖，在道教中被奉为尊神。唐玄宗通过推行抄写、持诵道经，向天下民众宣扬老子圣人之道，实则宣扬李唐皇室是圣人老子的后代，以在民众中巩固其统治的思想文化基础。唐玄宗把抄写、持诵《一切道经》选在"天宝八载""大赦天下"之时，让天下民众既真切感念皇帝简政爱民，"刑期不滥，政叶无为"，又使李唐皇室奉行老子所讲治国之道清静无为的思想深入人心。正如敦煌本《太上正一阅紫录仪》卷末注记所讲，写《一切道经》是"用斯福力保国宁民"，这是唐玄宗在崇道活动中推行《一切道经》的现实意义。

---

① （宋）宋敏求编《唐大诏令集》卷九，第50页。

在李唐皇室以老子为远祖、推崇道教的历史背景下，道教经书在唐朝的文化治理中占有重要的地位。而这一时期又是以书写为主要方式制作经籍的时代，因此编纂缮写《一切道经》成为国家文化治理的一项重要内容。

（二）古代官方四部书中道家道教经书的地位和作用

在古代国家以四部书为主要书目体系的大型综合丛书编纂中，占主要地位的是儒家经典，体现的是古代朝廷倡导孔孟之道的思想文化。道家道教经书在其中不占主要地位，而多是作为子部的道家类文献被编入其中，属于国家书籍的一个组成部分。由于四部书规模宏大，即使在刻本的繁荣时期的清代，仍采用写本的形式，以降低制作的成本。清代编纂和缮写《四库全书》，共收入图书3461种，存目图书6793种。① 而子部道家类图书收入只有44种，存目100种。《正统道藏》《万历续道藏》收录道教经书1476种，② 相比较而言，清代《四库全书》只是收录了很少的一部分道书。《四库全书》子部道家类经书是清朝对道家道教经书的一次遴选，收录的是以《道德经》为主的道家经典，其中特别收录了清世祖《御制道德经注》。其所反映的是清朝统治者认为有助于儒家文化治理、有助于人心教化的道家道教类经书，而并不是对道教经典的系统编修。

---

① （清）永瑢等撰《四库全书总目》，中华书局，2013，第3页。
② 胡孚琛主编《中华道教大辞典》，中国社会科学出版社，1995，第227页。

结　语

一　中国道教写本经藏的形成和发展

1. 从道经的造写到写本道藏的制作

道教教内经书的形成有着自身的经藏体系。已知最早的道教写经是东汉琅琊宫崇传出的《太平清领书》。西晋时期道士郑隐已经将道教经书集结，但是没有系统分类。东晋南朝道教进行了大规模的造经，杨羲造写上清经，葛巢甫构造灵宝经，是这一时期的代表。南北朝时期道教形成了"三洞四辅"十二类的经书分类体系。唐初，上元二年（675）之前，道教经书已集结成藏，称《一切道经》，系写本道藏。开元年间，在唐玄宗诏令下，进行了道藏的编修缮写，亦称《一切道经》，约两千余卷。至北宋，道藏的主要版本形式由写本演变为刻本。《大宋天宫宝》，四千五百六十五卷，是最后一部官修写本道藏。《政和万寿道藏》则是第一部官修刻本道藏。宋代以后，写本仍然是制作道藏的一种重要方式，并且一直延续到清代。

道家道教写经的载体经历了竹简、缣素、麻纸、皮纸、竹纸的演变。已知最早的竹简写本是《道德经》战国写本。东汉末年《太平清领书》，魏晋之际的三皇经、金丹经等道教经书，均是缣素写本。东晋造写道书已开始使用白纸写卷。唐代道教写经主要是黄麻纸写卷，由于道教经书已集结成藏，因而形成了写经作藏之法，即制作经函、经橱等以安放"三洞四辅"写经。黄麻纸、沉檀木是唐代写经作藏的基本材料。宋代以后，卷子装被册页装取代，写经多是使用皮纸和竹纸。

道家道教写经使用的字体有篆书、隶书、楷书，并且具有独特的字体道符。战国以至西汉初期，道家写经字体是篆书。道教教内写经最初使用的字体是隶书，例如东晋杨羲以隶字写上清经。道教写经在鼎盛时期的写经是楷书，唐代敦煌道教写经都是楷书。道符一般则由道士书写，是篆书或隶书的变体。

2. 古代国家书目中著录的道家道教经书写本

道家写经在国家图书目录中的著录始自在西汉刘向、刘歆编撰《别录》《七略》之诸子略，作为道教经书前身的神仙家文献书目著录于方技略，在东汉魏晋出现道教经书后，并没有很快被古代国家书目收录。《隋书·经籍志》反映出隋代道经已经具有较大规模，道教经戒之书已经收录为国家经籍书目。《隋书·经籍志》已使用四部分类法并附有两部，道家经书属于子部道家类，道教经书收录在附部中，单独占有一部，但是没有详细著录。《旧唐书·经籍志》《新唐书·艺文志》在四部之子部道家类对道家道教经书都有较多著录。唐代以前是写本时代，国家书目是一个写本目录。宋以后，理学和儒家经典受到官方尊崇，在四部书中道家道教经书的地位明显下降。清代编修的《四库全书总目》也是一个写本目录，子部道家类只收录道家道教经书的很少一部分。古代官方大型综合丛书只有清代《四库全书》写本保存下来，完整收有道家道教经书的官方写本。

古代国家经籍写本比较有代表性的是，汉代竹简、缣素本，隶书；隋唐麻纸写卷本，楷书；清代皮纸、竹纸册装本，馆阁体。道家经书一直是汉代以来国家经籍的一个组成部分。唐代是中国古籍写本发展的高峰，益州麻纸写卷是制作国家经籍图书的主要形式。唐朝也是楷书发展的辉煌时期，不仅中国书法的楷书大家多集中在唐代，而且民间的书法艺术水准也很高，敦煌道教写经就很好地说明了这一点。

3. 道教写经从民间写本向古代官方写本的转变

道教经书中汉末、魏晋之际的造经，多是民间写本。早期道教珍密其书，不仅一般人们很难看到，而且从写本色彩到字体与官方经籍多有不同，增加了道教经书的神秘感。例如《太平清领书》是以丹青为色彩的缣素本，又有难以辨识的复文道符，这与汉代官方经籍明显不同。道教经书在隋唐收入古代国家经籍之中，写本也从民间写本转变为官方写本。在唐代敦煌道教写经中，我们看到，除了难以辨识的道符之外，道教经书已与官方经籍写本完全一致。

二　道教写经人物写经身份及
写经功用的演变

1. 从道派创始人造写道经到道观道士校写道藏

早期的写经道士，往往是道派初创时期的代表人物。东汉末年张陵在西蜀鹤鸣山创立五斗米道，有造写道书的活动。再如，东晋南朝道士杨羲造写上清经、葛巢甫构造灵宝经。这些造写经书的活动虽然不是直接创立道派，但在客观上为上清派、灵宝派的形成准备了基本条件。早期写经道士因此也被奉为道派的创始人之一。在早期道教的传承中，写经人与传经人的身份是师徒关系，即弟子抄写师父传授的道经，这是经戒传授的一个重要环节。南北朝时期，道教通过教派、教义等改革，逐步官方化，为统治者所认可，并建立了道观。唐代是道教发展的鼎盛时期，受到李唐皇室的推崇，这时候的道观道士写经是为官方以至受皇帝诏令而缮写道经道藏。敦煌写经《太上正一阅紫录仪》就是两京道观道士为唐玄宗校写《一切道经》的一个写卷。两京道观道士、经生形成了校写道藏的一个群体。写经程序是一写三校，已经非常严密。主持校写《一切道经》的高道同时也是朝廷任命的道官"大德"，主要负责写经的最后校定。这是道士写经身份和写经功用的主要变化。此外道士写经也有供奉道经、讲诵经书、祈福、收藏道书等功用。

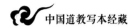

2. 从中秘写书之官到秘书省楷书手，缮写古代国家经籍中的道家类经书

中国古代有专门制作经籍的文职官员或事务人员，他们虽然不是专门校写道家道教经书，但其制作的经籍中包括道家类经书。汉武帝设置的"写书之官"即早期的缮写官方经籍的文职官员，通过抄写经籍以扩充秘府藏书。刘向在中秘校书，亦有负责缮写的写书之官。大致来说，隋代秘书省的楷书郎、唐代秘书省的楷书手、宋代三馆的楷书即写书之官的延续，从事缮写国家经籍图书。明初以后，秘书省校写经籍图书的职事被翰林院取代。明代称誊写，清代称誊录，是缮写经籍的文职人员。此外，官方也会雇用经生从事经籍的缮写。从官方书写人员的历史演变来看，职位是逐步降低的，而人数逐渐增多。官方书写人员本来职位就很低，汉代称"写书之官"，品级不详。隋代秘书省楷书郎是从九品，即最低一级的文职官员，设有 20 人。唐代秘书省楷书手则是九品之外的流外人员，设有 80 人。至清代翰林院四库全书馆的誊录则为临时雇用的人员，人数达 3800 人之多。这反映了书写人员增多、经籍图书规模扩大的历史发展情况。古代官署中的这些文职人员缮写经籍是为了完成其职事，是官家图书文化事业的一项重要内容。

中国古代楷书大家大多也是文职官员，以至任职于秘书省、翰林院。例如，唐初书法家虞世南任秘书监，褚遂良任秘书郎，元代书法家赵孟頫为翰林承旨。书法家在秘书省、翰林院任职，其书法风格必然会极大地影响到书写人员和经籍图书的缮写。

三　唐代是道教写本经藏发展的鼎盛时期

道教写本经藏发展的鼎盛时期是唐代前期，具体来说是唐玄宗执政的开元年间、天宝年间。这是因为道教经书在唐初集结成道藏，而唐代是写本图书发展的高峰，从而为写本的制作准备了文本条件。李唐皇室对道教道经的推崇使道教经书在国家经籍中的地位提高，为写本的制作准备了社会条件。唐代道教写经的制作主要表现在以下几个方面。

1. 道教与官方缮写《一切道经》

《一切道经》的道教写本。就经书的校写而言，已经达到一写三校，道教写本的规格已与官方写本一致。就写经功用而言，道教写经活动受到官方最为重视的时期是在唐代前期。这一时期道教已经完成官方化，而且备受李唐皇室推崇。唐高祖、唐太宗时期划分三教阶次，道列于儒、释之上。这一崇道思想表现在经书上就是道教写经活动受到重视。道士的写经活动已经不局限于为师徒经戒传授和道门讲经、诵经之用。唐代两京道观的道士、经生已专门为李唐皇室校写道经，李唐皇室的崇道、祭祀、祈福等活动多有道士写经在其中。

《一切道经》的官方写本。经籍图书官本的校写一般是在秘书省，唐代设立的崇玄馆则具有专门缮写《一切道经》、制作官本的职能。崇玄馆写本代表了官方道教写经的高峰。唐玄宗于天宝年间把崇玄馆缮写的《一切道经》作为官方写本，诏令天下诸道诸郡都要有一部官方写本或转写本，总计当有 300 部以上，在写本时代可谓规模巨大。由于唐玄宗崇道，道教写经活动已被纳入唐代国家文化治理当中。此外，唐代秘书省、国子监等机构也多有道教写经职事。

2. 集贤院缮写御本四部书道家类经书

唐代开元年间设置的集贤院，有"书直及写御书一百人"，专门校写御本四部书。从《新唐书·艺文志》可以看出，唐代四部书目中子部道家类、神仙家类经书达 274 种之多。这在历代史志目录中详细著录道家道教经书目录的数量是最多的，反映出唐代是御本道教写经最多的时代。《新唐书·艺文志》还明确说明御本四部书是采用蜀郡麻纸书写，甚至对于笔墨的使用情况也做了明确说明。

3. 司马承祯奉诏三体书写《道德经》

道教上清派宗师司马承祯，于开元年间奉唐玄宗诏令，三体书《道德经》。这一次《道德经》的书写不同于一般的经书校写，是对唐代国家尊奉的经典进行刊定和书写。三体书经，即以古文、篆书、隶书书写国家经典并刻石刊布，来源于东汉蔡邕书写《熹平石经》之范例，和三国时期魏国三体书《正始石经》之书体，是唐以前国家制作儒家经典的范例。加之唐玄宗不仅御书《道德经》，而且御制《道德经》注疏，可见《道德经》在唐代国家典籍中的重要地位。司马承祯的写经身份已经不只是上清派宗师，而是如同东汉蔡邕，担负书写刊定国家经典的使命。以此为例，说明道士写经和《道德经》制作的规格在唐代达到了高峰。

总之，中国道教写本经藏主要包括以"三洞四辅"为基本分类方法的道藏写本，和以四部书子部道家类经书为代表的国家经籍写本。这两个写本经书体系从经书写本、写经人物及功用来看，都是在唐代前期发展到高峰。唐代形成的这两个写本体系，是宋代以后刻本道教经书的前身和基础。道家道教写经、写本道藏经历了中国古籍写本历史发展的全过程，是一个从形式至内容都具有鲜明中国本土特色而又自成一体的写本文献群。

附录一
丹青之信
——早期《太平经》写本特色及其政治思想意蕴

　　《太平清领书》是早期《太平经》的主要传本之一，[①] 成书于东汉中期，以缣素为载体，以丹青为主色，是有文献记载写本特征的最早的道教教内写经。据《太平经复文序》记载，《太平经》源自"太平本文"，是民间古道书的汇集，其形成不是一时一人所完成。西汉末年甘忠可传出的《天官历包元太平经》十二卷，[②] 是已知最早的传本。东汉中期则有干吉传出的《太平清领书》一百七十卷和张道陵的《太平洞极经》一百四十四卷。[③] 大约东晋以后统称《太平经》，如葛洪撰《抱朴子·遐览》著录"《太平经》"。[④] 南北朝道藏三洞四辅经书体系形成后，收入太平部。《太平经》是早期道教的一部重要经书。一般认为，道教创始于东汉末年的太平道和五斗米道。略早于此时，早期道教经书《太平清领书》以写本形式传出。在中国东部地区，太平道首领张角改造使用过《太平清领书》，《后汉书》记载"张角颇有其书焉"[⑤]。在中国西南地区，五斗米道天师张道陵则有《太平洞极经》。

---

① 任继愈主编《道藏提要》，中国社会科学出版社，1991，第517页。
② （汉）班固撰《汉书》卷七十五《李寻传》，中华书局，2011，第3192页。
③ （唐）孟安排集《道教义枢》卷二《七部义》，《中华道藏》，第5册，第554页。
④ 王明撰《抱朴子内篇校释》卷一九，中华书局，1985，第333页。
⑤ （南朝宋）范晔撰，（唐）李贤等注《后汉书》卷三十，中华书局，1965，第1084页。

干吉既是《太平清领书》的编撰者①，也是书写者。在早期道教中，道士珍秘其书，经书往往是由道派创始人造写，或由高道抄写而成。然后是经书在师徒之间按一定仪式传授。也就是说，教外人士甚至教内一般弟子是难见其书的，也就更谈不上代笔书写。例如，东汉末年张道陵于西蜀创立五斗米道，"造作道书"②；西晋道士郑隐缮写大量道经，并将金丹经以立坛盟授的仪式传于葛洪；③ 东晋杨羲造写上清经④，而后传于许谧、许翙抄写；东晋葛巢甫构造灵宝经⑤等。同样，成书于东汉中期的《太平清领书》，当是由干吉（有些道书中作于吉）及其弟子宫崇编撰、书写而成，而不太可能是他人代写而成书。

一　早期《太平经》写本特色

《太平清领书》，一百七十卷，分为十部，以天干甲至癸为部名⑥。东汉琅琊（今山东临沂）人宫崇传出，《后汉书·襄楷传》记载：

> 初，顺帝时，琅琊宫崇诣阙，上其师干吉于曲阳泉水上所得神书百七十卷，皆缥白素、朱介、青首、朱目，号《太平清领书》。⑦

关于写经的文本：

> 缥，青白也，素，缣也。以朱为介道。首，幖也。目，题目也。《太平经》曰：吾书中，善者悉使青下而丹目，合乎吾之道，

① 王明：《论太平经的成书时代和作者》，《世界宗教研究》，1982年第1期。
② （晋）陈寿撰，（宋）裴松之注《三国志》卷八《张鲁传》，中华书局，1959，第263页。
③ 王明：《抱朴子内篇校释》卷四，第71页。
④ （梁）陶弘景编撰《真诰》卷一九，《中华道藏》第2册，第237页。
⑤ （梁）陶弘景编撰《真诰》卷一九，《中华道藏》第2册，第237页。
⑥ （南朝宋）范晔撰，（唐）李贤等注《后汉书》卷三十，第1080页。
⑦ （南朝宋）范晔撰，（唐）李贤等注《后汉书》卷三十，第1084页。

乃丹青之信也。青者，生仁而有心。赤者太阳，天之正色也。①

写本载体是"缥白素"。注曰："缥，青白也，素，缣也"，以青白为色，即青白色的缣素。具体来说，关于"缥"，其注"青白也"。按《说文解字》："缥，帛青白色也。"② 所谓缥，即是一种青白色的帛。这与帛的颜色通常是白色、黄色有所不同。关于"素"，按注"素，缣也"，缣素同义。按《说文解字》："缣，并丝缯也，"③ 缣是由双丝沿经纬方向织成。具体来说，"缥白素"实质是青白色的双丝织物，通常称缣素。东汉缣素本《太平经》，也正是处于简帛盛行的时代。

早期《太平经》写经色彩特征明显。写本材料缣素是青白色，书写界格红色，书首标志青色，经目红色。写本的特点是注重色彩，有青色、赤色、白色。写本这种青色为缥首在上，赤色写目录在下的规格，具有特定的意义，以体现《太平经》所讲的天道，"吾书承天教令，明丹青也"④，即"丹青之信"。

关于写经字体的色彩，一种说法是目录为红字，如上文所述。此说法又见于《洞仙传》："于吉者，琅琊人也……常游于曲阳流水上，得神书百余卷，皆赤界、白素、青首、朱目，号曰《太平青篆书》。"⑤ 再者，元赵道一撰《历世真仙体道通鉴》记载："（吉）常游曲阳流水上，得神书百余卷，皆赤界、白素、青首、朱目，号曰《太平青领书》。"⑥

另一种说法是，经文全部是红字，晋葛洪撰《神仙传》："汉元帝时，崇随吉于曲阳泉上遇天仙，授吉青缣朱字《太平经》十部。吉行之得道，以付崇。"⑦ 再者，《太平御览》记载："后汉顺帝时，曲阳泉

---

① （南朝宋）范晔撰，（唐）李贤等注《后汉书》卷三十，第1084页。
② （汉）许慎撰，（清）段玉裁注《说文解字注》卷十三，上海古籍出版社，1995，第649页。
③ （汉）许慎撰，（清）段玉裁注《说文解字注》卷十三，第648页。
④ 王明编《太平经合校》卷一百二，中华书局，2014，第476页。
⑤ （宋）张君房编《云笈七签》卷一百一十一，《中华道藏》第29册，第856页。
⑥ （元）赵道一撰《历世真仙体道通鉴》卷二十，《中华道藏》第47册，第352页。
⑦ 王明编《太平经合校》《太平经著录考》，第764页。

上得神仙经一百卷，内七十卷皆白素、朱界、青缥、朱书，号曰《太平青道》。"① 又敦煌写卷 S.4226《太平经目录并序》（拟）②："《太平经》卷第六十，书用丹青决"，在《太平经》卷五十六至六十四"阙题"中，所讲"吾书中善者，使青为下而丹字，何乎？吾道乃丹青之信也"③，当是写经的文诀，亦讲经文是红字。再者，《太平经复文序》记载："至陈宣帝时，海隅山渔人得素书，有光烛天。宣帝敕道士周智响往祝请，因得此文，丹书焕然。"④ 无论目录是红字，还是全部经文为红字，都说明红色是《太平经》的主色，以效仿天道，"天文者，赤也，赤者，火也"⑤。

写经文本颜色所蕴含的意义。按《太平经》"五行"思想，五色为"青赤白黄黑"⑥，五色之中，苍（青）赤为天之色，"天为之色，外苍象木，内赤象火"⑦。黄白黑为地之色，"地之为色也，外黄白象土金，内含水而黑，象北行也"。关于青色，按《太平经》阴阳思想，青色为少阳，"少阳有气，与肝共位，甲乙寅卯，青色相类。万物之精，前后杂出，仁恩心著"⑧。在五行思想中，青色与五行之木相类，与五藏之肝共位。按五行相生理论，木生火，肝生心，青生赤。青色可以生成赤色，赤色与五藏之心共位，心为仁者之心，就象征意义而言，"青者，生仁而有心"。关于赤色，在阴阳思想中属太阳，象征天道，"赤者太阳，天之正色也"⑨。又讲"吾道太阳，仁政之道，不欲伤害也。""太阳"是"仁政之道"，故赤色的象征意义是君主施行仁政。在五行思想

---

① 《太平御览》卷六七三《像天地品》，见《影印文渊阁四库全书》第899册，台湾商务印书馆，1983，第121页。
② 王卡：《敦煌道教文献研究》，中国社会科学出版社，2004，第213页。
③ 王明编《太平经合校》卷五十六至六十四，第227页。
④ 王明编《太平经合校》《附录》第763页。
⑤ 王明编《太平经合校》卷六十九，第272页。
⑥ 王明编《太平经合校》卷七十一，第292页。
⑦ 王明编《太平经合校》卷六十九，第274页
⑧ 王明编《太平经合校》卷八十九，第350页。
⑨ 王明编《太平经合校》卷五十六至六十四，第227页。

中赤色属火，五藏为心，为仁者之心，"太阳盛气，与心相类，丙丁之家，巳午养位"①。可以看出，丹青之信的意义是君主具有仁者之心，施行仁政之道，即"人君之法，常当求与仁者同家，有心者为治"②。

丹书红字是《太平清领书》的基本色彩，也是早期道教书经书推崇的色彩。虽然经书本身未必是红字写成，但是有些经书是以赤书、紫文命名，这是早期道教经书的一个特点。六朝道经中称赤书、紫文者，如上清派经书《皇天上清金阙帝君灵书紫文上经》③，灵宝派经书《元始五老赤书玉篇真文天书经》等。早期道教书写道符使用的色彩多是红色，例如《洞神八帝妙精经》收录的"三皇天文"，有92枚道符，"皆丹书"④。

丹青之信是《太平经》作者对理想社会的一种文本表现方式。《太平经》所讲的基本社会结构是君臣民，"治有三名，君、臣、民"⑤，"君臣民三人共成一国"。三者奉天法道，"君为父，象天；臣为母，象地；民为子，象和"⑥，三者既应遵循阳尊阴卑之序，又应并力同心，共成一国。按阴阳五行思想，君与火相类，为太阳；民与水相类，为太阴；臣与金相类，为少阴。⑦ 君主应当施行仁政之道，臣辅佐君主，注重民生，施行教化，是以民为本的思想。

二　《太平经》施行仁政的思想

《太平经》关于"仁"的思想，来自儒家思想，进行了新的解释。按《论语》，"仁"的基本意义是"爱人"，北宋邢昺撰《论语注疏》：

---

① 王明编《太平经合校》卷八十九，第350页。
② 王明编《太平经合校》卷六十九，第272页。
③ 任继愈主编《道藏提要》，中国社会科学出版社，2005，第277页。
④ 《洞神八帝妙精经》，《中华道藏》第4册，第488页
⑤ 王明编《太平经合校》卷十八至三十四，第19页。
⑥ 王明编《太平经合校》卷四十八，第156页。
⑦ 王明编《太平经合校》卷六十九，第271～273页。

"爱人者，言泛爱济众，是仁道也。"①儒家传统思想认为仁是指博爱、泛爱济众。《太平经》与儒家的仁爱思想具有一致性，"仁者，乃能恩爱，无不包及，但乐施与无穷极之名字"②，以仁爱具有无所不包的广泛性。同时，又从道教尊道贵生的思想进行解释，以仁为爱育生命，"人者当用心仁，而爱育似于天地，故称仁也"③，反对过多使用刑罚伤害生命，"古者圣贤，乃贵用道与德，仁爱利胜人也，不贵以严畏刑罚，惊骇而胜服人也"④。《太平经》指出，仁的意义是好生不伤，君王应当施行仁政，"象天治者，仁好生不伤"⑤，"君欲仁好生，象天道也；臣欲柔而顺好养，法地道也，即善应出矣"⑥。在《太平经》的道、德、仁三统思想体系中，仁是在道、德之后，"天道乃生德，德乃生仁"⑦，也是以尊道贵德思想为主旨兼收儒家仁爱思想。

《太平经》讲的君王治国有五治："道治""德治""仁治""文治""刑治"。

> 古者上君以道服人，大得天心，其治若神，而不愁者，以真道服人也；中君以德服人；下君以仁服人；乱君以文服人；凶败之君将以刑杀伤服人。是以古者上君以道德仁治服人也，不以文刑杀伤服人也。⑧

按君王之治的善行等次，又有八治：

① （魏）何晏注，（宋）邢昺疏《论语注疏》卷十二，（清）阮元校刻《十三经注疏》，中华书局，1980，第2504页。
② 王明编《太平经合校》卷四十九，第163页。
③ 王明编《太平经合校》卷三十五，第34页。
④ 王明编《太平经合校》卷四十七，第151页。
⑤ 王明编《太平经合校》卷五十三，第204页。
⑥ 王明编《太平经合校》卷十八至三十四，第26页。
⑦ 王明编《太平经合校》卷一百三十七至一百五十三，第732页。
⑧ 王明编《太平经合校》卷三十五，第32页。

凡人之行，君王之治，何者最善哉？人最善者，莫若常欲乐生，汲汲若渴，乃后可也。其次莫若善于乐成，常恩恩欲成之，比若自忧身，乃可也。其次莫若善于仁施，与见人贫乏，为其愁心，比若自忧饥寒，乃可也。其次莫若善为设法，不欲乐害，但惧而置之，乃可也。其次人有过莫善于治，而不陷于罪，乃可也。其次人既陷罪也，心不欲深害之，乃可也。其次人有过触死，事不可奈何，能不使及其家与比伍，乃可也。其次罪过及家比伍也，愿指有罪者，慎毋尽灭煞人种类，乃可也。①

又有十治：

助帝王治，大凡有十法：一为元气治，二为自然治，三为道治，四为德治，五为仁治，六为义治，七为礼治，八为文治，九为法治，十为武治。②

基本特点是，君王之治最上者是乐生，最下者是伤生。《太平经》认为，君王顺应天道，好生不伤，应以道、德、仁为三统，"为人君上者，当象天而行，乃以道、德、仁为行三统"③。君主施行仁政，是三统之一。仁与道、德的关系，"上君子乃与天地相似，故天乃好生不伤也，故称君称父也。地以好养万物，故称良臣称母也。人者当用心仁，而爱育似于天地，故称仁也"④。道主生是前提，然后是德之好养、仁之爱育。《太平经》的仁政思想是道教之尊道贵生与儒家之仁爱思想的结合。从奉天法道的原则出发，《太平经》提出自然天性"上道德而下

---

① 王明编《太平经合校》卷四十，第84页。
② 王明编《太平经合校》卷六十七，第262页。
③ 王明编《太平经合校》卷一百三十七至一百五十三，第731页。
④ 王明编《太平经合校》卷三十五，第33页。

刑罚"①，因此"圣人治，常思太平，令刑格而不用也"②；并劝诫统治者，"好用刑罚者，其国常乱危而毁也"③。

君主治国以民为本，施行仁政，原因在于民是君主衣食之用的创造者，"君少民，乃衣食不足，令常用心愁苦。故治国之道，乃以民为本也。无民，君与臣无可治，无可理也。是故古者大圣贤共治事，但旦夕专以民为大急，忧其民也"④。《太平经》认为，人口的多少是国家贫富的象征，"治国之大要，以多民为富，少民为大贫困"⑤。因此，施行仁政的一个基本原因是为了增加人口和劳动力，这是君主治国，以致国家富强的基本保障。

君王治国需要忠臣贤士的辅助。《太平经》认为帝王若施行仁政，臣亦忠信，"古者圣帝明王，重大臣，爱处士，利人民，不害伤；臣亦忠信不欺君，故理若神"⑥。反之，帝王若推崇用兵刑罚，则导致臣民不忠，难以治理，"是故古者圣人睹天法明，故尚真道善德奇文而下武也，是明效也。今刑祸武生于西北而尚之，名为以阴乘阳，以贱乘贵，多出战斗。令民臣不忠，无益王治，其政难乎？"⑦ 关于发挥贤士人才的作用，主张用其所长，充分发挥其才能，"其仕之云何？各问其才能所长，以筋力所及署其职。何必署其筋力所能及乎？天之事人，各因其能，不因其才能，名为故冤人，则复为结气增灾。所以然者，人所不及，虽生之死，犹不能为也"⑧。《太平经》还指出，君王用臣之道的关键是重视采取举荐措施，得到真正的贤才，此为国家治理的重要保障。"故凡事者，当得其人，若神；不得其人，若妄言；得其人，事无难易，皆可行矣；不得其人，事无大小，皆不可为也。是故古圣贤重举措求贤，

① 王明编《太平经合校》卷六十五，第 239 页。
② 王明编《太平经合校》卷四十，第 84 页。
③ 王明编《太平经合校》卷九十六，第 419 页。
④ 王明编《太平经合校》卷四十八，第 157 页。
⑤ 王明编《太平经合校》卷六十九，第 274 页。
⑥ 王明编《太平经合校》卷五十六至六十四，第 224 页。
⑦ 王明编《太平经合校》卷六十五，第 239 页。
⑧ 王明编《太平经合校》卷四十八，第 158 页。

无幽隐，得为古。得其人则理，不得其人则乱矣。"①

《太平经》认为，君王能施行道、德、仁三统，治国达到"立平立乐，灾异除，不失铢分也"②，即公平、平安、快乐和睦的社会③，是太平之治。乱世能够得到根本治理就是太平之时，"澄清大乱，功高德正，故号太平。若此法流行，即是太平之时"④。《太平经》的作者，效仿天道，制作丹书青首的写经，正是希望通过经书有助于君主的治国施政，"今真人以吾书付有道德之君，力行之令効，立与天相应，而致太平"⑤。

三　《太平经》施行教化的思想

施行教化也是《太平经》所讲君王施行仁政的内容之一。《太平经》的教化思想有两个基本方面。一是指以教化的方式化恶为善，"大化之本根，助帝王养人民，令不犯恶为耶"⑥，去除社会中的恶行以有助于民众的生存条件。二是指以教化的方式追求道教所讲的得道长生，"君圣师明，教化不死，积炼成圣，故号种民。种民，圣贤长生之类也"⑦。这里探讨的是化恶为善的教化思想。

明确什么是善和什么是恶是教化的前提，"善恶，是化之先也，开蒙愚之门也"⑧。《太平经》认为善主要是孝、忠、顺，"为子当孝，为臣当忠，为弟子当顺"⑨。这是《太平经》为臣、民、弟子所做的道德标准，其中以孝为善行第一。

①　王明编《太平经合校》卷五十，第 190 页。
②　王明《太平经合校》卷四十八，第 158 页。
③　卿希泰、詹石窗主编《中国道教通史》第一卷，人民出版社，2019，第 148 页。
④　王明编《太平经合校》卷一至十七，第 9 页。
⑤　王明编《太平经合校》卷三十五，第 34 页。
⑥　王明编《太平经合校》卷六十七，第 253 页。
⑦　王明编《太平经合校》卷一至十七，第 2 页。
⑧　王明编《太平经合校》卷一百十五至一百十六，第 668 页。
⑨　王明编《太平经合校》卷九十六，第 421 页。

大慈孝顺问第一：慈孝者，思从内出，思以藏发，不学能得之，自然之术。行与天心同，意与地合。上有益帝王，下为民间昌率，能致和气，为人为先法。其行如丹青，故使第一。①

有德之君实行仁政是丹青之信，为善之民孝敬父母也如同丹青之信，为诸善行第一。反之，不孝、不忠、不顺是恶，"子不孝，弟子不顺，臣不忠，罪皆不与于赦"②，这三件事是"最恶下行也"。

《太平经》讲到了两种教化的形式："文化"和"乐化"。

关于"文化"，所谓"文"，即《太平经》作者讲："吾乃为太平之君作经"③。其中有"守一"之文，是经文的一个重要组成部分，"此者，是吾书上首一部大界也"④。《太平经》虽然在卷九十六《守一入室知神戒》等篇幅中，讲到"守一"，但是未集中行文。《太平经》佚文中的守一之文，则集中于唐末闾丘方远辑《太平经圣君秘旨》。⑤《太平经》认为，"一"即是人心、意志。"一者，心也，意也，志也。念此一身中之神也。凡天下之事，尽是所成也。自古到今，贤圣之化，尽以是成器名，以其早知，学其心意，志念善也，守善业也。愚者尽凶是也，以其守学之以恶业也。"⑥ 那么，守一就是人心专一持守善，善的标准是"孝、忠、顺"。

《太平经》讲"守一"之文的功效，对于贤才之士而言，守读之可以做孝子忠臣，"大贤见吾文，守行之不解，策之得其要意，如学可为孝子，中学可为忠臣，终老学之，不中止不懈，皆可得度世"⑦。对于民众而言，守读之则可以家庭邻里和睦，人心向善，"凡民守读之，共

① 王明编《太平经合校》卷七十三至八十五，第 310 页。
② 王明编《太平经合校》卷九十六，第 419 页。
③ 王明编《太平经合校》卷九十八，第 458 页。
④ 王明编《太平经合校》卷九十六，第 423 页。
⑤ 王明编《太平经合校·附录》，第 757～761 页。
⑥ 王明编《太平经合校》卷九十二，第 381 页。
⑦ 王明编《太平经合校》卷九十六，第 421 页。

强行之，且相易共好嬉之，不能自禁。令人父慈、母爱、子孝、妻顺、兄良、弟恭，邻里悉思乐为善，无复阴贼好窃相灾害"①。教化的目的是使善者兴而恶者止，有助于君王的国家治理，"所以先示者，乐其为善者日兴，为恶者日止也。今太平气当至，恐人为恶乱其治，故先觉之也"②。《太平经》的教化思想，仍然是以仁政爱民、减少刑罚为主旨，"有人尽思乐忠顺孝，欲思上及中贤大贤，故民不知复为凶恶，家家人人，自救自治，故可无刑罚而治也"③。

《太平经》同样重视音乐的教化作用，"纵乐以为化本"④。乐有五音，宫、商、角、徵、羽，每音又有上中下三音，若得三音之和，则会除恶扬善，大有助于教化。例如，角之音，与五行之木、五色之青，五方之东相类同。若得上中下三音之和，则恶者悉除去，善者悉前行。

> 是故乐而得大角上角之音者，青帝大喜，则仁道德出，凡物乐生，青帝出游，肝气为其无病，肝神精出见东方之类。其恶者悉除去，善者悉前助化，青衣玉女持奇方来赐人，是其明效也……故上角音得，则以化上也；中角音得，则以化中也；下角音得，则以化下也。而得之以化。⑤

再如，徵之音，与五行之火、五色之赤，五方之南相类同。若得大中小三音之和，则恶者悉除去，善者悉前行。

> 南方徵之音，大小中悉和，则物悉乐长也。南方道德莫不悦喜，恶者除去，善者悉前。赤气悉喜，赤神来游，心为其无病。心

---

① 王明编《太平经合校》卷九十六，第422页。
② 王明编《太平经合校》卷三十五，第42页。
③ 王明编《太平经合校》卷九十六，第422页。
④ 王明编《太平经合校》卷一百十五至一百十六，第667页。
⑤ 王明编《太平经合校》卷一百十三，第603页。

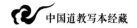

神出见，候迎赤衣玉女来，赐人奇方，是其大效也。①

《太平经》主张充分发挥"乐化"的作用，少用刑罚。刑罚是与"乐化"相对立的教化方式。《太平经》以阴阳思想说明"乐化"的重要性，"乐者，阳也，天之经也。兵杖刑罚者，阴也，地之怒也。阴兴必伤阳化"②。乐为阳，刑为阴，阴盛则阳衰，刑罚太重会损伤乐化的功能，《太平经》主张的是阳化，即"乐化"。

在君臣民社会体系中，注重以"文化""乐化"的方式施行教化，正是《太平经》"丹青之信"、施行"仁政"，减少刑罚的思想体现。就教化的目的而言，善者日兴，恶者日止，从而则有利于民众生存条件、生存环境的改善，这也是施行仁政的目的。就教化的方式而言，经书、音乐是以文明、养生的方式施行教化，从而避免了过多刑罚会造成伤害生命的严重后果。简言之，教化的这两个方面都体现了"仁政之道，不欲伤害。"

四　余论

《太平经》的"仁政"之道，是对儒家思想和黄老之学的融合。《太平经》讲太平之治有"道治""德治""仁治"，已然是以道为主，儒道兼综的思想。仁治虽然位于道治、德治之后，却是《太平经》非常关注的内容。就本文探讨《太平经》写本特色"丹青之信"而言，即是指"仁政"之道。对此，《太平经》以天子当奉天法道来加以解释："天乃无不覆，无不生，无大无小，皆受命生焉，故为天。天者，至道之真也，不欺人也，万物所当亲爱，其用心意，当积诚且信，但常欲利不害，不负一物，故为天也。夫帝王者，天之子，人之长，其为行

----

① 王明编《太平经合校》卷一百十三，第603页。
② 王明编《太平经合校》卷一百十五至一百十六，第664页。

当象此。"① 即帝王施行仁政，对待民众以至万物生命，应当亲爱，利而不害。

《太平经》的"仁政"之道，源自《孟子》的"仁政"思想。儒家经典《孟子》成书于战国中期，孟子的"仁政"思想是对孔子仁爱思想的发展，主张民为贵，以民为本，"民为贵，社稷次之，君为轻"②。民贵之说，以"养民既为政治之第一义"③。君王施行仁政养民，首先要使民众能够公平的分配到土地，也就是划分好土地的经纬界线，"夫仁政，必自经界始。经界不正，井地不钧，谷禄不平。是故暴君污吏必慢其经界。"④ 施行"仁政"的主要内容是减轻刑罚，减少赋税，"王如施仁政于民，省刑罚，薄税敛，深耕易耨"⑤。《太平经》继承了《孟子》贵民养民思想。《孟子》讲"民为贵"，《太平经》讲"以多民为富"。《孟子》讲仁政始自土地经界的公平划分，《太平经》经名"太平"之基本含义即为公平，而在农业社会土地分配的公平是核心内容。《孟子》讲"省刑罚，薄税敛"，《太平经》讲"上道德而下刑罚"，均为仁政爱民之主张。故《孟子》之贵民养民思想，多为《太平经》所吸收。

《太平经》的仁政思想又与《吕氏春秋》的"全生"思想基本一致。《吕氏春秋》成书于战国晚期，系黄老学说早期的代表作。其中讲，天子治国立官，当以"全生"为目的，"始生之者，天也。养成之者，人也。能养天之所生而勿撄之，谓之天子。天子之动也，以全天为故者也。此官之所自立也，立官者以全生也"⑥。对此，萧公权先生指

① 王明编《太平经合校》卷五十六至六十四，第 227 页。
② （汉）赵岐注，（宋）孙奭疏《孟子注疏》卷十四《尽心章句》，（清）阮元校刻《十三经注疏》，中华书局，1980，第 2774 页。
③ 萧公权：《中国政治思想史》，商务印书馆，2017，第 95 页。
④ （汉）赵岐注，（宋）孙奭疏《孟子注疏》卷五《滕文公章句上》，（清）阮元校刻《十三经注疏》，第 2702 页。
⑤ （汉）赵岐注，（宋）孙奭疏《孟子注疏》卷一《梁惠王章句》，（清）阮元校刻《十三经注疏》，第 2667 页。
⑥ 许维遹撰，梁运华整理《吕氏春秋集释》卷一《本生》，中华书局，2009，第 12 页。

出，"全生为生活之最高理想，亦为政治最后目的"①。以其全生、贵生，故反对刑罚杀戮，"昔上世之亡主，以罪为在人，故日杀僇而不止，以至于亡而不悟"②。《太平经》以"仁政"为"好生不伤""欲利不害"，当是继承了战国晚期黄老之学的"全生""贵生"思想。

儒家学说自汉武帝后成为中国历代王朝的正统思想，《孟子》提出的"仁政"思想是其中政治思想的主流。形成于战国中期的黄老之学，西汉初期成为统治者施政的指导思想。成书于东汉的道教经典《太平经》，主张"仁政"之道，是吸收了儒家的"民为贵"之说和早期黄老之学的"全生"思想。在《太平经》的"仁政"之道以及教化思想中，是以生命为核心的君、臣、民社会体系，就其"好生不伤"而言多与黄老之"全生"相一致，就其"爱民"而言是吸收了儒家的"仁政"思想。可以说，《太平经》"仁政"之道，是黄老之学全生贵生的生命体系与儒家学说以民为本的政治体系的融合。

综合上文，《太平经》的作者认为该经书是"致太平之书"③，丹青之信体现了经书写本色彩与社会政治思想内容的统一，这种统一是通过阴阳五行思想来完成的。在东汉后期，政治腐败、民生疾苦的历史条件下，其现实意义主要是奉劝统治者施行"仁政"，爱民养民，以民为本，主张注重民生，好生不伤，欲利不害。因此说丹青之信象征的是古代君王治国，以儒家之仁政爱民与黄老之学相结合，并凸显道教尊道贵生思想的一种政治理念与实践，底蕴深厚，颇具特色。

（原载《世界宗教研究》2021 年第 2 期，

本书收录时有修改）

---

① 萧公权：《中国政治思想史》，第 331 页。
② 许维遹撰，梁运华整理《吕氏春秋集释》卷三《论人》，第 76 页。
③ 王明编《太平经合校》卷三十五，第 43 页。

附录二
道教文化与丝绸之路
——记王卡先生新疆、敦煌调研

　　道教文化作为中国传统文化的一个基本组成部分，在古代丝绸之路文化交流中曾经发挥着重要的作用。2015 年 9 月，著名道教学、敦煌学专家王卡[①]先生和中国社会科学院世界宗教研究所、哲学研究所有关学者组成的调研组，一行 7 人，到达新疆、敦煌，对道教文化的现存情况和在丝绸之路文化交流中的历史渊源，进行实地考察。

　　2015 年 9 月 22 日中午，调研组乘机到达乌鲁木齐。9 月 23 日，到天池福寿宫、新疆兵团 222 团屯垦博物馆、高货郎庙调研。9 月 24 日上午到乌鲁木齐红庙子座谈，中午在新疆兵团 104 团与有关负责同志座谈团场文化、传统文化，参观屯垦博物馆、西山老君庙。9 月 25 日中午，到达吐鲁番，在吐鲁番博物馆调研。9 月 26 日，到阿斯塔那墓、柏孜克里克千佛洞，并在新疆兵团 221 团做短暂参观。9 月 27 日中午到达敦煌市，下午到鸣沙山月牙泉。9 月 28 日上午，到敦煌莫高窟考察，经过藏经洞，在王圆箓道士墓留影。然后步行到三危山探寻老君堂、王母宫，并在敦煌研究院做短暂停留。下午到敦煌西云观座谈调研。其间，9 月 22 日下午，在新疆兵团党委党校教学部门的邀请下，王卡先生为

---

① 王卡（1956～2017），河北广宗人，中国社会科学院研究员、长城学者。《中华道藏》
　　常务副主编，著有《敦煌道教文献研究》《道教经史论丛》《道家道教思想简史》，点
　　校《老子道德经河上公章句》等。

学员作了《道教与中国传统文化》的学术报告，受到全体学员的热烈欢迎，并与学员进行了研讨。9月29日，调研组返京。12月25日，受袁志鸿会长邀请到北京东岳庙，座谈新疆道教文化。王卡先生发言的总看法是：历史上道教文化在丝绸之路传播有西行路线和海上路线。[①] 具体内容如下。

一 古代丝绸之路中心路的线道教文化

王卡先生指出："丝绸之路西行的路线，主要是新疆（西域）和中亚这条路，历史上即是一条商贸的路线，也是宗教文化交流的路线"。早在汉代，由长安出发，经敦煌、西域，到中亚，再至西方各国，已形成丝绸之路的中心路线。唐代和清代是道教文化在这一路线上传播的主要时期。

（一）老子西行的传说与唐代《道德经》西传

王卡先生指出："传说中的老子西行，主要留下的资料是《老子化胡经》，现在确定是公元 4~5 世纪成书，定形是在唐初，即公元 7 世纪。"

老子化胡的传说，文献记载首见于《后汉书·襄楷传》。襄楷上书桓帝曰："或言老子入夷狄，为浮屠。"李贤注："或闻言当时也。老子西入夷狄，始为浮屠之化。[②]"这一传说是以老子西行为浮屠施行教化。其中地域泛说为西部，即洛阳、中原的西部。之后，《三国志》《魏书》等史籍多记载有老子化胡的传说。道书《老子化胡经》约出于西晋，[③] 原为一

---

① 本文观点主要依据王卡先生在北京东岳庙座谈会中的发言要点，均已引用或说明。题目、段落标题是笔者总结添加。发言详细内容刊登于《凝眸云水》2016 年第 1 期。有关补充的内容，依据王卡先生已经发表的研究成果，详见注解。发言中所涉及的有关史料是由笔者查找，补充完善。

② （宋）范晔撰，（唐）李贤等注《后汉书》卷三十，中华书局，2011，第 1082、1083 页。

③ 王维诚：《老子化胡说考证》，北京大学《国学季刊》第四卷第二号，1933，第 22 页。

卷。唐初增至十卷。① 敦煌本《老子化胡经》系唐代写本，其中详细记载了西行线路的地名。

> 言归昆仑，化彼胡域，次授罽宾，后及天竺，于是遂迁。②
>
> 至于昭王，其岁癸丑，便即西迈。过函谷阙……便即西度，经历流沙，至于阗国毗摩城所……如是不久过葱岭……次即南出，至于乌场。遍历五天，入摩竭国。③

老子化胡虽然是传说，但是《老子化胡经》记载的这一西行路线与丝绸之路是基本一致的，即从中原经流沙、于阗、葱岭、罽宾，到达天竺。在唐初丝绸之路文化交流中，确有《道德经》的西传。如以下几例。

1. 敦煌写卷、吐鲁番文书中的《道德经》及道教经书

王卡先生指出："在唐代，《老子》正式传播到西州（吐鲁番）、敦煌一带。"敦煌、吐鲁番的考古发现，从实物上证明，《道德经》以及道教经书从中原传播到了西域。据王卡先生《敦煌道教文献研究》著录，以唐代写本为主的敦煌道教经书达170余种，其中有《唐玄宗老子道德经注》（P.3725）等《道德经》及注本19种。吐鲁番出土文献中亦有一定数量的《道德经》及道教经书。④ 隋唐时期，敦煌是中原通向西域的门户，地理位置非常重要。敦煌作为丝绸之路的枢纽，大量道教经书在此汇集，也为向西部传播在客观上准备了条件。

2. 贞观二十一年（647），应东天竺王之请求，唐太宗敕令将《道德经》翻译为梵文。

王卡先生指出："唐三藏把《道德经》翻译成梵文，佛教文献有记

---

① 王卡：《敦煌道教文献研究》，中国社会科学出版社，2004，第187页。
② 《老子化胡经序》，《中华道藏》第8册，第186页。
③ 《老子化胡经》卷一，《中华道藏》第8册，第187、188页。
④ 王卡：《敦煌道教文献研究》，第282、283页。

载。"据《集古今佛道论衡》，玄奘法师翻译《道德经》是因为西域使李义表向唐太宗奏称，东天竺王请求翻译中国古圣人所说经书，以为其国信奉和流传。

> 贞观二十一年，西域使李义表还，奏称："东天竺童子王所，未有佛法，外道崇盛。臣已告云，支那大国未有佛教已前，旧有得道圣人说经，在俗流布。但此文不来，若得闻者，必当信奉。彼王言，卿还本国，译为梵言，我欲见之，必道越此徒，传通不晚。"登即下敕，令玄奘法师与诸道士对共译出。于时道士蔡晃、成英二人，李宗之望，自余锋颖三十余人，并集五通观，日别参议，详核《道德》。①

据上文知，唐太宗当即敕令玄奘法师、蔡晃、成（玄）英等佛道教著名人物和李氏宗族人物，于长安五通观进行集中翻译。在翻译《道德经》的过程中，玄奘法师与成（玄）英等道士发生了争论。结果采用的是玄奘法师的观点：把"道"译为梵语"末伽"、《道德经》河上公注本的序文不作翻译。②关于序文的争论，也说明翻译《道德经》的底本是河上公注本。最终译出了《道德经》梵语本。这当是已知文献记载中最早的《道德经》梵语译本。

3. 贞观二十二年（648）迦没路国向唐太宗请老子像及《道德经》

王卡先生指出，王玄策与《道德经》西传有关。据查史籍，李义表之后，王玄策受唐太宗之命，于贞观二十二年出使天竺。在此期间，迦没路国向唐王朝请老子像及《道德经》。《旧唐书·天竺国》记载：

> 五天竺所属之国数十，风俗物产略同。有伽没路国，其俗开东

---

① （唐）释道宣撰，刘林魁校注《集古今佛道论衡》卷丙，中华书局，2018，第234页。
② （唐）释道宣撰，刘林魁校注《集古今佛道论衡》卷丙，第239、240页。

门以向日。王玄策至，其王发使贡以奇珍异物及地图，因请老子像及《道德经》。[1]

《新唐书·天竺传》记载："迦没路国献异物，并上地图，请老子象。"[2]《新唐书》所记与《旧唐书》有所不同，未言及《道德经》。唐贞观年间，这一事件有其特定的社会背景。一是唐初国家统一、国力强盛。唐朝的建立，结束了隋末的战乱，实现了国家的统一。再经过唐太宗20余年的贞观之治，经济恢复，社会安定，唐朝已是西方知晓的东方大国。二是李唐皇室尊奉老子为远祖，推崇《道德经》。请老子经像，在文化交流中体现不仅仅是道家道教文化向西方的传播，还有西方诸国对唐王朝在文化上的尊重和敬仰。

（二）清代新疆、敦煌的道教文化及遗存

王卡先生指出，新疆的道教文化遗迹大部分为清朝所建，清廷经营西域，部分恢复了汉唐时期的局面。在座谈中王卡先生讲到敦煌的内容较少，实际敦煌也是考察的重点。调研组所经路线，即乌鲁木齐至敦煌一线。其中乌鲁木齐红庙子和敦煌西云观是具有代表意义的道观。

红庙子位于乌鲁木齐市沙依巴克区九家湾平顶山。2015年有道士1人。现在红庙子的规模是1988年重修的。20世纪80年代宗教政策落实，进行了修缮和建设，红庙子占地面积3600平方米，建筑面积500平方米。东侧山坡，尚保存有20余座道士墓。红庙子始建于清代乾隆年间。[3] 清军平叛准噶尔部之后，驻军于九家湾，在驻军的北面建了红庙子。红庙子在当时是迪化较大的道教宫观，以关帝殿为主殿。清代在迪化一带驻军、移民，实行屯田，军民中的道教信徒将关帝信仰和道教

---

[1] （后晋）刘昫等撰《旧唐书》卷一九八《天竺国》，中华书局，2011，第5308页。

[2] （宋）欧阳修、宋祁撰《新唐书》卷二二一《天竺国》，中华书局，2011，第6238页。

[3] 乌鲁木齐市沙依巴克区党史地方志编纂委员会编《乌鲁木齐市沙依巴克区志》，新疆人民出版社，2004，第637页。

文化带入了新疆。[①] 乌鲁木齐西山老君庙，也是建于清代乾隆年间。

西云观位于敦煌市中心以西 2.5 千米。2015 年有道士 11 人，是敦煌市道教协会驻地。现有建筑规模是 20 世纪 80 年代宗教政策落实后重建的。[②] 占地面积 3800 平方米，建筑面积 2500 平方米。观内有真武殿、三清宫、七真殿等。据《道光敦煌县志》记载："西云观在城西三里，清雍正八年（1730）建。"[③] 西云观也是清代始建的道教宫观，时间略早于乌鲁木齐红庙子。敦煌道观还有：老君堂，位于三危山主峰东南麓，1918 年新修；王母宫，位于三危山顶峰，道士王永金 1928 年重建。[④]

新疆、敦煌现有的主要道教宫观，多始建于清代。80 年代宗教政策落实，当地主要道教宫观进行了修缮和建设。红庙子等新疆道教宫观，从其建立的历史来看，是清代军民在新疆屯田的同时，把道教文化再次从内地传播到新疆的见证。

二　丝绸之路北线的道教文化

王卡先生指出，"丘处机西行，历史上有一些记载，如《道藏》里面的《长春真人西游记》，其他资料还有待发掘"，"丘处机劝诫止杀的理念，对成吉思汗有一定影响"。

丘处机西行弘道路线是经蒙古到达中亚的丝绸之路北线。《长春真人西游记》记载了全真道著名道士丘处机受成吉思汗的邀请西行觐见的经历。元太祖十五年（1220）正月，邱处机率 18 名弟子从山东莱州昊天观[⑤]出发，经燕京、居庸关、野狐岭、抚州、大沙陀、小沙陀、长松

---

① 乌鲁木齐市党史地方志编纂委员会编《乌鲁木齐市志》，新疆人民出版社，1994，第283 页。
② 西云观有关资料系参考汪桂平研究员采访记录，在此致谢。
③ （清）苏履吉修，曾诚纂《道光敦煌县志》，《中国地方志集成》甘肃府县志辑49，凤凰出版社、上海书店、巴蜀书社，2009，第74 页。
④ 敦煌志编纂委员会编《敦煌志》，中华书局，2007，第818 页。
⑤ （元）李志常撰《长春真人西游记》，《中华道藏》第47 册，第2 页。

岭、回纥城等地，于元太祖十七年（1222）四月抵达"雪山"，[①] 至行宫觐见成吉思汗。历时两年多，行程万余里。时值成吉思汗率蒙古大军征战中亚花剌子模王朝。

成吉思汗询问丘处机治国与长生之道，据《元史·丘处机传》记载：

> 太祖时方西征，日事攻战，处机每言欲一天下者，必在乎不嗜杀人。及问为治之方，则对以敬天爱民为本。问长生久视之道，则告以清心寡欲为要。[②]

劝诫止杀、"敬天爱民""清心寡欲"，体现了道教把养生与爱民相统一的尊道贵生的思想。成吉思汗对于丘处机的讲道是重视的，命移耶律楚材编录为《玄风庆会录》[③]。二十二年（1227）六月，成吉思汗颁布不准杀掠的诏书，"帝谓群臣曰：朕自去冬五星聚时，已尝许不杀掠，遽忘下诏耶。今可布告中外，令彼行人亦知朕意"[④]。当时，战乱频繁的现实一时难以改变，在战争时期能颁布此诏令，显得格外珍贵。这与丘处机以 70 多岁高龄，西行万里、劝诫止杀的初衷和愿望是一致的。

三　海上丝绸之路的道教文化

王卡先生认为，海上丝绸之路的道教文化传播往东可以达到韩国、日本，往东南亚可以达到越南、新加坡、马来西亚、泰国、缅甸。

王卡先生曾专程赴越南进行学术交流。1997 年 12 月 11 ~ 26 日，根据中国社会科学院与越南人文社会科学国家中心之间的学术交流计划，

---

① （元）李志常撰《长春真人西游记》，《中华道藏》第 47 册，第 12 页
② （明）宋濂等撰《元史》卷二百二《丘处机传》，中华书局，2011，第 4524 ~ 4525 页。
③ 《玄风庆会录》，《中华道藏》第 47 册，第 25 ~ 29 页。
④ （明）宋濂等撰《元史》卷一《太祖本纪》，第 24 页。

他到越南进行了道教研究学术访问，回国后发表了《越南访道报告》。①
其中讲到，关于道教文化传入越南的可靠史料首见于《牟子理惑论》。
东汉末年，"北方异人"已将神书百七十卷（《太平经》）、仙箓②，传
播到交趾。汉晋之际，道教文化传播的路线，是从侯官（今属福州）
到交州的海上航线，或者从苍梧（今属广西）进入交州的陆上路线。
据《交州八县记》，唐代安南建有道观 21 座。著名道观有峰州都督阮
常明于唐永徽（650～655）年间在白鹤江外所建的通圣观。至南宋末
年，福州道士许宗道乘船从海路到交州，以祈福禳灾的符水斋醮科仪受
到陈王朝皇室的礼遇和重用。《白鹤通圣观钟记》记载：

> 向者，陈朝第二帝太宗皇帝丙子年（1276）③，治道太平，四
> 方向化，时有大宋国福建路福州福清县海坛里道士许宗道，同流附
> 伯，乘兴入南。时太宗皇帝第六子昭文王——今入内检校太尉平章
> 事，清化府路都元帅，赐紫金鱼带，上柱国开国王，心怀大道，性
> 重宋人，相留宗道于门墙，以阐扬于道教。④

这是记载道教文化沿海上丝绸之路进一步传入越南的重要史料之
一。此外，《越南访道报告》对现存道观——越南北方河内玉山祠、河
内真武观、河内玄天观和越南南方的穗城会馆、义安会馆、茶山庆云南
院也做了介绍。

总之，道教文化在古代丝绸之路沿线地区具有一定的文化遗存，自
东汉以来就在进行传播和交流。作为中国传统文化基本组成部分的道教

---

① 王卡：《道教经史论丛》，巴蜀书社，2007，第 427～465 页。《中国道教》1998 年第
2～3 期。

② （东汉）牟融：《牟子理惑论》，见（梁）僧祐撰《弘明集》，上海古籍出版社，1991，
第 6 页。

③ 王卡先生在此处注解中指出，应为"陈圣宗宝符四年（1276）"。《道教经史论丛》第
443 页。

④ 王卡：《道教经史论丛》第 443 页，录自越南《李陈诗文》第三集上卷，越南社会科
学出版社，1989，第 623～626 页。

文化，其热爱和平、尊道贵生、崇尚和谐的思想理念，是对丝绸之路人文精神的重要贡献。

（原载《中国本土宗教研究》第四辑，
社会科学文献出版社，2021 年 3 月）

参考文献

一　道教文献研究参考文献

（汉）班固撰，（唐）颜师古注《汉书·艺文志》，中华书局出版社，1975。

（清）卞永誉撰《式古堂书画汇考》，《影印文渊阁四库全书》第 827 册，台湾：商务印书馆，1983。

《补晋书艺文志》，《二十五史补编》第 4 册，中华书局，2010。

《补三国艺文志》，《二十五史补编》第 4 册，中华书局，2010。

曹之：《古籍版本学》，武汉大学出版社，2007。

陈国符：《道藏源流考》，中华书局，1992。

（清）陈梦雷编纂《古今图书集成·法帖部》，中华书局，巴蜀书社，1985。

〔日〕池田温编《中国古代写本识语集录》，东京大学东洋文化研究所，1990。

傅增湘撰《藏园群书经眼录》，中华书局，2009。

（清）顾文彬、（民国）顾麟士撰《过云楼书画记·续记》，江苏古籍出版社，1999。

黄爱平：《四库全书编纂修研究》，中国人民大学出版社，1989。

纪昀《四库全书总目》，中华书局，2010。

来新夏：《古典目录学》，中华书局，2013。

（宋）李昉等编《太平御览》，中华书局，1981。

（北魏）郦道元著，（清）王光廉校《合校水经注》，中华书局，2009。

（汉）刘向、刘歆撰，（清）姚振宗辑录，邓骏捷校补《七略别录佚文》，
　　上海古籍出版社，2008。

（后晋）刘昫等撰《旧唐书·经籍志》，中华书局，2011。

（清）陆心源撰《仪顾堂题跋》，《续修四库全书》，上海古籍出版社，
　　2002，第930册。

骆兆平、谢典勋编著《天一阁碑帖目录汇编》，上海辞书出版社，2012。

（元）马端临：《文献通考》，浙江古籍出版社，2000。

（北宋）米芾：《宝章待访录》，《影印文渊阁四库全书》第813册。

（清）《秘殿珠林》，《影印文渊阁四库全书》第823册。

《秘殿珠林石渠宝笈续编》，《续修四库全书》第1069册，上海古籍出
　　版社，2002。

（宋）欧阳修等撰《新唐书·艺文志》，中华书局，2011。

潘吉星：《中国造纸史》，上海人民出版社，2009。

裴景福：《壮陶阁书画录》，学苑出版社，2006。

（清）钱曾著，傅增湘批注《藏园批注读书敏求记校证》，中华书局，
　　2011。

任继愈主编《道藏提要》，中国社会科学出版社，2005。

任继愈主编《中国藏书楼》，辽宁人民出版社，2001。

容庚：《丛帖目》，《容庚学术著作全集》第18册，中华书局，2011。

（唐）释道宣撰《广弘明集》，《大正藏》刊行会，昭和三十六年（1961）。

（南宋）释志磐撰《佛祖统纪》，《续藏经》第131册，新文丰出版公
　　司，1976。

（清）孙岳颁等撰《佩文斋书画谱》，《影印文渊阁四库全书》第822册。

《汤用彤学术论文集》，中华书局，1983。

（元）脱脱等撰《宋史·艺文志》，中华书局，2011。

（明）汪砢玉：《珊瑚网书录》卷八，《影印文渊阁四库全书》第818册。

王菊花等：《中国古代造纸工程技术史》，山西教育出版社，2006。

王卡：《敦煌道教文献研究》，中国社会科学出版社，2004。

王明：《抱朴子内篇校释》，中华书局，1985。

王明：《蔡伦与中国造纸术的发明》，《考古学报》1954 年第 2 期。

王明：《简和帛》，《考古通讯》，1955 年第 2 期。

王明：《隋唐时代的造纸》，《考古学报》1956 年第 1 期。

王明编《太平经合校》，中华书局，2014。

（北宋）王钦若等编《册府元龟》，中华书局，1982。

（清）吴其贞：《书画记》，人民美术出版社，2006。

（汉）许慎撰，（清）段玉裁注《说文解字注》，上海古籍出版社，1995。

（北宋）《宣和书谱》，《影印文渊阁四库全书》第 813 册，台湾：商务
　　印书馆，1983。

（清）姚振宗：《隋书经籍志考证》，《二十五史补编》第 4 册，中华书
　　局，2010。

叶德辉：《书林清话》，上海古籍出版社，2012。

余嘉锡：《四库提要辩证》，中华书局，2007

（北周）宇文邕纂《无上秘要》，《中华道藏》第 28 册，华夏出版社，
　　2004。

张伯英：《法帖提要》，《张伯英碑帖论稿》第 3 册，河北教育出版社，
　　2006。

张继禹主编《中华道藏》，华夏出版社，2004。

（北宋）张君房编，李永晟点校《云笈七签》，中华书局，2003。

张书才主编《纂修四库全书档案》，上海古籍出版社，1997。

（清）张廷玉等撰《明史·艺文志》，中华书局，2011。

（唐）张彦远：《法书要录》，人民美术出版社，2016。

（清）赵尔巽等撰《清史稿·艺文志》，中华书局，2015。

赵国璋、藩树广著《文献学大辞典》，广陵书社，2005。

（北宋）赵明诚：《金石录》，《影印文渊阁四库全书》第 681 册。

中国古籍善本书目编辑委员会编《中国古籍善本书目》，上海古籍出版

社，1996。

中国古籍总目编纂委员会编《中国古籍总目》，中华书局，上海古籍出
版社，2010。

中国社会科学院科研局组织编《王明集》，中国社会科学出版社，2007。

《中国书法史》，江苏教育出版社，2012。

朱越利：《道经总论》，辽宁出版社，1991。

二　道教写经图版参考文献

北京大学出土文献研究所编《北京大学藏西汉竹书》第 2 册，上海古
籍出版社，2013。

〔日〕大渊忍尔：《敦煌道经图录篇》，东京：福武书店，1979。

（明）董其昌辑《戏鸿堂法帖》，北京古籍出版社，2002。

《法藏敦煌西域文献》，上海古籍出版社，1999。

故宫博物院编《赵孟𫖯书画全集》，故宫出版社，2017。

国家图书馆古籍馆编《中华典籍聚珍》，浙江古籍出版社，2009。

国家文物局古文献研究室编《马王堆汉墓帛书》，文物出版社，1980。

（明）解缙等辑《永乐大典》，中华书局，1982。

荆门市博物馆编《郭店楚墓竹简》，文物出版社，1998。

启功、王靖宪主编《中国法帖全集》，湖北美术出版社，2002。

施安昌主编《故宫博物院藏文物珍品大系·晋唐五代书法》，上海科学
技术出版社，香港商务印书馆有限公司，2001。

（宋）石邦哲：《越州石氏帖》，山东美术出版社，2015。

《英藏敦煌文献》，四川人民出版社，1990～1995。

（清）永瑢、纪昀等纂修《文渊阁四库全书》第 1055～1061 册，台湾
商务印书馆，1986。

中国古代书画鉴定组编《中国法书全集》，文物出版社，2009。

中国古代书画鉴定组编《中国古代书画图目》，文物出版社，1997。

中国国家图书馆、中国国家古籍保护中心编《第一批国家珍贵古籍善本

名录图录》，国家图书馆出版社，2008。

《中国美术全集》，人民美术出版社，2006。

三 历史研究参考文献

陈寅恪：《天师道与滨海地域之关系》，《金明馆丛稿初编》，生活·读书·新知三联书店，2011。

《点校本二十四史》，中华书局，2011。

方诗铭著《中国历史纪年表》，上海人民出版社，2007。

（唐）李林甫等撰，陈仲夫点校《唐六典》，中华书局，2019。

李希泌主编《唐大诏令集续编》，上海古籍出版社，2003。

卿希泰主编《中国道教史》，四川人民出版社，1996。

任继愈主编《中国道教史》，中国社会科学出版社，2001。

（宋）宋敏求编《唐大诏令集》，学林出版社，1992。

（宋）王溥撰《唐会要》，中华书局，1960。

〔日〕小林正美著，李庆译《六朝道教史》，四川人民出版社，2001。

（清）徐松：《唐两京城坊考》，中华书局，2019。

余嘉锡撰《世说新语笺疏》，中华书局，1983。

俞鹿年编著《中国官制辞典》，黑龙江人民出版社，1992。

（清）赵尔巽等撰《清史稿》，中华书局，2015。

后　记

　　"中国古代道教写经"于 2015 年国家社会科学基金一般项目立项。对于研究工作来说，这创造了有利条件，有力地推动了研究工作的进展。同时我也感到一定的压力和紧迫感，因为把道家道教写经以至于写本道藏置于先秦至清代这一古籍写本的发展历史中来进行考察，是一项长期而且艰巨的研究工作，在短短几年的时间里，完成这一系统的研究是有较大难度的。为此，在课题立项之初，我便将研究工作主要放在重点问题和基本问题上。有些具体问题的研究，将要在今后的研究工作中逐步展开。

　　道教写经以至写本经藏的研究，一方面要以道教文献目录学研究为基础，即对书名、卷数、作者、成书年代等的考证；另一方面，还要在写本学领域，阐述尽可能多的写本信息，例如写本载体、字体、书写者、书写的时间以及历史背景等问题。在研究初期，如何把目录学与写本学结合起来，对于研究方法的掌握，可以说颇费时日。这看似相近的两个研究领域，实则有很大的差别，要具备较为充分的研究条件，都需要一定时间的积累和准备。而且，道教写经的研究资料除敦煌道教写经之外，处于相对分散的状态，需要专门从事收集和整理。这种状况使资料的积累和研究方法的准备工作就用了两年多的时间，比预期时间要长一些，比预期遇到的困难也要多一些。不过，中国古籍文献学是一门历史悠久、体系成熟的学科，只要坚持不懈，总会在写本的研究中逐步地

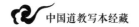
把研究工作向前推进。

2015 年国家课题立项时，我正在新疆兵团党委党校屯垦研究所挂职工作，后又在民族宗教学教研部工作，于 2017 年挂职工作结束，回到中国社会科学院世界宗教研究所，至 2020 年课题通过结项。虽然工作经历有些变化，但是课题从立项到结项一直都是在新疆兵团党委党校的科研管理部门。因为我的初衷就是为新疆兵团党委党校的科研工作做一点事情，尽一分力量。至书稿的出版，算是对这项科研工作有了一个基本的总结。

在这一科研工作经历中，得到了新疆兵团党委党校科研管理部门有关领导和同志的大力支持和帮助，在此致以衷心的感谢。同时，还要感谢从事道教历史与文献研究的各位师友多年来在学术上对我的指导和关心。社会科学文献出版社的有关同志为书稿的出版提出了宝贵的建议，在此一并致以衷心的感谢。

2020 年 12 月 30 日

图书在版编目（CIP）数据

中国道教写本经藏／刘志著. -- 北京：社会科学
文献出版社，2021.5
ISBN 978 - 7 - 5201 - 7990 - 4

Ⅰ.①中… Ⅱ.①刘… Ⅲ.①经文（道教）- 抄本
Ⅳ.①B952

中国版本图书馆 CIP 数据核字（2021）第 087530 号

中国道教写本经藏

著　　者／刘　志

出 版 人／王利民
组稿编辑／袁清湘
责任编辑／孙美子

出　　版／社会科学文献出版社·联合出版中心 （010）59367202
　　　　　地址：北京市北三环中路甲 29 号院华龙大厦　邮编：100029
　　　　　网址：www.ssap.com.cn
发　　行／市场营销中心 （010）59367081　59367083
印　　装／北京盛通印刷股份有限公司

规　　格／开　本：787mm×1092mm　1/16
　　　　　印　张：15.75　字　数：227 千字
版　　次／2021 年 5 月第 1 版　2021 年 5 月第 1 次印刷
书　　号／ISBN 978 - 7 - 5201 - 7990 - 4
定　　价／128.00 元